성경강독

성경강독 1

창세기 | 출애굽기

첫판 1쇄 펴낸날 2017년 11월 27일

지은이 이현민
편집·발행인 김은옥
꾸민이 황지은
펴낸곳 올리브북스

주소 경기도 부천시 원미구 신흥로 173
전화 032-233-2427
이메일 olivebooks@naver.com
블로그 blog.naver.com/olivebooks

출판등록 제387-2007-00012호(2007년 5월 21일)

ISBN 978-89-94035-35-2 04230
978-89-94035-34-5 (set)

이 도서의 국립중앙도서관 출판예정도서목록(CIP)은 서지정보유통지원시스템 홈페이지(seoji.nl.go.kr)와 국가자료공동목록시스템(www.nl.go.kr/kolisnet)에서 이용하실 수 있습니다(CIP제어번호: CIP2017029369).

세상은 행동하는 사람에 의해 움직입니다. 소중한 경험, 따뜻한 시선을 가진 원고, 참신한 기획의 소재가 있으신 분은 올리브북스와 의논해 주십시오. 그 원고가 세상의 소금과 빛이 될 수 있도록, 최고의 책으로 빛날 수 있도록 정성을 다하겠습니다.

총판 기독교출판유통 | 031-906-9191(전화), 0505-365-9191(팩스)

알파와 오메가 성경강해 시리즈

성경강독 1

창세기 | 출애굽기

이현민 지음

올리브 북스
Olive Books

성경 강해는 쉽지 않습니다. 성경에 대한 기억의 차원을 넘어 성경 지식을 많이 쌓아야 합니다. 무엇보다도 성경 말씀을 묵상 · 해석 · 적용하는 과정에서 삶의 부딪힘을 통해 나온 고유한 통찰이 있어야 합니다. 그래야 성경 강해가 의미 있는 삶의 지표가 될 수 있습니다.

저자는 다년간의 목회 여정 속에서 설교하며 성경에 대한 깊은 통찰을 쌓은 경험을 모아 《성경강독》 〈창세기, 출애굽기〉 강해를 출간했습니다. 창세기의 천지와 인간 창조는 물론 족장들의 역사와 출애굽의 대장정, 언약 체결 및 제사법을 비롯한 여러 율법 규정에 대한 해설을 담았습니다.

창세기와 출애굽기를 소단락으로 구분하여 단락마다 신앙생활의 핵심을 이해하기 쉽게 풀어냈습니다. 특히 중요한 주제에 대해서는 구약성경과 신약성경의 관련 본문들을 제시해 넓은 정경적 틀 속에서 해당 주제를 이해할 수 있도록 도와줍니다. 해설 대부분은 예수 그리스도 구원의 은혜를 지향하고, 복음의 원리에 뿌리를 내리고 있습니다. 고대 이스라엘 백성에게 전해진 옛 말씀이지만, 현 시대의 독자를 위한 배려를 빠뜨리지 않았습니다. 성경 말씀의 정신을 살려 강해와 말씀 이해뿐만 아니라 생활 속에서 어떻게 실천해야 하는지를 간결하게 때로는 자세하게 적용점을 제공합니다.

세상은 빠르게 세속화되고 있고, 이런 물결 속에서 세상 사람들은 예수 그리스도의 구원에 점점 무관심해지고 있습니다. 신앙인들 사이에서조차 예수 그리스도의 구원의 은혜가 능력이 되지 못하고 빛을 잃어가고 있습니다. 이럴 때 말씀 속에서 새 힘을 얻고자 하는 이들을 위해 복음의 마중물 역할을 해줄《성경강독》은 하나님 말씀이 생명의 이정표임을 다시 바라보는 계기가 되어 줄 것입니다.

노세영 | 서울신학대학교 총장

| 추천의 글 |

성경을 바르게 이해하고 해석하는 방법은 전체 문맥, 곧 전체의 관점으로 읽는 것입니다. 그래야 우리의 다양한 삶을 통해 전해 주시는 하나님의 메시지를 들을 수 있습니다. 그런 점에서 성경의 첫 번째 책인 창세기를 시작으로 전체를 차례대로 강해하는 이현민 목사의 《성경강독》은 우리에게 성경 속의 바른길을 정확하게 안내해 줍니다. 더구나 누구나 쉽게 이해할 수 있도록 한 강해는 성경에 관심 있는 분들에게 큰 도움이 될 것입니다.

《성경강독》은 성경 강해일 뿐 아니라, 목회 강단을 통해 성도들의 교회 생활과 일상 생활에 적용하는 목회적 관점의 책입니다. 이 책을 통해 저자가 소개하는 성경의 깊은 세계와 그 안에 담겨 있는 빛과 희망을 경험할 수 있음을 확신하며 적극 추천합니다.

권혁승 | 서울신학대학교 구약학 명예교수

| 추천의 글 |

우연한 기회에 이현민 목사의 《성경강독》를 접했습니다. 말씀 한 절 한 절, 한 단어 한 단어에 숨어 있는 하나님의 계획과 언약으로 약속하시며 일방적인 사랑을 보이시는 하나님 마음이 그려지기 시작했습니다. 아브라함의 웃음이, 요셉의 눈물이, 모세의 환희가, 밭에 감추인 보화의 신비가, 눈뜬 소경이 보았던 빛이, 물이 포도주가 된 잔칫집의 기쁨이 내 삶이 되었고 하나님 나라가 임하는 것을 경험했습니다.

곤고한 삶, 불안한 미래, 약해진 육신, 열심히 수고해도 결실 없는 듯한 내 빈손. 그러나 말씀으로 나 자신을 돌아보았을 때, 창조자 하나님 안에서 모든 것이 새롭고 자유로웠습니다. 모든 것이 평안이고 기쁨이고 감격이었습니다. 《성경강독》을 통해 하나님의 섭리와 은혜를 깨달아 가는 형제자매가 많아지기를 소망합니다.

김용애 | 고척장로교회 권사

성경에서 가장 중요한 개념은 '하나님의 언약'이다. 하나님과 하나님을 믿는 자들의 관계를 규정하고 언약의 완성을 담고 있기 때문이다. 성경의 이름을 구약(옛 언약)과 신약(새 언약)으로 구분해 부르는 것도 이 때문이다. 하나님의 언약은 시내산 언약을 기반으로 갈보리 산 언약으로 완성된다. 언약의 내용은 '하나님 나라'다. 하나님은 이스라엘에 주신 제사장 나라 언약을 하나님 나라로 완성하신다. 성경은 하나님께서 역사 가운데 펼치시는 구속사를 하나님의 언약이라는 개념을 통해 하나님 나라로 완성되는 것을 선포한다. 그 정점에 예수 그리스도가 있다.

어거스틴은 "신약은 구약 속에 감추어져 있고, 구약은 신약 속에 열려 있다"라고 했다. 창세기의 천지창조는 역사적인 사실을 넘어, 요한계시록의 새 하늘과 새 땅 창조도 감추고 있다. 이처럼 구약의 모든 역사와 율법에는 예수 그리스도의 은혜가 감추어져 있고, 신약의 모든 역사와 은혜에는 예수 그리스도 율법의 완성이 열려 있다.

하나님의 사람들이 그러하다. 아담, 노아, 아브라함, 모세, 아론, 여호수아, 다윗은 예수 그리스도를 예표한다. 하나님의 사건들도 마찬가지다. 천지창조, 홍수, 출애굽, 홍해 도하, 시내산 언약, 광야 행진, 가나안 정복은 예수 그리스도의 사역을 지향한다. 하나님의 소품들도 마찬가지다. 가죽옷, 방주, 어린 양, 성막, 구름 기둥, 반석, 붉은 줄은 모두 예수 그리스도를 감추고 있다.

《성경강독》은 천지창조로부터 하나님 나라를 시작하는 예수 그리스도를 확인하고, 영원한 새 창조로 하나님의 언약을 완성하시는 예수 그리스도를 확정할 것이다. 우주와 역사의 처음과 마지막이신 그 전능자를 우리 함께 만나보자.

나는 알파와 오메가요 처음과 마지막이요 시작과 마침이라

요한계시록 22:13

| 목차 |

창세기

하나님의 창조와 이스라엘

저자 : 모세

주제 : 인간의 타락과 하나님의 구원 역사

기록 연대 : 주전 1400년경으로 추정된다.

기록 목적 : 우리가 어디서 왔고 왜 이 땅에 존재하는지를 설명한다.

주요 인물 : 아담과 하와, 노아, 아브라함, 이삭, 야곱, 요셉.

핵심 구절 : "태초에 하나님이 천지를 창조하시니라"(창 1:1).

제1강

하나님의 창조와 사람의 타락

창세기 1~4장

태초에 하나님은 말씀으로 천지를 창조하셨다. 창조 이전에는 혼돈과 공허와 흑암의 상태였지만 말씀으로 창조된 천지는 질서와 빛이 조화로운 아름다운 세계였다. 사람은 하나님의 형상으로 창조되었다. 하나님의 형상은 '왕'으로서 창조된 모든 세계를 다스린다는 의미다. 사람은 왕처럼 존귀하며 모든 피조물을 다스리는 존재로 창조되었는데 군림이 아니라, 하나님의 뜻대로 다스려야 하는 하나님의 위임을 받았다.

천지를 창조하신 하나님(창 1:1–31)

태초에 하나님이 천지를 창조하시니라 땅이 혼돈하고 공허하며 흑암이 깊음 위에 있고 하나님의 영은 수면 위에 운행하시니라(창 1:1–2).

"태초에 하나님이 천지를 창조하시니라"는 창조기사의 결론이다. 태초에 하나님은 말씀으로 하늘 끝부터 땅끝까지, 그 안에 있는 모든 것을 창조하셨다. 하나님은 모든 만물을 창조하심으로 모든 만물의 기원이 되셨다. 하나님은 천지창조를 선포하는 창세기 1장의 '주어'이시다. 그뿐만 아니라 성경, 세계, 역사 등 모든 인생의 주어이시다. 그리고 이스라엘 백성의 하나님은 모든 인류의 하나님이시다. 하나님께서 태초에 천지를 창조하셨다는 사실은 역사 이전부터 계셨음을 의미하며, 우연의 산물이 아님을 선포한다.

> 하나님이 이르시되 빛이 있으라 하시니 빛이 있었고 빛이 하나님이 보시기에 좋았더라 하나님이 빛과 어둠을 나누사 하나님이 빛을 낮이라 부르시고 어둠을 밤이라 부르시니라 저녁이 되고 아침이 되니 이는 첫째 날이니라(창 1:3-5).

하나님께서 첫째 날에 창조하셨던 빛은 해가 아니다. 해는 넷째 날에 창조되었다. 이 빛은 말씀으로 말미암은 모든 생명체와 발광체의 근원이다. 이 빛으로 인해 어둠과 구분이 되고, 밤과 낮으로 나누어졌다. 세상에는 해와는 다른 빛이 존재한다.

> 이스라엘 진 앞에 가던 하나님의 사자가 그들의 뒤로 옮겨 가매 구름 기둥도 앞에서 그 뒤로 옮겨 애굽 진과 이스라엘 진 사이에 이르러 서니 저쪽에는 구름과 흑암이 있고 이쪽에는 밤이 밝으므로 밤새도록 저쪽이 이쪽에 가까이 못하였더라(출 14:19-20).

이스라엘 백성이 출애굽 했을 때, 홍해가 갈라지기 전의 상황이다. 당시는 밤이었다. 하지만 이집트 진영은 밤이 아니라, 빛 자체가 없는 흑암의 상태였다. 이스라엘 진영도 낮이 아니었다. 해가 져서 어두웠지만, 하나님의 빛이 있어서 광명한 상태였다. 세상에는 낮보다 밝은 빛이 있으며 밤보다 어두운 흑암도 있다.

> 왕이여 정오가 되어 길에서 보니 하늘로부터 해보다 더 밝은 빛이 나와 내 동행들을 둘러 비추는지라(행 26:13).

바울 사도는 다메섹 도상에서 부활하신 예수 그리스도를 만났다. 당시는 정오 한낮이었다. 그런데 하늘에서 해보다 더 밝은 빛이 비취었다. 하나님의 빛이었다. 눈에 보이는 빛과 어둠이 있고, 보이지 않는 영의 세계가 있다.

> 하나님이 이르시되 물 가운데에 궁창이 있어 물과 물로 나뉘라 하시고 하나님이 궁창을 만드사 궁창 아래의 물과 궁창 위의 물로 나뉘게 하시니 그대로 되니라 하나님이 궁창을 하늘이라 부르시니라 저녁이 되고 아침이 되니 이는 둘째 날이니라(창 1:6-8).

성경은 하루의 시작과 끝을 "저녁이 되고 아침이 된다"고 표현한다. 아침이 되고 저녁이 되는 것이 아니라, 저녁이 되고 아침이 되는 것이다. 그래서 하루의 시작은 아침이 아니라 저녁이다.

고대에는 나라마다 하루의 시작과 끝이 달랐다. 바벨론은 해 뜰 때부터 다음 날 해 뜰 때까지를 하루로 보았고, 아테네는 해 질 때부터 다음 날 해 질 때까지를, 이탈리아 중북부는 정오부터 다음 날 정오까지를, 태양력을 사용했던 로마나 이집트는 자정부터 다음 날 자정까지를 하루로 보았다. 일부 로마인은 오전 6시부터 다음 날 오전 6시까지를 하루로 여겼다. 유대인에게 하루의 시작은 해가 뜨는 아침이 아니라, 해가 지는 저녁이다. 그 이유는 빛 이전에 흑암이 먼저 있었던 '창조'에 근거를 두기 때문이다. 그들은 하루를 저녁이 시작되어 밤이 끝날 때까지, 아침이 시작되어 낮이 끝날 때까지 각각 열두 시간으로 나눈다. 우리의 시간으로는 전날 오후 6시가 하루가 바뀌는 유대인의 0시다 우리의 금요일 오후 6시부터 토요일 오후 6시까지가 유대인의 토요일, 안식일이다.

따라서 성경에 언급되는 시간에 여섯을 더하면 우리의 시간으로 환산된다. 예수님께서 십자가에 달리셨던 제3시는 오전 9시, 온 땅에 어둠이 임했던 제6시는 정오 12시, 예수님께서 소리를 지르시고 숨지셨던 제9시는 오후 3시다. 우리의 시간 개념으로는 최후 만찬과 십자가 사건은 목요일과 금요일에 있었다. 하지만 유대인의 시간에서 보면 모두 하루 사이에 일어난 사건이다.

> 첫째 달 열나흗날 저녁은 여호와의 유월절이요(레 23:5).

하나님은 이스라엘 백성에게 유월절 저녁을 지키라고 명령하셨다. 하루의 시작이 저녁이기 때문에 유월절 저녁이라고 하셨고, 유월절은 다음 날 저녁이 되기 전까지다.

성탄절 전날 저녁을 '크리스마스이브'라고 부른다. '이브(eve)'는 저녁이라는 의미의 이브닝(evening)을 고대 영어에서 준말로 사용한 것이다. 크리스마스이브는 성탄절 전야가 아니라, 성탄절 '당일' 저녁이다. 그러므로 크리스마스이브는 성탄절의 시작인 것이다.

그들이 가버나움에 들어가니라 예수께서 곧 안식일에 회당에 들어가 가르치시매 … 저물어 해 질 때에 모든 병자와 귀신 들린 자를 예수께 데려오니 온 동네가 그 문 앞에 모였더라(막 1:21-33).

사람들이 모든 병자와 귀신 들린 자를 예수님께 데려왔다. 온 동네가 문 앞에 모였다. 이 상황은 해가 지는 시간이었음에도 많은 사람이 예수님께 고침 받기 위해 모였다는 것이 아니다. 해가 지기만을 기다렸다가 모였다는 것이다. 안식일에 병 고치는 것을 유대인은 일로 여겼기 때문에 많은 사람이 예수님께 나아갈 수가 없었다. 그래서 안식일이 끝나는 해가 지기만을 기다렸다가 예수님께로 일시에 모여든 것이다.

하나님이 이르시되 천하의 물이 한 곳으로 모이고 뭍이 드러나라 하시니 그대로 되니라 하나님이 뭍을 땅이라 부르시고 모인 물을 바다라 부르시니 하나님이 보시기에 좋았더라 하나님이 이르시되 땅은 풀과 씨 맺는 채소와 각기 종류대로 씨 가진 열매 맺는 나무를 내라 하시니 그대로 되어 땅이 풀과 각기 종류대로 씨 맺는 채소와 각기 종류대로 씨 가진 열매 맺는 나무를 내니 하나님이 보시기에 좋았더라 저녁이 되고 아침이 되니 이는 셋째 날이니라(창 1:9-13).

옷으로 덮음 같이 주께서 땅을 깊은 바다로 덮으시매 물이 산들 위로 솟아올랐으나 주께서 꾸짖으시니 물은 도망하며 주의 우렛소리로 말미암아 빨리 가며 주께서 그들을 위하여 정하여 주신 곳으로 흘러갔고 산은 오르고 골짜기는 내려갔나이다(시 104:6-8).

태초의 지구는 물로만 덮여 있었다. 하나님께서 말씀으로 땅을 솟구치게도 꺼지게도 하셨다. 물이 자연스럽게 낮은 곳으로 모여 땅과 바다가 구분되었다. 유대인은 요일을 일요일, 월요일 … 토요일이라고 부르지 않는다. 창조에 근거를 두고 첫째 날, 둘째 날 … 일곱째 날이라고 부른다. 그중에서도 셋째 날을 가장 좋은 날로 여겨 이날에 결혼식 같은 잔치를 많이 한다. 다른 날들과는 달리 셋째 날에만 '하나님이 보시기에 좋았더라'는 말씀이 두 번(창 1:10, 12) 선포되기 때문이다.

> 볼지어다 여호와가 너희에게 안식일을 줌으로 여섯째 날에는 이틀 양식을 너희에게 주는 것이니 너희는 각기 처소에 있고 일곱째 날에는 아무도 그의 처소에서 나오지 말지니라(출 16:29).

하나님께서 출애굽 한 이스라엘 백성에게 '여섯째 날'에는 이틀 치 만나를 내려주시겠다고 하셨다. 여섯째 날은 다섯째와 일곱째 날 사이에 있는 날이 아니다. 성경에 나오는 여섯째 날은 창조 당시를 제외하고, 언제부터 여섯째 날이라는 기준이 되는 시점이 없다. 여섯째 날은 우리의 금요일을, 일곱째 날은 우리의 토요일로 유대인의 안식일을 가리키는 고유명사다.

> 하나님이 이르시되 하늘의 궁창에 광명체들이 있어 낮과 밤을 나뉘게 하고 그것들로 징조와 계절과 날과 해를 이루게 하라 또 광명체들이 하늘의 궁창에 있어 땅을 비추라 하시니 그대로 되니라 하나님이 두 큰 광명체를 만드사 큰 광명체로 낮을 주관하게 하시고 작은 광명체로 밤을 주관하게 하시며 또 별들을 만드시고 하나님이 그것들을 하늘의 궁창에 두어 땅을 비추게 하시며 낮과 밤을 주관하게 하시고

빛과 어둠을 나뉘게 하시니 하나님이 보시기에 좋았더라 저녁이 되고 아침이 되니 이는 넷째 날이니라(창 1:14-19).

하나님께서 우주에서 가장 먼저 창조하신 별은 지구다. 지구가 창조된 이후에 다른 별들도 창조되었다. 천문학자들은 지구가 속한 은하계에는 약 천억 개의 별들이 있을 것으로 추정한다. 하나님은 헤아릴 수 없는 수많은 별을 말씀으로 단 하루 만에 창조하셨다.

하나님이 이르시되 물들은 생물을 번성하게 하라 땅 위 하늘의 궁창에는 새가 날으라 하시고 하나님이 큰 바다 짐승들과 물에서 번성하여 움직이는 모든 생물을 그 종류대로, 날개 있는 모든 새를 그 종류대로 창조하시니 하나님이 보시기에 좋았더라 하나님이 그들에게 복을 주시며 이르시되 생육하고 번성하여 여러 바닷물에 충만하라 새들도 땅에 번성하라 하시니라 저녁이 되고 아침이 되니 이는 다섯째 날이니라(창 1:20-23).

하나님의 창조에는 규칙이 있다. 첫째 날부터 셋째 날까지는 외형, 즉 틀을 창조하셨다. 넷째 날부터 여섯째 날까지는 틀 속에 내용물을 창조하셨다. 첫째 날과 넷째 날이, 둘째 날과 다섯째 날이, 셋째 날과 여섯째 날이 각각 외형과 내용물로 짝을 이룬다. 넷째 날에는 첫째 날에 창조된 빛이라는 틀에 해와 달과 별이라는 내용물이 채워졌다. 다섯째 날에는 둘째 날에 창조된 궁창과 물이라는 틀에 새와 물고기라는 내용물이 채워졌다. 여섯째 날에는 셋째 날에 창조된 땅이라는 틀에 짐승과 사람이라는 내용물이 채워졌다. 흑암에는 빛이 교차하였고, 공허에는 피조물이 충만해졌으며 혼돈(chaos)에는 질서(cosmos)가

부여되었다.

> 하나님이 이르시되 땅은 생물을 그 종류대로 내되 가축과 기는 것과 땅의 짐승을 종류대로 내라 하시니 그대로 되니라 하나님이 땅의 짐승을 그 종류대로, 가축을 그 종류대로, 땅에 기는 모든 것을 그 종류대로 만드시니 하나님이 보시기에 좋았더라 하나님이 이르시되 우리의 형상을 따라 우리의 모양대로 우리가 사람을 만들고 그들로 바다의 물고기와 하늘의 새와 가축과 온 땅과 땅에 기는 모든 것을 다스리게 하자 하시고 하나님이 자기 형상 곧 하나님의 형상대로 사람을 창조하시되 남자와 여자를 창조하시고(창 1:24-27).

하나님은 짐승을 '그 종류대로' 창조하셨다. 그러나 사람은 '하나님의 형상과 모양대로' 창조하셨다. 말은 말같이, 소는 소같이 창조하셨지만, 사람은 달랐다. 사람은 사람같이 창조하신 것이 아니라, 하나님의 형상과 모양대로 창조하셨다. 고대에는 통치권을 상징하는 통치자의 동상을 통치 영역 내에 세웠다. 형상은 이런 동상을 가리키는 말이다. 하나님은 사람을 하나님의 대리인, 땅의 왕으로 창조하신 것이다.

사람을 창조하실 때 하나님은 말씀하셨다. "우리가 사람을 만들고 그들로 모든 것을 다스리게 하자." '하자'라는 의논형 동사가 사용되었다. 다른 피조물을 창조하실 때는 의논 없이 하나님 말씀만 일방적으로 선포되었다. 하지만 사람은 삼위일체 하나님께서 의논하실 정도로 신중하게 창조되었다. 이처럼 사람은 존귀한 존재로 창조되었다.

하나님은 자신을 가리켜 '우리'(창 1:26)라고 하셨다. 하나님이라는 의미의 히브리어 '엘로힘'은 단수 '엘로하'에 복수형 어미가 붙은 형태다. 그러나 하나님을 가리키는 또 다른 표현 '자기'(창 1:27)는 단수다.

하나님께서 이루신 창조를 가리키는 말에서도 주어인 하나님은 복수이지만, 동사인 '바라'(창 1:1)는 단수다. '엘로힘'의 형태는 복수이지만 그 의미는 단수로 '삼위일체' 하나님의 신비를 드러내고 있다.

> 하나님이 그들에게 복을 주시며 하나님이 그들에게 이르시되 생육하고 번성하여 땅에 충만하라, 땅을 정복하라, 바다의 물고기와 하늘의 새와 땅에 움직이는 모든 생물을 다스리라 하시니라(창 1:28).

하나님께서 남자와 여자를 '하나님의 형상'대로 창조하셨다는 것은 다음과 같은 의미가 있다. 첫째, 하나님같이 존귀하게 창조하셨다. 둘째, 삼위일체 하나님같이 평등하게 창조하셨다. 셋째, 하나님의 대행자로 창조하셨다. 넷째, 하나님의 뜻을 받드는 사명자로 창조하셨다. 다섯째, 하나님과 교제하도록 창조하셨다. 이렇듯 하나님은 남자와 여자에게 존귀와 평등과 대행과 사명과 교제의 능력을 부여하셨다.

> 하나님이 이르시되 내가 온 지면의 씨 맺는 모든 채소와 씨 가진 열매 맺는 모든 나무를 너희에게 주노니 너희의 먹을 거리가 되리라 또 땅의 모든 짐승과 하늘의 모든 새와 생명이 있어 땅에 기는 모든 것에게는 내가 모든 푸른 풀을 먹을 거리로 주노라 하시니 그대로 되니라(창 1:29-30).

태초에 사람은 채소를 먹었다. 창조 당시 채식은 조화로운 식단이었다. 창조 때는 사람뿐만 아니라, 짐승도 육식을 하지 않았다. 사자나 호랑이 같은 맹수도 초식 동물이었다.

> 그 때에 이리가 어린 양과 함께 살며 표범이 어린 염소와 함께 누우며 송아지와 어린 사자와 살진 짐승이 함께 있어 어린 아이에게 끌리며 암소와 곰이 함께 먹으며 그것들의 새끼가 함께 엎드리며 사자가 소처럼 풀을 먹을 것이며 젖 먹는 아이가 독사의 구멍에서 장난하며 젖 뗀 어린 아이가 독사의 굴에 손을 넣을 것이라(사 11:6-8).

이사야 선지자는 주님께서 재림하실 이후에 펼쳐질 세계를 예언했다. 맹수들이 순한 짐승들과 함께 뒹굴고, 젖 먹는 아이가 독사의 구멍에서 장난하며, 젖 뗀 어린아이가 독사의 굴에 손을 넣을 것이다. 그리고 사자가 소처럼 풀을 먹을 것이다. 에덴에서 맹수는 풀을 먹었다. 이사야의 예언은 주님께서 재림하실 이후에 펼쳐질 세계이기도 하지만, 창조 당시의 세계이기도 하다.

> 하나님이 지으신 그 모든 것을 보시니 보시기에 심히 좋았더라 저녁이 되고 아침이 되니 이는 여섯째 날이니라(창 1:31).

하나님은 창조하신 하늘과 땅, 생명체들과 사람을 보시고 "심히 좋았더라"고 말씀하셨다. 이 말씀은 창조기사에서 일곱 번이나 반복된다. 단순히 피조물들이 멋있고 아름답게 창조되었기 때문이 아니다. "하나님이 이르시되 … 그대로 되니라." 하나님 말씀대로 창조되었기 때문에 보시기에도 심히 좋으셨다.

사람과 모든 피조물은 하나님으로부터 비롯되었다. 하나님의 창조를 믿는다면 이 세상에 우연이라는 말은 있을 수 없다. 모든 것은 하나님의 필연이다.

천지창조는 창조를 선포하셨던 '성부 하나님'과 수면 위에 운행하셨던 '성령 하나님'과 하나님 말씀 자체이신 '성자 하나님'(요 1:3)께서 합력하여 이루신 역사적 사실이다. 이 사실은 현실을 살아가는 하나님의 백성에게도 창조의 능력이 주어진다는 영적 약속이기도 하다. 하나님 말씀이 선포되기 전에는 창조 이전처럼 모든 인생이 혼돈과 공허와 흑암의 상태이지만, 선포된 '하나님 말씀'을 믿고 의지하면 삶의 혼돈은 질서로, 삶의 공허는 충만으로, 삶의 흑암은 빛으로 새롭게 창조될 것이다.

하나님의 형상으로 창조된 사람(창 2:1-25)

> 천지와 만물이 다 이루어지니라 하나님이 그가 하시던 일을 일곱째 날에 마치시니 그가 하시던 모든 일을 그치고 일곱째 날에 안식하시니라(창 2:1-2).

하나님은 엿새 동안 천지를 창조하시고 일곱째 날에 안식하셨다. 혼돈과 공허와 흑암의 세계를 질서와 충만과 빛의 세계로 온전하게 하셨다. 안식하셨다는 말씀은 천지가 조화롭게 창조되었다는 것이다.

하나님 창조의 최종 목적은 모든 피조물과 사람이 영원한 안식에 들어가는 것이다. 안식은 하나님과 바른 관계다. 하나님께 복을 받는 삶과 하나님께 영광 돌리는 삶이 안식이며, 하나님 말씀대로 되는 것이 안식이다. 사람이 최초로 맞이한 온전한 하루는 안식일이다. 사람은 먼저 안식일에 안식하고 엿새 동안 일을 했다. 사람이 안식하는 저녁과 일하는 아침도 마찬가지다. 일하는 아침이 먼저 되고 저녁이 되는 것이 아니라, 안식하는 저녁이 먼저 되고 그 후에 아침이 되는 것이다. 한 주간뿐만 아니라 하루 중에도 먼저 안식을 하고 그 후에 일했다. 따라서 사람이 일하는 것은 안식에 목적이 있는 것이 아니라, 안식이 그 동기가 되어야 한다. 하나님의 사람들이 그분의 일을 감당하는 것은 복을 받기 위해서가 아니라, 복을 받았기 때문이다.

> 하나님이 그 일곱째 날을 복되게 하사 거룩하게 하셨으니 이는 하나님이 그 창조하시며 만드시던 모든 일을 마치시고 그 날에 안식하셨음이니라(창 2:3).

하나님의 창조는 '구분'의 역사다. 첫째 날에는 빛을 창조하셔서 빛과 어둠으로 구분하셨다. 둘째 날에는 물 가운데 궁창을 내셔서 궁창 위의 물과 궁창 아래의 물로 구분하셨다. 셋째 날에는 물 아래에서 뭍이 드러나게 하셔서 물과 뭍으로 구별하셨다. 그리고 넷째 날부터 여섯째 날까지 그 공간들을 피조물로 충만하게 하심으로 첫째 날부터 셋째 날, 넷째 날부터 여섯째 날 외형과 내용물을 창조하시는 것으로 구분하셨다. 하나님은 특별히 일곱째 날을 복되게 하셔서 거룩하게 하셨다. 안식일이 거룩한 이유는 하나님께서 일하시는 엿새와는 달리 안식하는 하루를 구분하셨기 때문이다.

하나님 백성의 거룩은 하나님 말씀대로 자신의 모든 것을 구분하는 것이다. 하나님의 사람들이 안식일 같은 여호와의 절기를 지키는 것은 하나님 안에서 시간을 다스리는 것이다.

> 이것이 천지가 창조될 때에 하늘과 땅의 내력이니 여호와 하나님이 땅과 하늘을 만드시던 날에 여호와 하나님이 땅에 비를 내리지 아니하셨고 땅을 갈 사람도 없었으므로 들에는 초목이 아직 없었고 밭에

는 채소가 나지 아니하였으며 안개만 땅에서 올라와 온 지면을 적셨더라(창 2:4-6).

창세기에는 서로 달라 보이는 듯한 두 창조기사가 언급된다. 1장과 2장의 창조기사다. 두 창조기사는 내용과 형식이 다르다. 1장에서는 창조주를 '하나님'이라고 언급하고, 후자에서는 '여호와 하나님'이라고 언급한다. 또 전자에서는 창조를 7일이라는 틀에 맞추어 언급하고, 2장에서는 틀 자체가 없다. 그리고 1장에서는 사람이 가장 나중에 하나님의 형상으로 지음 받지만, 2장에서는 사람이 가장 먼저 흙으로 지음 받는다. 두 창조기사가 달라 보이는 것은 관점의 차이다. 첫째 기사는 '우주론적 관점'으로 '세상의 근원'이신 하나님을 증거한다. 반면에 둘째 기사는 '인간론적 관점'으로 '생명의 원천'이신 하나님을 증거한다.

성경은 '하늘과 땅'의 순서를 바꾸며, 우주론적 창조에서 인간론적 창조로 그 관점을 옮긴다. 앞서 '하늘과 땅'의 내력, 즉 땅보다 하늘을 먼저 언급한 후에 '땅과 하늘'을 만드신 날로, 하늘보다 땅을 먼저 언급하셨다. 그래서 둘째 기사는 하나님이 땅에 비를 내리지 아니하셨고, 땅을 갈 사람이 없으므로 안개만 땅에서 올라와 땅의 흙으로 사람을 지으셨다. 이처럼 땅이 거듭 언급된다. 둘째 기사는 공간적으로는 땅에 집중하고, 시간적으로는 짐승과 사람이 창조된 여섯째 날을 확대하여 설명한다.

첫째 기사에서 태초에 천지를 창조하신 분은 '하나님'이라고 언급하고, 둘째 기사에서는 '여호와'라고 언급한다. 히브리어로 하나님을 직역하면 단순히 '신(神)'이라는 의미다. 그래서 창세기 기자인 모세는 태초에 천지를 창조하신 한 신이 계셨는데, 그 창조의 신이 바로 '여호와'라고 선포한 것이다.

모세가 기록한 창세기 '제1 독자'는 출애굽 한 이스라엘 백성이다. 그들은 이집트인이 많은 우상을 섬기는 것을 보았고 영향을 받지 않을 수가 없었다. 이집트인이 나일강을 '하피' 신으로, 태양을 '라' 신으로, 개구리를 '헤켓' 신으로 숭배하는 것을 보면서 살아왔다. 그래서 모세는 창세기를 통해 이스라엘 백성의 잘못된 세계관을 바로잡으려고 했다. 하피 신 나일강은 하나님께서 셋째 날에 창조하신 피조물에 불과하고, 라 신은 넷째 날에 창조하신 피조물에 불과하며, 헤켓 신 개구리도 다섯째 날에 창조하신 피조물에 불과했다. 모세는 진정한 신은 이런 우상들이 아니라, 천지를 창조하신 여호와 하나님이심을 선포한 것이다.

> 여호와 하나님이 땅의 흙으로 사람을 지으시고 생기를 그 코에 불어 넣으시니 사람이 생령이 되니라(창 2:7).

하나님은 땅의 먼지에 생명의 영, 생기를 불어넣어서 사람을 '살아 있는 존재' 생령(living being)으로 지으셨다. '지으신다'는 히브리어 동사 '야짜르'는 빚어낸다는 의미다. 예술가의 예술 행위를 묘사할 때 사용되는 동사다. 야짜르는 하나님께서 사람을 지으셨을 때 예술가처럼 심혈을 기울이셨다는 의미다. 또한 모든 사람을 획일적으로 상품처럼 만들지 않고 한 사람, 한 사람을 독특한 '작품'으로 지으셨다는 것이다. 다른 피조물처럼 말씀으로만 창조하실 수도 있었지만 야짜르하셨다. 이사야 선지자는 하나님은 토기장이시고 우리는 진흙이라고 말했다. 사람이 죽으면 흙으로 돌아갈 수밖에 없는 이유도 이 때문일 것이다.

> 들어가서 그들에게 이르시되 너희가 어찌하여 떠들며 우느냐 이 아이가 죽은 것이 아니라 잔다 하시니 그들이 비웃더라 예수께서 그들을 다 내보내신 후에 아이의 부모와 또 자기와 함께 한 자들을 데리시고 아이 있는 곳에 들어가사 그 아이의 손을 잡고 이르시되 달리다굼 하시니 번역하면 곧 내가 네게 말하노니 소녀야 일어나라 하심이라 소녀가 곧 일어나서 걸으니 나이가 열두 살이라 사람들이 곧 크게 놀라고 놀라거늘(막 5:39-42).

예수님은 죽은 소녀에게 "달리다굼" 하고 말씀을 선포하셨다. 말씀으로 소녀를 살려낼 수도 있었지만, 소녀의 손을 잡고 말씀하셨다는 것에 주목할 필요가 있다. 유대인이 시체에 손을 대는 것은 부정하고 율법을 위반하는 행위임에도 불구하고, 죽은 소녀의 손을 잡으셨다. 주님은 시체를 만져 부정해지는 나약한 인생이 아니라, '야짜르'하시는 생명의 창조주 하나님이심을 드러내신 것이다.

> 또 내게 이르시되 인자야 너는 생기를 향하여 대언하라 생기에게 대언하여 이르기를 주 여호와께서 이같이 말씀하시기를 생기야 사방에서부터 와서 이 죽음을 당한 자에게 불어서 살아나게 하라 하셨다 하라 이에 내가 그 명령대로 대언하였더니 생기가 그들에게 들어가매 그들이 곧 살아나서 일어나 서는데 극히 큰 군대더라(겔 37:9-10).

하나님은 환상 중에 에스겔 선지자에게 마른 뼈를 향해 생기를 대언하라고 말씀하셨다. 마른 뼈는 주전 586년 바벨론에게 멸망한 이스라엘을 상징한다. 에스겔이 생기를 대언하자 마른 뼈들이 살아나 하나님의 군대가 되었다. 이 환상은 하나님의 생기가 죽은 죄인들에게 들어가서 그들을 하나님의 백성으로 삼으실 것을 예언한 것이다.

> 예수께서 또 이르시되 너희에게 평강이 있을지어다 아버지께서 나를 보내신 것 같이 나도 너희를 보내노라 이 말씀을 하시고 그들을 향하사 숨을 내쉬며 이르시되 성령을 받으라(요 20:21-22).

부활하신 예수님은 제자들에게 숨을 내쉬며 성령 받으라고 말씀하셨다. 예수님께서 숨을 내쉰 것은 바로 여호와 하나님께서 흙에 생기를 불어넣는 장면을 재현하신 것이다. 누구든지 성령을 받으면 하나님의 천지창조의 능력으로, 생령으로 새로운 피조물이 된다는 것이다.

> 여호와 하나님이 동방의 에덴에 동산을 창설하시고 그 지으신 사람을 거기 두시니라 여호와 하나님이 그 땅에서 보기에 아름답고 먹기에 좋은 나무가 나게 하시니 동산 가운데에는 생명 나무와 선악을 알게 하는 나무도 있더라 강이 에덴에서 흘러 나와 동산을 적시고 거기서부터 갈라져 네 근원이 되었으니 첫째의 이름은 비손이라 금이 있는 하윌라 온 땅을 둘렀으며 그 땅의 금은 순금이요 그 곳에는 베델리엄과 호마노도 있으며 둘째 강의 이름은 기혼이라 구스 온 땅을 둘렀고 셋째 강의 이름은 힛데겔이라 앗수르 동쪽으로 흘렀으며 넷째 강은 유브라데더라(창 2:8-14).

에덴은 온 땅을 적시는 네 강의 근원이었다. 첫째 비손은 지금의 팔레스타인 동북부 중앙 아라비아에 위치했던 하윌라를 둘렀고, 둘째 기혼은 에티오피아 구스 온 땅을 둘렀으며, 셋째 힛데겔은 시리아 앗수르 동편으로 둘렀고, 그리고 넷째는 유브라데였다. 히브리어 힛데겔은 헬라어로 티그리스강이고, 유브라데는 유프라테스강이다. 창조 때에는 에덴을 근원으로 네 강이 흘렀다. 하지만 노아 때의 홍수로 인한 엄청난 지각변동으로 지금은 유프라테스와 티그리스 두 강만 남았다. 두 강 사이에 존재하는 땅이 강들 사이라는 의미의 메소포타미아다. 그래서 에덴의 위치를 지금의 티그리스와 유프라테스의 발원지로 추정하고 있다. 에덴은 홍수 때 지하로 매몰되었을 것으로 추정한다(겔 31:16-18).

> 여호와 하나님이 그 사람을 이끌어 에덴 동산에 두어 그것을 경작하며 지키게 하시고 여호와 하나님이 그 사람에게 명하여 이르시되

네 개의 강과 에덴이 있었던 곳으로 추정되는 지도

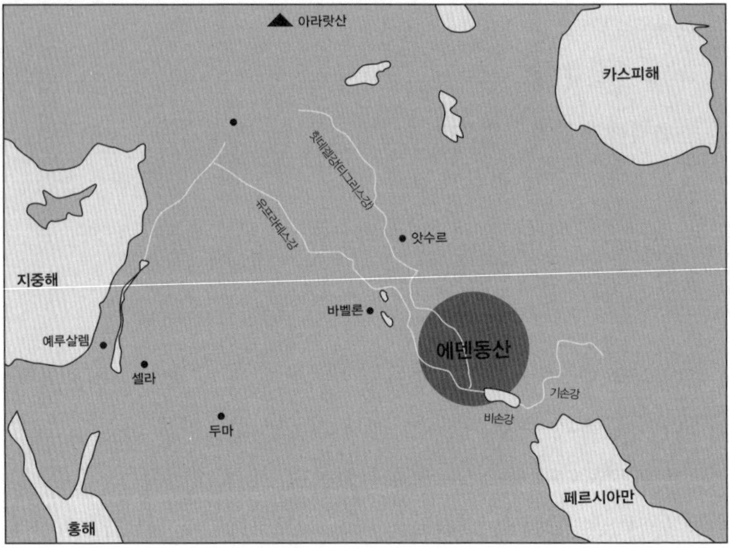

동산 각종 나무의 열매는 네가 임의로 먹되 선악을 알게 하는 나무의 열매는 먹지 말라 네가 먹는 날에는 반드시 죽으리라 하시니라 (창 2:15-17).

아담은 살아 있는 모든 피조물의 이름을 지어주었다. 그러나 한 존재만은 예외였다. 이름을 지음 받는 존재는 이름을 지어주는 존재에게 '다스림' 받는다. 아담이 이름을 지어주지 못한 존재는 바로 아담 자신이다. 아담은 자신의 이름을 지어주신 하나님의 다스림을 받는 존재다. 사실 아담이 살아 있는 모든 피조물의 이름을 지어줄 수 있었던 것도, 하나님께서 그에게 그것들을 이끌어 주셨기 때문이다(창 2:19). 하나님은 아담에게 조금도 부족함 없이 모든 것을 누릴 수 있는 엄청난 복을 주셨다. 아담은 하나님의 다스림을 온전히 받을 때 모든 피조물을 다스리는 하나님의 형상다운 삶을 살 수 있었다. 하나님께서 아담을 다스리기 위해 하신 유일한 명령은 바로 선악을 알게 하는 나무의 열매를 먹지 말라는 것이었다. '아담'은 사람이라는 의미로, 모든 사람은 하나님의 다스림을 받을 때 복된 삶을 살 수 있다.

여호와 하나님이 이르시되 사람이 혼자 사는 것이 좋지 아니하니 내가 그를 위하여 돕는 배필을 지으리라 하시니라 여호와 하나님이 흙으로 각종 들짐승과 공중의 각종 새를 지으시고 아담이 무엇이라고 부르나 보시려고 그것들을 그에게로 이끌어 가시니 아담이 각 생물을 부르는 것이 곧 그 이름이 되었더라 아담이 모든 가축과 공중의 새와 들의 모든 짐승에게 이름을 주니라 아담이 돕는 배필이 없으므로 (창 2:18-20).

아담은 하나님께서 지으신 살아 있는 모든 피조물의 이름을 지어주었다. 한 존재의 본질과 목적을 꿰뚫어 한 단어로 파악하여, 모든 짐승에게 각기 다른 이름을 지어주었다. 현존하는 지상 동물의 종류만 약 17,600종이다. 그 많은 짐승의 이름을 지어주는 것도 놀라운 일이지만, 그 이름을 정확하게 다시 불렀다는 것도 놀랍다. 아담이 '희락'이라는 의미를 가진 에덴동산을 다스리고, 모든 짐승의 이름을 지어준 것은 하나님의 형상인 '왕권'을 행사하는 것이었다. 하나님께서도 빛을 낮, 어둠을 밤이라고 부르셨던 것처럼, 이름은 부모나 주인이 지어주는 것이다.

태초에 사람은 질병도 장애도 없었고, 지금과는 비교할 수 없을 정도로 지혜와 건강이 탁월했다. 심지어 뱀과 대화할 수 있었고(창 3:1-5), 모든 짐승과 의사소통을 할 수 있었다. 사람은 하나님처럼 부족함이 없는 '신적 존재'로 창조되어 하나님과도 대화할 수 있었다. 모든 피조물은 사람을 위해 창조되었고 감히 하나님의 '권위'에 도전할 정도로 사람은 놀라운 존재였다.

하나님의 형상은 하나님의 영적이고 도덕적인 신성을 의미한다. '영원성'이 하나님의 형상이다. 사람은 하나님처럼 영원하다. 모든 피조물은 소멸하지만 사람만큼은 영원하다. 심지어 하나님을 믿지 않는 사람도 심판의 부활(요 5:29), 둘째 부활(계 20:13)을 통해 영원히 살며 벌을 받게 된다. 지성과 감정과 의지로 구성된 인격성도 하나님의 형상이다. 사람도 하나님처럼 '지정의'(知情意)의 인격을 지녔다.

여호와 하나님이 아담을 깊이 잠들게 하시니 잠들매 그가 그 갈빗대 하나를 취하고 살로 대신 채우시고 여호와 하나님이 아담에게서 취하신 그 갈빗대로 여자를 만드시고 그를 아담에게로 이끌어 오시니

> 아담이 이르되 이는 내 뼈 중의 뼈요 살 중의 살이라 이것을 남자에게서 취하였은즉 여자라 부르리라 하니라(창 2:21-23).

하나님은 아담에게 '돕는 배필'로 여자를 지어주셨다. 여자의 이름은 히브리어로 '하와'였다. 하와는 모든 산 자의 어머니가 되었다. 남자를 만든 재료는 흙이고, 여자는 남자의 갈빗대로 만들어졌다. 여자는 아담이 "내 뼈 중의 뼈요 살 중의 살이라"고 극찬할 만큼 가장 아름다운 창조물이었다. 이처럼 하나님은 새로운 남자 예수 그리스도를 이 땅에 보내서 그분의 피와 살로 그리스도의 몸 된 새 하늘과 새 땅의 신부를 마지막으로 창조하실 것이다.

> 이러므로 남자가 부모를 떠나 그의 아내와 합하여 둘이 한 몸을 이룰지로다 아담과 그의 아내 두 사람이 벌거벗었으나 부끄러워하지 아니하니라(창 2:24-25).

아담과 그의 아내는 벌거벗었지만 서로 부끄러워하지 않았고 둘이 한 몸을 이루었다. 그들은 원래 '한 몸'이었기 때문이다. 돕는 배필의 의미에는 주종관계나 상하관계가 있을 수가 없다. 하나님의 형상으로 창조된 평등한 존재다. 단지 조화를 위해 질서가 필요했을 뿐이다. 돕는 배필에서 돕는다는 히브리어 '에제르'는 하나님께서 이스라엘을 도우실 때 사용되었던 단어다(시 121:2). 돕는 배필은 단순히 남자를 보조한다는 의미가 아니라, 남자와 더불어 '상호보완'을 통해 서로를 더욱 온전하게 한다는 것이다.

뱀의 유혹과 사람의 타락(창 3:1-24)

그런데 뱀은 여호와 하나님이 지으신 들짐승 중에 가장 간교하니라 뱀이 여자에게 물어 이르되 하나님이 참으로 너희에게 동산 모든 나무의 열매를 먹지 말라 하시더냐 여자가 뱀에게 말하되 동산 나무의 열매를 우리가 먹을 수 있으나 동산 중앙에 있는 나무의 열매는 하나님의 말씀에 너희는 먹지도 말고 만지지도 말라 너희가 죽을까 하노라 하셨느니라 뱀이 여자에게 이르되 너희가 결코 죽지 아니하리라 (창 3:1-4).

창세기 1장과 2장에서는 만물의 기원을, 3장과 4장에서는 죄의 기원을 언급한다. 사탄은 뱀을 통해 여자를 공략했다. 여자가 가진 하나님 말씀에 대한 분명하지 않은 지식과 태도가 문제였다. 뱀의 질문에 여자는 답했다. "만지지도 말라." 하나님께서 하지도 않으신 말씀을 과장까지 했다. "너희가 죽을까 하노라." 하나님 말씀까지 축소해 버렸다.

사탄은 기회를 놓치지 않았다. "반드시 죽으리라"는 하나님 말씀을 "결코 죽지 아니하리라"는 말로 완전히 뒤집어 버렸다. 하나님은 선악을 알게 하는 나무의 열매는 먹지 말라고 하셨다. 뱀의 질문처럼 동산 중앙에 있는 나무의 열매를 먹지 말라고 하지 않으셨다. 동산 가운데에는 생명 나무도 있었기 때문이다(창 2:9).

너희가 그것을 먹는 날에는 너희 눈이 밝아져 하나님과 같이 되어 선악을 알 줄 하나님이 아심이니라(창 3:5).

"하나님과 같이 된다"는 것은 사람이 하나님이 되겠다는 것이다. 사람은 하나님이 아닐 뿐 하나님과 같은 존귀한 존재로 창조되었다. 사람이 그 선을 넘어 하나님이 되려고 한 것이 원죄다.

원죄는 모든 선악의 판단과 모든 행동 기준을 하나님 말씀이 아니라 자신에게 두는 것이다. 눈이 밝아졌다는 말은 사람이 스스로 옳고 그름을 판단하게 되었다는 것이다. 원죄가 모든 죄의 뿌리이며 우리 삶 속에 나타나는 문제의 근본이다. 원죄는 하나님의 주님 되심을 부인하고 자신이 인생의 주인이 되는 것이다. 하나님 자리에 다른 것을 올려놓는 것이다. 금단의 열매를 따 먹은 것 자체는 원죄가 아니다. 원죄는 죄를 짓는 행위가 아니라, 그 행위를 유발한 타락한 본성이며 죄의 경향성이다.

하나님 말씀을 불신하는 원죄가 씨앗이 되어, 생활 속에서 짓는 자범죄라는 열매들로 맺어진다. 예컨대 열이 나고 기침하는 것은 감기가 아니다. 감기의 증상일 뿐이다. 감기의 근원은 바이러스다. 사람이 거짓말하고 도둑질하는 것은 원죄가 아니다. 원죄의 결과인 자범죄다. 사탄은 언제나 우리를 위하는 것처럼 다가온다. 정말로 하나님과 같이 된다면 사탄이 금단의 열매를 먹었을 것이다. 사탄을 상징하는 뱀은 혓바닥이 둘로 갈라져 있다. 사탄은 한 입으로 두 말을 하는 간교한 자다.

> 여자가 그 나무를 본즉 먹음직도 하고 보암직도 하고 지혜롭게 할 만큼 탐스럽기도 한 나무인지라 여자가 그 열매를 따먹고 자기와 함께 있는 남편에게도 주매 그도 먹은지라(창 3:6).

여자는 선악을 알게 하는 나무의 열매를 보고 먹음직하고, 보암직

하고, 지혜롭게 할 만큼 탐스럽게 여겼다. 죄의 유혹은 사람의 감각을 통해 들어온다. 사람이 감각대로 생각하고 행동하는 것이 죄다. 하나님의 백성은 감각이 아니라, 하나님 말씀대로 생각하고 행동해야 한다. 여자는 금단의 열매를 자기도 먹고, 남편에게도 주었다. 결코 죽지 않는다는 뱀의 말을 전적으로 확신한 것이다. 그들은 함께 먹었다. 먹는 날에는 반드시 죽을 것이라는 하나님 말씀을 불신한 것이다. 하나님 말씀보다, 사탄의 말과 자신들의 판단을 전적으로 신뢰했다. 불신의 결과는 열매를 먹는 불순종으로 드러났다. 인류가 사망을 피할 수 없게 된 것은 아담과 하와의 원죄 때문만은 아니다. 하나님 말씀을 불신하고, 다른 것을 믿는 자신의 원죄 때문에 사망에 이를 수밖에 없다.

아담과 하와가 금단의 열매를 먹었으나 당장 죽지는 않았다. 정말 눈이 밝아져 사탄의 말이 제법 맞은 듯했다. 아담은 930세에 사망했고, 눈이 밝아진 것 때문에 얻은 것보다 잃은 것이 훨씬 더 많았다. 그들은 하나님같이 될 줄 알았지만, 자신의 잘못을 인정하지 않는 사탄같이 되고 말았다.

> 이에 대제사장이 자기 옷을 찢으며 이르되 그가 신성 모독 하는 말을 하였으니 어찌 더 증인을 요구하리요 보라 너희가 지금 이 신성 모독 하는 말을 들었도다(마 26:65).

원죄의 심각성은 예수 그리스도의 십자가에서 잘 드러난다. 예수님은 유대 종교 법정에서 '신성 모독죄'로, 로마 정치 법정에서는 '황제 반란죄'로 사형을 선고받으셨다. 그러므로 모든 인류뿐 아니라, 아담까지도 속죄받을 수 있었다. 원죄는 영적으로는 하나님 말씀을 우습게 여기는 신성 모독죄이고, 정치적으로는 하나님이 되려고 한 황제

반란죄다(요 19:12).

이에 그들의 눈이 밝아져 자기들이 벗은 줄을 알고 무화과나무 잎을 엮어 치마로 삼았더라 그들이 그 날 바람이 불 때 동산에 거니시는 여호와 하나님의 소리를 듣고 아담과 그의 아내가 여호와 하나님의 낯을 피하여 동산 나무 사이에 숨은지라 여호와 하나님이 아담을 부르시며 그에게 이르시되 네가 어디 있느냐 이르되 내가 동산에서 하나님의 소리를 듣고 내가 벗었으므로 두려워하여 숨었나이다(창 3:7-10).

아담과 하와가 타락하고 눈이 밝아져서 벗은 줄을 알았다. 그들은 무화과나무 잎으로 자신들을 가렸다. 피하고 숨었으며 두려워했다. 왜냐하면 부끄러움을 느꼈기 때문이다. 아담과 하와가 벌거벗었으나 부끄러워하지 않았던 상태가 파괴된 것이다. 무화과나무 잎으로 만든 치마는 햇빛에 말라 버렸다. 치마는 구원에 대한 죄인들의 노력이 얼마나 허무한 것인지를 잘 보여 준다. 죄인은 자신의 치부를 윤리, 교양, 지식, 외모, 재력 등의 치마로 가리며 살아간다.

무릇 우리는 다 부정한 자 같아서 우리의 의는 다 더러운 옷 같으며 우리는 다 잎사귀 같이 시들므로 우리의 죄악이 바람 같이 우리를 몰아가나이다(사 64:6).

그들이 만든 치마는 해보다 빛나는 하나님 말씀 앞에서는 아무것도 가릴 수 없고, 어떤 행위로도 돌이킬 수 없었다. 오직 주 예수 그리스도로 옷 입어야만 가릴 수 있다(롬 13:14). 그래서 하나님은 실제적이고 상징적으로 짐승을 희생시켜 그 가죽으로 그들을 가려주셨다.

> 이르시되 누가 너의 벗었음을 네게 알렸느냐 내가 네게 먹지 말라 명한 그 나무 열매를 네가 먹었느냐 아담이 이르되 하나님이 주셔서 나와 함께 있게 하신 여자 그가 그 나무 열매를 내게 주므로 내가 먹었나이다 여호와 하나님이 여자에게 이르시되 네가 어찌하여 이렇게 하였느냐 여자가 이르되 뱀이 나를 꾀므로 내가 먹었나이다 (창 3:11-13).

타락의 결과는 관계 파괴다. 불신으로 하나님과의 관계가 파괴되자, 아담은 먼저 "하나님께서 여자를 주셔서 이렇게 된 것"이라며 하나님을 탓했다. 이어 "내 뼈 중의 뼈, 살 중의 살"이라던 아내를 "그 여자"라고 하며, 아내 탓을 했다. 눈이 밝아지더니 자신의 죄는 보지 못하고, 남을 탓하고 남의 허물만 밝히 보인 것이다. 부부 관계도 피조물과의 관계도 파괴되었다. 나아가 형 가인이 동생 아벨을 죽이면서 형제 관계도 파괴되었다. 가인의 후예 라멕이 두 아내를 취하여 일부일처제가 깨지고 성적으로도 타락하기 시작했다.

하나님은 심판을 예방하기 위해 동산 중앙에 '금단의 열매'를 두셨다. 하나님과 사람의 차이를 확인하기 위함이었다. 사람은 하나님 말씀을 믿고 순종할 때 복된 삶을 살아갈 수 있는 존재라는 것을 잊지 않게 하려고 하셨다. 사람이 사망에 이르지 않도록 하신 것이다. 선악을 알게 하는 나무는 하나님께서 사람을 속박하기 위해 두신 것이 아니라, 자유롭게 살도록 두신 것이다. 선악을 알게 하는 나무 열매에는 선과 악을 알게 하는 성분이 있는 것이 아니다. 선과 악의 기준은 오직 하나님 말씀뿐이라는 진리가 있었다.

성경에서 말하는 선과 악이 무엇인가? 하나님의 주권을 인정하고 하나님 말씀에 순종하는 것이 선이고, 하나님 말씀에 순종하지 않고 자기 소견에 옳은 대로 하는 것이 악이다. 성경에서 말하는 선악은 윤리가 아니라 하나님의 기준이다. 하나님 말씀은 언제 어디서나 선하고, 누구에게나 선하고, 어떤 상황에서도 선하다. 하나님 말씀은 절대 선이다. 하나님은 선한 일을 하시는 분이 아니라, 하나님께서 하시는 일이 선한 것이다.

하나님께서 사람에게 주신 최고의 선물은 '자유의지'다. 하나님은 전지전능하시기 때문에 사람이 자유의지로 선악을 알게 하는 나무 열매를 먹을 줄 아셨다. 그런데도 자유의지를 주셨다. 왜냐하면 진정한 사랑은 상대가 성숙해질 때까지 기다려주는 것이기 때문이다. 하나님은 기다리기로 하셨다. 금단의 열매가 없었다면 아담과 하와는 부족함 없이, 은혜도 감사도 모르고 살았을 것이다. 최초의 율법인 금단의 열매는 사람을 시험하기 위해 주신 것이 아니라, 전적으로 사람을 위해 주신 하나님의 은혜이며 사랑의 표현이었다.

> 여호와 하나님이 뱀에게 이르시되 네가 이렇게 하였으니 네가 모든 가축과 들의 모든 짐승보다 더욱 저주를 받아 배로 다니고 살아 있는 동안 흙을 먹을지니라 내가 너로 여자와 원수가 되게 하고 네 후손도 여자의 후손과 원수가 되게 하리니 여자의 후손은 네 머리를 상하게 할 것이요 너는 그의 발꿈치를 상하게 할 것이니라 하시고 또 여자에게 이르시되 내가 네게 임신하는 고통을 크게 더하리니 네가 수고하고 자식을 낳을 것이며 너는 남편을 원하고 남편은 너를 다스릴 것이니라 하시고 아담에게 이르시되 네가 네 아내의 말을 듣고 내가 네게 먹지 말라 한 나무의 열매를 먹었은즉 땅은 너로 말미암아 저주를 받

고 너는 네 평생에 수고하여야 그 소산을 먹으리라 땅이 네게 가시덤불과 엉겅퀴를 낼 것이라 네가 먹을 것은 밭의 채소인즉 네가 흙으로 돌아갈 때까지 얼굴에 땀을 흘려야 먹을 것을 먹으리니 네가 그것에서 취함을 입었음이라 너는 흙이니 흙으로 돌아갈 것이니라 하시니라 아담이 그의 아내의 이름을 하와라 불렀으니 그는 모든 산 자의 어머니가 됨이더라(창 3:14-20).

타락의 결과 모든 생물이 저주를 받았고 뱀은 더욱 많이 받았다. 피조물 사이의 관계가 파괴되어 의사소통이 되지 않았고 서로 먹고 먹히는 먹이사슬이 생겼다. 사람이 위에 계신 하나님에게 반역하자, 짐승들도 위에 있는 사람에게 반역하여 심지어는 잡아먹기까지 했다. 왜냐하면 짐승들이 그토록 두려워했던 '하나님의 형상'이 사람에게서 사라졌기 때문이다.

그들에게 사라진 하나님의 형상은 하나님의 영광이다. 모세가 두 번째 십계명 두 돌판을 하나님께 받아서 시내산에서 내려왔을 때, 그의 얼굴에는 광채가 발했다(출 34:29). 백성은 그 광채를 보고 두려워했다. 모세는 하나님을 잠시 뵈었을 뿐이고 그 또한 죄인이었다. 그렇다면 죄가 없고 항상 하나님을 뵈었던 아담과 하와에게는 그 광채가 얼마나 발했을까?

그들의 온몸에서 하나님의 거룩한 영광이 모든 생명체가 두려워할 정도로 눈부시게 발했을 것이다. 어떤 짐승도 그들 앞에서 순종하지 않을 수가 없었다. 그들이 옷을 입지 않고도 부끄럽지 않았던 것도 그 때문이다. 그들은 영적 빛의 갑옷을 입고 있었다(롬 13:12). 그러나 원죄 때문에 눈부신 광채가 사라져 버린 것이다. 바울 사도는 종국에는 "우리의 낮은 몸을 자기 영광의 몸의 형체와 같이 변하게 하실 것"(빌

3:21)이라고 했다. 땅도 아담으로 말미암아 저주를 받아 쓴 풀과 가시나무와 독버섯 같은 부정적인 요소들을 내기 시작했다.

여자에게는 출산의 고통이 크게 더해졌고 남편의 다스림을 받게 되었다. 그 표시로 아담이 그의 아내에게 타락 이후에 '하와'라는 이름을 지어주었다. 창조 때부터 이름을 지음 받는 존재는 지어주는 존재에게 다스림을 받는다는 의미다. 남자는 평생에 수고해야 소산을 먹을 수 있게 되었다. 아담은 땀을 흘려야만 생존할 수 있게 된 것이다. 그러나 노동이 죄의 대가로 주어진 것만은 아니다. 하나님께서 이미 사람에게 에덴을 경작하며 지키게 하셨기 때문이다(창 2:15). 노동은 신성한 것으로 이미 행해지고 있었다. 하지만 그 무게가 땀을 흘려야 할 정도로 가중되었다.

사탄이 뱀에게 들어가 사람을 유혹했다. 뱀은 영적으로 사탄을 상징하지만, 사탄 그 자체는 아니다. 뱀은 하나님께서 흙으로 지으신 가장 간교한 '들짐승'(창 3:1)이었고 사탄을 상징할 뿐이다. 짐승이 말을 하는 것은 에덴동산에서뿐만 아니라, 민수기에도 등장한다. 하나님 말씀에 불순종했던 발람이 나귀를 때리자, 하나님께서 나귀의 입을 열어주셨다. 나귀는 열린 입으로 자신을 때린 발람에게 대들었고, 그의 잘못을 책망했다(민 22:28-30). 나귀와 발람, 뱀과 여자가 대화하는 장면은 원래 사람과 짐승은 의사소통할 수 있었다는 것을 보여 준다.

에덴동산에서 뱀이 사람과 말을 했다는 것에는 중요한 영적 교훈이 있다. 원래 뱀은 사람과 대화할 정도로 친밀한 존재였지만, 사탄이 뱀에게 들어가는 바람에 사람을 유혹하는 존재로 변한 것이다. 사탄은 피조물을 통해서도 사람을 유혹한다. 그 피조물은 우리가 친밀하게 생각하는 그 무엇이다. 심지어 우리 자신도 그 무엇이 될 수 있다. 모든 보이는 것 이면에는 보이지 않는 영의 역사가 있다. 우리는 항상 하나님 말씀으로 깨어 있어야 한다.

영적으로 뱀은 사탄을 상징한다. 땅을 배로 밀어 기어 다니는 부정한 짐승의 대명사이기 때문이다(레 11:29-31). 창세기에서는 뱀이지만, 요한계시록에서는 용이다(계 12:9). 뱀과 용은 영적으로 사탄을 상징하고 세상의 왕권을 상징한다. 조선 시대 때 왕의 얼굴을 용안, 왕의 보좌를 용상, 왕의 옷을 용포라고 불렀다. 용은 입에 '여의주(如意珠)'를 물고 있다. 여의주는 자신 뜻과 똑같은 현실을 만들어낸다는 마술의 구슬이다. 이것이 원죄의 속성인 '스스로 하나님이 되는 것'이다. 뱀과 용이 상징하는 사탄은 영적으로 우리 자신이 하나님이 되도록 부추긴다. 눈에 보이는 사물, 문화, 사상의 이면에는 반드시 영의 역사가 있다. 우리는 하나님 말씀으로 잘 분별해야 한다.

> 여호와 하나님이 아담과 그의 아내를 위하여 가죽옷을 지어 입히시니라 여호와 하나님이 이르시되 보라 이 사람이 선악을 아는 일에 우리 중 하나 같이 되었으니 그가 그의 손을 들어 생명 나무 열매도 따먹고 영생할까 하노라 하시고 여호와 하나님이 에덴 동산에서 그를 내보내어 그의 근원이 된 땅을 갈게 하시니라 이같이 하나님이 그 사람을 쫓아내시고 에덴 동산 동쪽에 그룹들과 두루 도는 불 칼을 두어 생명 나무의 길을 지키게 하시니라(창 3:21-24).

하나님은 에덴동산에서 아담과 하와를 쫓아내셨다. 동산 동쪽에 그룹 천사들과 불칼을 두어 생명 나무 열매도 먹지 못하게 하셨다. 금단의 열매를 먹는 날에는 반드시 죽을 것이라고 말씀하셨다. 그러나 이것은 하나님께서 그들을 저주하신 것이 아니다. 실제로 하나님의 저주는 짐승과 뱀과 땅이 받았을 뿐이다(창 3:14, 17). 하나님은 그들에게 저주하신 것이 아니라, 은혜를 베푸셨다. 하나님의 은혜가 최초로 선포된 말씀을 원시 복음(Original Gospel)이라고 한다. 원시 복음은 태초부터 오직 '은혜'와 '믿음'으로만 구원받을 수 있음을 분명히 드러낸다. 사실 아담과 하와는 너무나도 치명적인 죄를 지었기 때문에, 오직 죽음으로만 그 대가를 치를 수 있었다. 그러나 하나님은 그들을 용서하셨다. 그래서 그들을 찾아가셨고 하나님께서 직접 가죽옷을 지어 입혀주셨다. 그들의 범죄를 만회할 수 있도록 하나님 말씀도 주셨다.

그들은 '금단의 열매를 먹으면 반드시 죽는다'는 하나님 말씀을 믿지 않아 사망에 이르렀다. 그러나 여자의 후손으로 오실 메시아에 대한 하나님 말씀을 믿고 죄 사함을 받으라는 것이다. 궁극적으로는 예수 그리스도의 재림 때 부활해서 육신의 사망을 극복하게 하셨다. 하나님은 금단의 열매를 먹는 날에는 반드시 죽게 되므로 먹지 말라고 하셨다. 타락한 사람이 생명 나무의 열매를 먹고 영생하면 그 영생은 지옥 같을 것이다. 그래서 지옥 같은 영생을 막으셨다. 하나님 말씀을 믿고 죄에 물든 육신은 죽음으로 멸하고, 완전한 몸으로 부활하라는 것이다. 하나님께서 아담과 하와를 에덴동산에서 쫓아내신 것과 생명 나무 열매를 먹지 못하게 하신 것은 그들을 버리신 것이 아니다. 이것은 그들에 대한 하나님의 최고의 배려였다. 사람은 스스로 하나님이 되어서는 안 된다. 오직 하나님만 하나님 되시게 해야 한다.

천지창조의 결과는 안식이다. 안식은 하나님과 바른 관계이며, 타락은 그 관계의 파괴다. 사람의 타락으로 세상에는 하나님께서 주시는 안식이 사라져 버렸다. 아담은 땀을 흘려야만 살 수 있었고, 여자에게는 출산의 고통이 더해졌다. 모든 사람은 수고하고 무거운 짐을 지게 되었다. 일곱째 날 안식일이라는 형식은 남았지만, 안식의 내용은 파괴되었다. 안식일이라는 이름만 있을 뿐 안식은 사라져서 사람에게는 안식이 필요했다. 하나님과 바른 관계를 가로막는 죄의 문제를 해결하지 않고는 진정한 안식은 있을 수 없다. 사람이 온전히 안식할 수 있는 '새날'이 필요했다.

> 그러므로 안식일에 이러한 일을 행하신다 하여 유대인들이 예수를 박해하게 된지라 예수께서 그들에게 이르시되 내 아버지께서 이제까지 일하시니 나도 일한다 하시매 유대인들이 이로 말미암아 더욱 예수를 죽이고자 하니 이는 안식일을 범할 뿐만 아니라 하나님을 자기의 친 아버지라 하여 자기를 하나님과 동등으로 삼으심이러라 (요 5:16-18).

하나님은 엿새 동안 천지를 창조하시고, 일곱째 날에 안식하셨다. 그런데 성경은 하나님께서 하시던 일을 여섯째 날이 아니라, "일곱째 날에 마치셨다"(창 2:2)고 기록한다. 하나님은 안식하는 일곱째 날에도 일을 하셨다는 의미다. 이전 엿새와는 달리 일곱째 날에는 "저녁이 되고 아침이 된다"는 언급도 없다. 안식하셨던 그날부터 지금까지 안식하시는 일을 하시며, 예수님도 마찬가지라는 것이다. 모든 피조물이 온전한 안식으로 들어갈 때까지 일하시는 것이 하나님의 안식이며, 여자의 후손만이 우리에게 참된 안식을 주실 수 있다.

> 수고하고 무거운 짐 진 자들아 다 내게로 오라 내가 너희를 쉬게 하리라 나는 마음이 온유하고 겸손하니 나의 멍에를 메고 내게 배우라 그리하면 너희 마음이 쉼을 얻으리니(마 11:28-29).

여자의 후손으로 말미암아 '쉼'이 다시 주어질 것이다. 여자의 후손이 새로운 창조를 하시기 때문이다. 새로운 창조의 시작은 '예수 그리스도의 부활'이며, 그날은 안식일 다음 날 '제팔일째 날'이다. 안식의 온전한 회복은 주님께서 부활하신 새날로부터 시작된다. 그래서 기독교는 제칠일째 날이 아니라 제팔일째 날 일요일을 '주일'로 성수하는 것이다.

에덴에서부터 온전한 안식을 주시는 여자의 후손과 원시 복음을 믿는 기독교가 원시 종교다. 인류 최초의 종교는 기독교다. 최초의 사람 아담 때부터 오직 하나님 말씀을 믿는 믿음으로 구원받았기 때문이다. 여자의 후손으로 오시는 구원자를 히브리어로 메시아, 헬라어로 크리스토스, 영어로 크라이스트, 한국어로 그리스도, 중국어로는 지도라고 한다. 중국어 지도를 한자로 옮기면 '기독'(基督)이다. 예수 그리스도는 "말씀이 육신이 되신 분"(요 1:14)이기 때문에, 기독교의 본질은 바로 말씀이다. 기독교만이 아담이 잃어버린 생명 나무가 있고 강이 흘렀던 에덴의 안식을 회복할 수 있다.

> 또 그가 수정 같이 맑은 생명수의 강을 내게 보이니 하나님과 및 어린 양의 보좌로부터 나와서 길 가운데로 흐르더라 강 좌우에 생명 나무가 있어 열두 가지 열매를 맺되(계 22:1-2).

안식일은 하나님의 창조를 기념하는 동시에, 온전한 안식을 가져다 줄 메시아를 염원하는 날이다. 반면에 주일은 진정한 안식을 완전하게 하실 재림의 예수 그리스도를 염원하는 동시에, 새 하늘과 새 땅의 창조를 기대하는 날이다. 예수님은 아담이 창조되던 제여섯째 날 금요일에 돌아가셔서, 제일곱째 날 안식일에는 안식이 없음을 주님의 죽음으로 드러내셨다. 그리고 제여덟째 새날에 부활하셔서 온전한 안식이 시작되었음을 선포하셨다. 제일곱째 안식일에는 온전한 안식의 완성인 제여덟째 주일이 감추어져 있다. 안식일은 하나님의 백성이 안식하는 주일이라는 열매의 씨앗이다.

가인의 제사와 아벨의 제사(창 4:1-15)

> 아담이 그의 아내 하와와 동침하매 하와가 임신하여 가인을 낳고 이르되 내가 여호와로 말미암아 득남하였다 하니라 그가 또 가인의 아우 아벨을 낳았는데 아벨은 양 치는 자였고 가인은 농사하는 자였더라 세월이 지난 후에 가인은 땅의 소산으로 제물을 삼아 여호와께 드렸고 아벨은 자기도 양의 첫 새끼와 그 기름으로 드렸더니 여호와께서 아벨과 그의 제물은 받으셨으나 가인과 그의 제물은 받지 아니하신지라 가인이 몹시 분하여 안색이 변하니(창 4:1-5).

사람의 타락 이후부터 하나님께 드리는 제사가 시작되었다. 죄인은 대속물을 드리는 제사를 통해서만 하나님께 나아갈 수 있게 된 것이다. 하나님은 아벨과 그의 제물은 받으셨지만, 가인과 그의 제물은 받지 않으셨다. 하나님은 제물 이전에, 제물을 드리는 존재를 먼저 받으신다. 사람은 외모를 보지만 하나님은 중심을 보시는 분이기 때문이다(삼상 16:7). 예물 이전에 예배자를 보신다. 이처럼 아담과 하와에게는 선악을 알게 하는 나무의 열매를 따 먹었던 '불순종' 이전에, 하나님 말씀을 부인하는 '불신'이 있었다.

> 여호와께서 가인에게 이르시되 네가 분하여 함은 어찌 됨이며 안색

이 변함은 어찌 됨이냐 네가 선을 행하면 어찌 낯을 들지 못하겠느냐 선을 행하지 아니하면 죄가 문에 엎드려 있느니라 죄가 너를 원하나 너는 죄를 다스릴지니라 가인이 그의 아우 아벨에게 말하고 그들이 들에 있을 때에 가인이 그의 아우 아벨을 쳐죽이니라 여호와께서 가인에게 이르시되 네 아우 아벨이 어디 있느냐 그가 이르되 내가 알지 못하나이다 내가 내 아우를 지키는 자니이까 이르시되 네가 무엇을 하였느냐 네 아우의 핏소리가 땅에서부터 내게 호소하느니라 … (창 4:6-15).

가인은 하나님께 드리는 제사가 받아들여지지 않자 분노했다. 하나님은 그에게 "죄가 너를 원하나 너는 죄를 다스리라"고 말씀하셨다. 죄가 너를 원한다는 말씀은 죄가 너를 다스리려고 한다는 것이다. 가인은 죄를 다스리지 못하고 아우를 죽이고 말았다. 드디어 "금단의 열매를 먹는 날에는 반드시 죽으리라"는 하나님 말씀이 현실로 드러났다. 그리고 원죄로 말미암은 수많은 자범죄도 나타나기 시작했다.

하나님께서 가인에게 질문하셨다. "네 아우 아벨이 어디 있느냐?" 이 질문은 하나님께서 아담에게 최초로 하셨던 것과 같다. 하나님은 죄를 범하여 동산 나무 사이에 숨어 있는 아담에게도 "네가 어디 있느냐?"라고 물으셨다. "내가 알지 못하나이다." 그는 하나님을 속이고 자신의 죄를 은폐할 수 있다고 생각했다. 전지전능하신 하나님은 아담이 어디에 숨었는지, 아벨이 어디에 있는지 알고 계셨다. 그런데도 그들에게 어디에 있는지를 물으셨다. 그들이 어디에 있는지, 왜 그곳에 있는지를 깨닫고 회개할 기회를 주신 것이다.

오리엔테이션(Orientation)이라는 말은 과거 교회 건축에서 사용되었던 용어다. 이스라엘 백성이 지었던 성막 입구가 동쪽(출 38:13)에 있었음을 착안하여, 중세시대에도 교회를 지을 때 입구를 동향(orient)으로 설정했다. '동향 설정'이라는 말이 바로 오리엔테이션이다. 지금은 동향의 개념은 사라지고 방향 설정이란 의미로만 사용된다. 새로운 출발을 앞둔 이들에게 출발의 바른 방향을 제시해 주는 시간이다. 인생에도 오리엔테이션이 필요하다. 사람은 하나님의 형상으로 창조된 존귀한 존재라는 사실과 복음을 믿음으로 그리고 오직 은혜로 하나님의 백성이 될 수 있다. 우리는 이 진리를 깨달아 하나님 말씀을 모든 판단의 기준으로 삼고, 하나님의 풍성한 생명에 참여하는 존귀한 하나님의 형상이 되어야 할 것이다.

제2강

의인의 방주와 죄인의 바벨

창세기 5~11장

사람이 원죄를 범한 이후, 세상은 죄악 가운데 점점 더 악해져 갔다. 하나님은 사람을 지으신 것을 한탄하셨고, 급기야 홍수로 세상을 심판하셨다. 온 땅은 다시 물로 뒤덮여 땅이 혼돈하고 공허하며 흑암이 깊음 위에 있었던 창조 이전으로 역행했다. 하나님은 방주에 승선하여 살아남은 노아와 그의 가족 여덟 명으로 새로운 역사를 시작하셨다. 그러나 홍수 심판 이후에도 세상은 여전했다. 사람들은 하나님 말씀을 듣지 않았고, 자신들의 부와 권세, 위엄과 영광을 위해 그리고 사방으로 흩어지지 않기 위해, 하늘에 닿기 위해 거대한 '바벨'을 높이 쌓았다.

어둠, 가인 후손의 족보(창 4:16-24)

성경은 역사를 압축하여 족보로 보여 준다. 먼저 어둠의 족보를 기록하고 이어 빛의 족보를 기록해 둘을 대조한다. 그럼으로써 흑암에서 빛을 창조하신 하나님의 섭리가 이어지고 있음을 드러내는 것이다. 족보에 등장하는 인물들의 공통점은 하나님 말씀대로 모든 사람이 죽었다는 것이다. 족보에서는 이름 뒤에 부연 설명이 있는 인물들이 중요하다. 어둠의 족보와 빛의 족보에는 부연 설명이 있는 '에녹'과 '라멕'이 등장한다.

> 가인이 여호와 앞을 떠나서 에덴 동쪽 놋 땅에 거주하더니 아내와 동침하매 그가 임신하여 에녹을 낳은지라 가인이 성을 쌓고 그의 아들의 이름으로 성을 이름하여 에녹이라 하니라 에녹이 이랏을 낳고 이랏은 므후야엘을 낳고 므후야엘은 므드사엘을 낳고 므드사엘은 라멕을 낳았더라(창 4:16-18).

가인은 놋 땅에 거주하며 에녹을 낳았다. 놋은 '떠돌아다니다', '방황하다'라는 뜻이 있는 지명이다. 그는 성을 쌓고 아들의 이름과 같은 에녹이라고 지었다. 주변 사람들은 가인과 그 후손들이 사는 지역을 에녹이라고 불렀다. 아들의 이름이 땅의 이름이 된 것이다. 가인과 그 후손들은 오직 이 땅에 이름을 남기기 위해 살았다.

> 라멕이 두 아내를 맞이하였으니 하나의 이름은 아다요 하나의 이름은 씰라였더라 아다는 야발을 낳았으니 그는 장막에 거주하며 가축을 치는 자의 조상이 되었고 그의 아우의 이름은 유발이니 그는 수금

과 퉁소를 잡는 모든 자의 조상이 되었으며 씰라는 두발가인을 낳았으니 그는 구리와 쇠로 여러 가지 기구를 만드는 자요 두발가인의 누이는 나아마였더라(창 4:19-22).

라멕은 야발과 유발을 낳았다. 야발은 가축을 치는 자의 조상으로 목축업의 기원이 되었다. 유발은 수금과 퉁소를 잡는 모든 자의 조상으로 세속 문화의 기원이 되었다. 라멕이 다른 아내에게서 낳은 두발가인은 구리와 쇠로 여러 가지 기구, 각양 날카로운 기계를 만드는 금속 무기 제조업의 기원이 되었다. '재미있다'는 의미의 이름을 가진 누이 나아마는 향락을 추구하는 사람들의 기원이 되었다. 라멕은 하나님께서 허락하신 부부의 형태인 일부일처제를 깨뜨리고, 일부다처제의 시작이 되었다.

라멕이 아내들에게 이르되 아다와 씰라여 내 목소리를 들으라 라멕의 아내들이여 내 말을 들으라 나의 상처로 말미암아 내가 사람을 죽였고 나의 상함으로 말미암아 소년을 죽였도다 가인을 위하여는 벌이 칠 배일진대 라멕을 위하여는 벌이 칠십칠 배이리로다 하였더라(창 4:23-24).

라멕이 두 아내에게 했던 말을 가리켜 칼의 노래, 혹은 악인의 노래라고 한다. 그는 자신에게 조금이라도 피해를 준 사람들을 아들 두발가인이 만든 금속 무기로 쳐죽였다. 당시 에녹 성에서는 이런 가사의 노래가 자랑삼아 불릴 정도로, 가인의 후손들은 아주 잔인했다. 그들은 오직 세상의 성공과 쾌락만을 추구했던 사람들이었다. 에녹 성은 세상의 명성과 이 땅에 삶의 목적을 둔 사람들로 넘쳐났다.

하나님은 가인을 죽이는 자가 받게 될 벌은 '칠 배'라고 말씀하셨다(창 4:15). 그러나 라멕은 자신을 해치는 사람은 '칠십칠 배'의 벌을 받을 거라고 말했다. 그는 마치 하나님처럼, 하나님을 능가하는 것처럼 말했다. '스스로 하나님이 되는 것', 이것이 바로 원죄다.

빛, 셋 후손의 족보(창 4:25~5:32)

> 아담이 다시 자기 아내와 동침하매 그가 아들을 낳아 그의 이름을 셋이라 하였으니 이는 하나님이 내게 가인이 죽인 아벨 대신에 다른 씨를 주셨다 함이며 셋도 아들을 낳고 그의 이름을 에노스라 하였으며 그 때에 사람들이 비로소 여호와의 이름을 불렀더라(창 4:25-26).

셋은 아들을 낳아 이름을 에노스라 하였다. 그제야 사람들이 비로소 여호와의 이름을 불렀다. 에노스는 '죽을 수밖에 없는 존재'라는 의미다. 셋은 가인이 아벨을 돌로 쳐죽인 후에 태어났기 때문에, 아들의 이름을 사람은 죽을 수밖에 없는 존재라는 의미의 에노스라고 지은 것이다. "금단의 열매를 먹는 날에는 반드시 죽으리라"는 하나님 말씀이 확인되자, 사람들이 비로소 생명의 근원이신 여호와의 이름을 부르게 된 것이다.

> 이것은 아담의 계보를 적은 책이니라 하나님이 사람을 창조하실 때에 하나님의 모양대로 지으시되 남자와 여자를 창조하셨고 그들이 창조되던 날에 하나님이 그들에게 복을 주시고 그들의 이름을 사람이라 일컬으셨더라 아담은 백삼십 세에 자기의 모양 곧 자기의 형상

과 같은 아들을 낳아 이름을 셋이라 하였고 아담은 셋을 낳은 후 팔백 년을 지내며 자녀들을 낳았으며 그는 구백삼십 세를 살고 죽었더라 … (창 5:1-20).

아담과 하와는 두 자식을 모두 잃어버리고 살다가, 셋째 아들 셋을 낳고 위로받는다. 셋은 '임명하다'라는 의미다. 형 가인이 살아 있었지만, 셋이 아담의 후손이 되었다. 가인의 후손이 아니라 셋의 후손이 아담으로부터 출발한 믿음의 계보를 이어갔다. 아담을 비롯한 셋의 후손이 하나님께서 말씀하신 '여자의 후손'(창 3:15)의 복음을 믿었기 때문이다. 아담은 셋을 낳은 후 800년 동안 자녀를 더 낳았다. 그러나 성경에 그들에 대한 언급은 없다. 왜냐하면 성경은 전 인류의 족보를 기록한 책이 아니라, 하나님께서 죄인을 구원하시는 구속사를 기록한 책이기 때문이다. 아담도 930세를 살고 흙으로 돌아갔다.

에녹은 육십오 세에 므두셀라를 낳았고 므두셀라를 낳은 후 삼백 년을 하나님과 동행하며 자녀들을 낳았으며 그는 삼백육십오 세를 살았더라 에녹이 하나님과 동행하더니 하나님이 그를 데려가시므로 세상에 있지 아니하였더라(창 5:21-24).

가인의 후손 에녹도 있지만, 셋의 후손 에녹도 있다. 셋의 후손 에녹은 365세를 살았고, 죽음을 보지 않고 하늘로 들림 받았다. 가인의 후손 에녹은 땅에 이름을 남겼고, 셋의 후손 에녹은 하늘에 이름을 남겼다. 그가 하늘에 이름을 남길 수 있었던 것은 65세 때 므두셀라를 낳은 후부터, 300년 동안 하나님과 동행했기 때문이다. 므두셀라는 '아들이 죽으면 심판'이라는 의미다. 하나님은 에녹에게 아들 이름을 지어주시며 므두셀라가 죽는 순간이 곧 심판의 때라고 말씀하셨다. 에녹은 아들을 지키기 위해 하루하루가 초긴장의 연속이었고, 매 순간 하나님의 심판이 있다는 것을 잊지 않았다. 하늘이 자신에게 허락한 마지막 날이 될 수 있다는 생각으로 하나님께서 주신 아들을 잘 보살피고, 하나님의 뜻에 순종하는 세상과 분리된 삶을 살았다. 그러다 보니 온전한 임마누엘을 이루어 죽음을 보지 않고 하나님께 갈 수 있었다. 에녹은 당시 사람들보다 이 땅에 살았던 세월이 절반도 되지 않았다. 하나님의 진정한 복은 이 땅에서 장수하는 것이 아니라, 하늘에서 영생하는 것이다.

므두셀라는 인류 중에서 가장 긴 수명인 969세를 살았다. 그는 노아가 600세가 되던 해에 죽었다. 그해에 홍수가 일어나 온 인류에 하나님의 심판이 임했다. 아들이 죽으면 심판이라는 므두셀라의 이름처럼 하나님께서는 역사를 주관하셨다.

> 므두셀라는 백팔십칠 세에 라멕을 낳았고 라멕을 낳은 후 칠백팔십이 년을 지내며 자녀를 낳았으며 그는 구백육십구 세를 살고 죽었더라 라멕은 백팔십이 세에 아들을 낳고 이름을 노아라 하여 이르되 여호와께서 땅을 저주하시므로 수고롭게 일하는 우리를 이 아들이 안위하리라 하였더라(창 5:25-29).

가인의 후손 라멕도 있지만, 셋의 후손 라멕도 있다. 셋의 후손 라멕은 아들을 낳고 그 이름을 안위, 즉 '위로'라는 의미의 노아라고 지었다. 아들의 이름에서 그에게 위로가 절대적으로 필요했음을 알 수 있다. 땅이 하나님의 저주를 받았기 때문에 땀 흘리며 수고로이 일하지 않을 수 없었다. 수고로이 일하지 않는 사람들은 에녹 성의 두발가인이 만든 여러 기구와 각양 날카로운 기계를 사용하는 잔인한 라멕 같은 사람들이다. 그들이 셋의 후손을 침략하고 약탈을 일삼았다. 그래서 셋의 후손에게는 절대적인 하나님의 위로가 필요했다.

가인의 후손은 도시를 건설했고, 문화와 문명을 발전시켰으며 땅에 모든 것을 투자했다. 심지어는 약탈과 살인도 마다하지 않았다. 그래서 하나님은 노아에게 방주를 지으라고 말씀하셨다. 그들이 흘린 눈물이 홍수가 되어 가인의 후손을 심판하고, 그들을 구원으로 위로하기 위함이었다.

> 라멕은 노아를 낳은 후 오백구십오 년을 지내며 자녀들을 낳았으며 그는 칠백칠십칠 세를 살고 죽었더라 노아는 오백 세 된 후에 셈과 함과 야벳을 낳았더라(창 5:30-32).

가인의 후손에게도 셋의 후손에게도 에녹과 라멕이 있었다. 그들은 같은 이름으로 살았지만, 삶의 내용과 결론은 하늘과 땅 차이였다. 성도와 불신자의 차이도 마찬가지다. 살아가는 모습은 큰 차이가 없지만, 영적으로는 하늘과 땅 차이다. 이를 대조해서 잘 보여 주는 두 인물이 에서와 야곱이다. 그들은 쌍둥이로 한 모태에서 같은 시간에 태어났지만, 완전히 다른 인생을 살았다.

빛의 족보에서만 언급되는 것이 있다. 이들은 살았던 연수가 각 사람당 3회씩 언급되고 있다. '몇 세에 아들을 낳고' '아들을 낳은 후 몇 년을 지냈으며' '몇 세까지 살다가 죽었다'이다. 하나님께 이들은 생명의 가치가 있었고 하나님께서 기뻐하셨기 때문이다. 어둠의 족보 사람들은 하나님께서 '수(數)로 칠 가치도 없었다'(사 2:22).

방주 짓는 의인, 노아(창 6:1–22)

> 사람이 땅 위에 번성하기 시작할 때에 그들에게서 딸들이 나니 하나님의 아들들이 사람의 딸들의 아름다움을 보고 자기들이 좋아하는 모든 여자를 아내로 삼는지라 여호와께서 이르시되 나의 영이 영원히 사람과 함께 하지 아니하리니 이는 그들이 육신이 됨이라 그러나 그들의 날은 백이십 년이 되리라 하시니라(창 6:1–3).

원죄에서 비롯된 자범죄가 온 세상을 뒤덮어 가고 있었다. 하나님의 아들들은 셋의 후손을, 사람의 딸들은 가인의 후손을 가리킨다. 아담은 130세에 자기의 모양 곧 자기의 형상과 같은 아들 셋을 낳았다(창 5:3). 아담은 하나님의 형상대로 창조되었으므로, 하나님은 아담의 아버지였고, 아담은 그분의 아들이었다. 따라서 하나님의 아들들은 셋의 후손을 가리킬 것이다.

빛의 후손도 타락하여 어둠의 후손의 아름다움을 보고 자신들의 아내로 삼았다. 에녹도 므두셀라를 낳기까지 65년 동안은 하나님과 동행하지 않았다. 하지만 하나님께 심판에 대한 엄중한 경고를 받은 후에 달라졌다. 딸들의 아름다움을 '보았다'는 것은 그들이 타락했다는 의미다. 사람이 금단의 열매를 먹음직도 하고, 보암직도 하고, 지혜롭게 할 만큼 탐스럽게 보았기 때문에 죄를 지었다. 하나님 말씀이 아니라, 자신들에게 좋은 것이 범사를 결정하는 기준이 된 것이다. 하나님께서 보시기에 좋았던 세상은 죄인들이 보기에 좋은 것들로 변해 가고 있었다.

사람은 땅의 흙과 하나님의 생기가 하나로 연합된 생령으로 창조된 존재였다. 그러나 죄로 말미암아 하나님의 영이 사람과 함께하지 않았고, 더 이상 생령이 아니라 육신이 되었다. 존귀한 하나님의 형상이 아니라 육신이 되었다. 그리고 120년 후에 하나님의 심판이 임했다.

> 당시에 땅에는 네피림이 있었고 그 후에도 하나님의 아들들이 사람의 딸들에게로 들어와 자식을 낳았으니 그들은 용사라 고대에 명성이 있는 사람들이었더라 여호와께서 사람의 죄악이 세상에 가득함과 그의 마음으로 생각하는 모든 계획이 항상 악할 뿐임을 보시고 땅 위에 사람 지으셨음을 한탄하사 마음에 근심하시고 이르시되 내가 창조한 사람을 내가 지면에서 쓸어버리되 사람으로부터 가축과 기는 것과 공중의 새까지 그리하리니 이는 내가 그것들을 지었음을 한탄함이니라 하시니라 그러나 노아는 여호와께 은혜를 입었더라 (창 6:4-8).

네피림은 '떨어진다'는 히브리어 동사 '나팔'에서 파생되었다. 네피림은 하나님에게서 떨어져 나간 타락한 자들이다. 그들은 힘센 거인 족속으로 당시 사람들은 그들을 '용사', '명성이 있는 사람들'이라고 불렀다. 힘센 그들은 전쟁에 능한 용사로 명성이 자자했다. 마치 잔인한 라멕과 성공 가도를 달렸던 그의 자녀들처럼 땅에서 이름을 날리고 있었다.

힘이 센 네피림은 육신의 정욕에 따라 폭력을 사용해서 '마음에 드는 대로' 아내를 여러 명 두었다. 세상은 죄악으로 가득 찼고 비윤리적이고 악했다. 폭력, 강도, 강간, 살인, 그리고 가정이 파괴되었다. 도덕과 윤리가 무너져 버렸다. 더구나 빛의 자손들마저 타락하여 세상은 더는 돌이킬 수 없을 정도였다. 하나님은 한탄하셨고, 그들의 죄악을 홍수로 심판하실 수밖에 없었다. 한탄은 '심히 슬퍼한다'는 의미다. 하나님은 사랑으로 창조하신 세상의 타락에 심히 마음이 아프셨다. 하나님은 창조를 마치시고 "보시기에 심히 좋았더라"고 감탄하셨다. 이제 감탄은 죄 때문에 한탄이 되었다.

> 이것이 노아의 족보니라 노아는 의인이요 당대에 완전한 자라 그는 하나님과 동행하였으며 세 아들을 낳았으니 셈과 함과 야벳이라 … 너는 고페르 나무로 너를 위하여 방주를 만들되 그 안에 칸들을 막고 역청을 그 안팎에 칠하라 네가 만들 방주는 이러하니 그 길이는 삼백 규빗, 너비는 오십 규빗, 높이는 삼십 규빗이라 거기에 창을 내되 위에서부터 한 규빗에 내고 그 문은 옆으로 내고 상 중 하 삼층으로 할지니라(창 6:9-16).

방주의 규모는 길이 약 137미터, 너비 약 23미터, 높이 약 14미터였다. 축구장의 길이가 105미터, 너비가 68미터이므로, 길이는 축구장보다 좀 길었고 너비는 축구장의 3분의 1정도였다. 높이는 3층이었고, 길이가 너비의 6배, 높이의 10배였는데, 놀랍게도 지금의 대형 선박 안전설계비율과 같다. 방주의 재료로 사용되었던 목재는 고페르나무였다. 나무 이름을 히브리어로 언급한 것은 정확하게 이 나무가 어떤 나무인지를 모르기 때문이다. 잘 썩지 않는 삼나무 종류로 추정할 뿐이다. 방주의 모양은 긴 직육면체 나무상자였고, 안팎에는 방수재인 '역청(코울타르)'를 칠했다. 방주는 배라기보다는 마치 검은 관과도 같았다.

> 아담 안에서 모든 사람이 죽은 것 같이 그리스도 안에서 모든 사람이 삶을 얻으리라(고전 15:22).

방주는 심판 속에서의 구원의 영역이고, 예수 그리스도의 죽음을 상징했다. 예수 그리스도의 죽음 안에 들어간 자만이 하나님의 심판에서 구원받을 수 있고, 그분의 부활 안에 들어간 자만이 영원한 생명을 누릴 수 있다.

> 내가 홍수를 땅에 일으켜 무릇 생명의 기운이 있는 모든 육체를 천하에서 멸절하리니 땅에 있는 것들이 다 죽으리라 그러나 너와는 내가 내 언약을 세우리니 너는 네 아들들과 네 아내와 네 며느리들과 함께 그 방주로 들어가고 … 노아가 그와 같이 하여 하나님이 자기에게 명하신 대로 다 준행하였더라(창 6:17-22).

홍수는 온 땅이 물에 잠겼고, 온 인류가 물로 심판받은 엄청난 천재지변이었다. 방주에는 여덟 명의 사람이 탔다. 노아와 그 아내, 세 아들과 세 며느리다. 남자 넷과 여자 넷, 네 부부만 승선했다는 것에 의미가 있다. 당시는 힘센 남자들이 폭력을 사용해서 아름다운 여자를 아내로 삼던 일부다처의 시대였다. 그런데 노아와 세 아들은 일부일처를 고수하고 있었다.

> 여호와 하나님이 땅에 비를 내리지 아니하셨고 땅을 갈 사람도 없었으므로 들에는 초목이 아직 없었고 밭에는 채소가 나지 아니하였으며 안개만 땅에서 올라와 온 지면을 적셨더라(창 2:5-6).

노아는 하나님 말씀대로 홍수에 대비해서 큰 방주를 짓고 있었다. 사람들은 그런 노아를 미친 사람 취급했다. 왜냐하면 당시에는 홍수뿐만 아니라 비 자체가 온 적이 없었기 때문이다(창 2:5). 그뿐만 아니라 방주에 들어간 후에도 일주일 동안 비가 오지 않았다. 비는 홍수 심판 때 처음으로 내렸다. 한 번도 본 적 없는 비와 홍수에 대비하여 방주를 짓는 노아가 제정신으로 보일 리 없었다.

> 노아의 때와 같이 인자의 임함도 그러하리라 홍수 전에 노아가 방주에 들어가던 날까지 사람들이 먹고 마시고 장가 들고 시집 가고 있으면서 홍수가 나서 그들을 다 멸하기까지 깨닫지 못하였으니 인자의 임함도 이와 같으리라(마 24:37-39).

마지막 때에 불신자들은 심판 직전까지도, 노아의 때처럼 아무도 심판을 믿지 않을 것이다. 세상이 너무 악해져서 하나님 말씀을 믿지 않는 시대가 될 것이다. 그러나 하나님 말씀은 반드시 이루어진다.

당시 홍수에 대한 하나님 말씀은 '금단의 열매를 먹는 날에는 반드시 죽는다'는 말씀을 믿는 것과 같았다. 하나님은 반드시 홍수가 일어날 것이라고 말씀하셨고, 노아는 그 말씀을 온전히 믿었다. 그래서 하나님께서 명하신 대로 준행한 것이다. 사탄은 절대 일어나지 않을 것이라고 속삭일 것이다. 심판은 죄를 지어서 받는 것이 아니다. 하나님 말씀을 믿지 않기 때문에 받는 것이다.

하나님의 홍수 심판(창 7:1~8:22)

> 여호와께서 노아에게 이르시되 너와 네 온 집은 방주로 들어가라 이 세대에서 네가 내 앞에 의로움을 내가 보았음이니라 … 홍수가 땅에 있을 때에 노아가 육백 세라 노아는 아들들과 아내와 며느리들과 함

> 께 홍수를 피하여 방주에 들어갔고 … 노아가 육백 세 되던 해 둘째 달 곧 그 달 열이렛날이라 그 날에 큰 깊음의 샘들이 터지며 하늘의 창문들이 열려 사십 주야를 비가 땅에 쏟아졌더라 … 홍수가 땅에 사십 일 동안 계속된지라 물이 많아져 방주가 땅에서 떠올랐고 … 땅 위에 움직이는 생물이 다 죽었으니 곧 새와 가축과 들짐승과 땅에 기는 모든 것과 모든 사람이라 … 물이 백오십 일을 땅에 넘쳤더라(창 7:1-24).

노아 나이 600세 때 홍수가 일어났다. 에녹의 아들 므두셀라가 죽자, 그 이름의 의미대로 심판이 일어났다. 그는 969세에 죽었고 성경에 가장 장수했던 사람으로 기록되었다. 장수한 연수는 하나님의 패역한 인생들을 향한 길고 긴 기다림이었다. 방주는 노아가 세 아들을 낳았던 500세 이후부터 홍수가 일어난 600세까지 지었다. 노아는 약 100년 동안 방주를 지었다. 홍수는 지금으로부터 약 4500년 전, 노아 나이 600세 되던 2월 17일에 비가 쏟아지고 큰 깊음의 샘들이 터지며 하늘의 창문들이 열리면서 시작되었다. 40일 동안 비가 쏟아져서 모든 지면이 150일 동안 물에 잠겨 하늘과 땅의 모든 생물을 멸하였다.

모든 지면을 덮은 그 많은 물이 어디에서 생겨났을까? 먼저 큰 깊음의 샘들에서 터져 나왔다. 홍수 이전에는 비가 오지 않았다. 하지만 에덴에서는 수많은 식물이 자랐고 열매 맺었다. 땅에서 올라온 안개가 온 지면을 적실 정도로 지하수가 풍성했다. 그 풍성한 지하수가 터져 큰 깊음의 샘들로 솟구쳐 올랐다. 하늘의 창문들도 열렸다. 하늘의 창문은 홍수의 문이라는 의미다. 하나님은 창조 둘째 날에 물 가운데에 궁창을 창조하셔서, 궁창 아래의 물과 궁창 위의 물로 나누셨다. 그래서 홍수 심판이 있기 전에는 궁창 위에 수증기막, 혹은 수층이 존재했다. 바로 이 수층이 터지며 40일 동안 쏟아져 내린 것으로 추정된다. 궁창 아래의 물은 위로 솟구쳐 올랐고, 궁창 위의 물은 아래로 쏟아져 내렸다. 온 지면이 150일 동안 물에 잠겼으며, 방주에 들어가지 못한 하늘과 땅의 모든 생명체는 죽을 수밖에 없었다. 에덴으로부터는 비손, 기혼, 힛데겔, 그리고 유브라데 네 강(창 2:10)이 흘렀다. 그러나 홍수에 비손과 기혼이 떠내려갔고, 에덴 또한 지하로 매몰되었다(겔 31:16-18).

홍수로 인해 궁창 아래의 물과 궁창 위의 물이 다시 하나가 되었다. 이것은 창조 이전으로 돌아가는 역행이었다. 창조기사에는 각 날마다 하나님이 보시기에 좋았더라는 말씀이 언급되었고, 셋째 날에는 두 번 언급되었다. 그러나 궁창 위와 아래의 물로 나누셨던 둘째 날에는 하나님께서 좋았더라는 말씀을 하지 않으셨다.

하나님은 노아에게 방주에 새도 그 종류대로, 가축도 그 종류대로 땅에 기는 모든 것도 그 종류대로 태우라고 명령하셨다(창 7:20). '그 종류대로'는 하나님께서 짐승들을 창조하신 방식이다. 하나님은 사람들이 하나님 말씀으로 돌아와서 새롭게 시작하기를 원하셨다.

> 하나님이 노아와 그와 함께 방주에 있는 모든 들짐승과 가축을 기억하사 하나님이 바람을 땅 위에 불게 하시매 물이 줄어들었고 깊음의 샘과 하늘의 창문이 닫히고 하늘에서 비가 그치매 물이 땅에서 물러가고 점점 물러가서 백오십 일 후에 줄어들고 일곱째 달 곧 그 달 열이렛날에 방주가 아라랏 산에 머물렀으며 물이 점점 줄어들어 열째 달 곧 그 달 초하룻날에 산들의 봉우리가 보였더라 사십 일을 지나서 노아가 그 방주에 낸 창문을 열고(창 8:1-6).

그렇게 많던 물은 어디로 갔을까? 하나님께서 바람을 불게 하셔서 물이 증발하게 하셨다. 하나님은 노아에게 홍수가 일어날 것과 생명체와 함께 땅도 멸하겠다고 말씀하셨다(창 6:13).

조산 운동으로 말미암아 엄청난 지각변동도 있었다. 해일, 화산 폭발, 융기, 침강 등의 조산운동으로 인해 산은 더욱 올라갔고, 골짜기는 더욱 내려갔다. 육지가 돋우어져서 수면이 낮아졌다. 해저는 더 내려가서 수면은 더욱 낮아졌다.

> 까마귀를 내놓으매 까마귀가 물이 땅에서 마르기까지 날아 왕래하였더라 그가 또 비둘기를 내놓아 지면에서 물이 줄어들었는지를 알고자 하매 온 지면에 물이 있으므로 비둘기가 발 붙일 곳을 찾지 못하고 방주로 돌아와 그에게로 오는지라 그가 손을 내밀어 방주 안 자기에게로 받아들이고 또 칠 일을 기다려 다시 비둘기를 방주에서 내놓으매 저녁때에 비둘기가 그에게로 돌아왔는데 그 입에 감람나무 새 잎사귀가 있는지라 이에 노아가 땅에 물이 줄어든 줄을 알았으며 또 칠 일을 기다려 비둘기를 내놓으매 다시는 그에게로 돌아오지 아니하였더라(창 8:7-12).

까마귀는 육지 냄새를 잘 맡는다. 고대부터 뱃사람들은 바다에서 먼 육지를 찾을 때는 까마귀를, 가까운 곳에 육지가 있는지를 알아볼 때는 비둘기를 이용하곤 했다. 만약 뱃사람들이 날려 보낸 비둘기가 돌아온다면, 근방에 배가 상륙할 육지가 없다는 것이다. 노아는 비둘기가 물고 온 감람나무 새 잎사귀를 보고 물이 줄어들었다는 것을 알았다. 비둘기가 감람나무 새 잎사귀를 딸 수 있을 정도로 감람나무가 수면 위로 드러났기 때문이다.

육백일 년 첫째 달 곧 그 달 초하룻날에 땅 위에서 물이 걷힌지라 노아가 방주 뚜껑을 제치고 본즉 지면에서 물이 걷혔더니 둘째 달 스무이렛날에 땅이 말랐더라 … 노아가 그 아들들과 그의 아내와 그 며느리들과 함께 나왔고 땅 위의 동물 곧 모든 짐승과 모든 기는 것과 모든 새도 그 종류대로 방주에서 나왔더라(창 8:13-19).

노아의 홍수기사에 구체적인 날짜들이 언급된 것은 역사적 사실이기 때문이다. 이란, 이라크, 러시아의 국경지대에 위치한 터키의 아라랏산은 해발 5,165미터로 만년설로 덮여 있다. 현재 터키 정부는 아라랏산의 탐사를 금지하고 있다. 아라랏산 아래에 사는 마을 주민들은 이 산을 가리켜 '방주의 산'이라고 부른다. 산 어딘가에 방주가 있다는 사실에 대해서도 전혀 의심하지 않는다. 선조들이 아라랏산에서 방주를 목격하고 그 사실을 후손들에게 전해 주었기 때문일 것이다.

노아가 여호와께 제단을 쌓고 모든 정결한 짐승과 모든 정결한 새 중에서 제물을 취하여 번제로 제단에 드렸더니 여호와께서 그 향기를 받으시고 그 중심에 이르시되 내가 다시는 사람으로 말미암아 땅을 저주하지 아니하리니 이는 사람의 마음이 계획하는 바가 어려서부터 악함이라 내가 전에 행한 것 같이 모든 생물을 다시 멸하지 아니하리니 땅이 있을 동안에는 심음과 거둠과 추위와 더위와 여름과 겨울과 낮과 밤이 쉬지 아니하리라(창 8:20-22).

하나님께서 세상을 홍수로 심판하신 이유는, 세상에 죄악이 가득하고 사람의 마음이 계획하는 것이 악하기 때문이었다. 그러나 홍수 이후에 노아에게 주신 언약은 달랐다. "사람의 마음이 계획하는 바가 어려서부터 악하기 때문에 모든 생물을 다시 홍수로 멸하지 않겠다"고 하셨다. 하나님은 사람이 원래부터 악하기 때문에 심판하지 않겠다는 것이다. 심판하신 이유와 심판하지 않겠다는 이유가 같다. 이것은 세상을 향한 하나님의 뜻은 심판이 아니라, 구원에 있기 때문이다.

이 땅은 세 가지 자연환경으로 변화되었다. 창조 때 하나님께서 보시기에 심히 좋으셨던 에덴의 환경, 사람의 타락 이후에 저주를 받은 땅의 환경, 그리고 홍수 이후에 멸함을 받은 땅의 환경이다. 에덴에서는 옷을 입지 않고도 살았다. 홍수 이후부터 더위와 추위가 심해졌고(창 8:22) 지금 같은 온도 차가 생긴 것이다. 창조 때에도 사계절은 있었지만(창 1:14) 온도차가 심하지는 않았다. 궁창 위에 수층이 있었기 때문에 햇빛이 분사광이 되어 지구의 온실 역할을 했기 때문이다.

노아의 홍수가 일어나기 전 인간의 평균 수명은 912세였다. 그들은 첫아들을 100세 전후에 낳았다. 홍수 심판 이후부터 수명이 급격히 줄어들기 시작했다. 성경에서 수명이 제일 긴 사람은 홍수 이전에 살았던 므두셀라로 969세에 생을 마감했다. 노아는 950세에, 그의 아들 셈은 600세에, 아르박삿은 483세에, 셀라는 433세에, 에벨은 464세에, 벨렉은 239세에, 르우는 239세에, 스룩은 230세에, 나홀은 148세에, 데라는 205세에, 아브라함은 175세에, 이삭은 180세에, 야곱은 147세에, 그리고 요셉은 110세에 죽었다. 홍수 이후부터 요셉까지의 평균 수명은 313세였다. 모세는 120세에, 다윗은 70세에 죽었다.

이처럼 노아 이전에 태어난 사람들의 평균 수명은 900세 정도인데 반해, 노아 이후에 태어난 사람들의 수명은 급격히 줄어든 것을 알 수 있다. 과학자들은 그 이유에 대해서 대기권과 성층권 외에 '물층'이 있었다고 주장한다. 이 물층이 자외선과 같은 해로운 광선으로부터 지구를 보호해 주었는데 이 물층마저 비로 내릴 정도로 큰 홍수가 일어났기 때문이라는 것이다(창 1:7, 6:17 참조).

> 이제 소 같이 풀을 먹는 베헤못을 볼지어다 내가 너를 지은 것 같이 그것도 지었느니라 그것의 힘은 허리에 있고 그 뚝심은 배의 힘줄에 있고 그것이 꼬리 치는 것은 백향목이 흔들리는 것 같고 그 넓적다리 힘줄은 서로 얽혀 있으며 그 뼈는 놋관 같고 그 뼈대는 쇠 막대기 같으니 그것은 하나님이 만드신 것 중에 으뜸이라 그것을 지으신 이가 자기의 칼을 가져 오기를 바라노라 모든 들 짐승들이 뛰노는 산은 그것을 위하여 먹이를 내느니라 그것이 연 잎 아래에나 갈대 그늘에서나 늪 속에 엎드리니 연 잎 그늘이 덮으며 시내 버들이 그를 감싸는도다 강물이 소용돌이칠지라도 그것이 놀라지 않고 요단 강 물이 쏟아져 그 입으로 들어가도 태연하니 그것이 눈을 뜨고 있을 때 누가 능히 잡을 수 있겠으며 갈고리로 그것의 코를 꿸 수 있겠느냐(욥 40:15-24).

베헤못은 히브리어다. 학자들도 무슨 동물인지 정확히 알 수 없기 때문에 원어 그대로 옮긴 것이다. 욥기서는 구약성경에서 열여덟 번째 책이다. 그러나 욥이 살았던 때는 창세기 후반부로, 홍수 후 600~700년이 지났을 때다. 욥은 당시 생존했던 공룡과 비슷한 베헤못을 직접 보고 기록으로 남겼다.

하나님의 무지개 언약(창 9:1-29)

하나님이 노아와 그 아들들에게 복을 주시며 그들에게 이르시되 생육하고 번성하여 땅에 충만하라 땅의 모든 짐승과 공중의 모든 새와 땅에 기는 모든 것과 바다의 모든 물고기가 너희를 두려워하며 너희를 무서워하리니 이것들은 너희의 손에 붙였음이니라 모든 산 동물은 너희의 먹을 것이 될지라 채소 같이 내가 이것을 다 너희에게 주노라 그러나 고기를 그 생명 되는 피째 먹지 말 것이니라 … (창 9:1-7).

사람은 원래 채식만 하도록 창조되었다. 그러나 하나님은 홍수 심판 이후에 육식을 허락하셨다. 홍수로 인해 모든 자연환경이 파괴되었기 때문에 노아와 그의 가족에게 방주에 태웠던 정결한 짐승을 먹으라고 하신 것이다. 때에 따라 베푸시는 하나님의 은혜다.

하나님이 노아와 그와 함께 한 아들들에게 말씀하여 이르시되 … 내가 너희와 언약을 세우리니 다시는 모든 생물을 홍수로 멸하지 아니할 것이라 땅을 멸할 홍수가 다시 있지 아니하리라 하나님이 이르시되 내가 나와 너희와 및 너희와 함께 하는 모든 생물 사이에 대대로 영원히 세우는 언약의 증거는 이것이니라 내가 내 무지개를 구름 속에 두었나니 이것이 나와 세상 사이의 언약의 증거니라 내가 구름으로 땅을 덮을 때에 무지개가 구름 속에 나타나면 내가 나와 너희와 및 육체를 가진 모든 생물 사이의 내 언약을 기억하리니 다시는 물이 모든 육체를 멸하는 홍수가 되지 아니할지라 … (창 9:8-17).

엄청난 심판을 경험한 노아와 그의 가족들은 비만 오면 두려움에 사로잡혔다. 홍수가 또 일어날까 봐 아무런 일도 할 수가 없었다. 비만 오면 아라랏산 위에 있는 방주로 뛰어 올라가는 것이 그들이 할 수 있는 일의 전부였다. 그래서 하나님은 그들에게 언약을 주셨다. 이 언약의 증표가 무지개다. 무지개가 구름 속에 나타나면 하나님은 모든 생명체와 맺은 언약을 기억하시고 다시는 물로 심판하지 않겠다고 다짐하셨다.

무지개는 빗방울과 햇빛이 서로 교차하는 순간에 생기기 때문에, 비가 오지 않았던 홍수 이전에는 무지개가 없었을 것이다. 하나님은 다시 물로 심판하지 않겠다고 약속하셨다. 그러나 불로 사르는 심판은 남겨두셨다(벧후 3:6-7).

> 그 사방 광채의 모양은 비 오는 날 구름에 있는 무지개 같으니 이는 여호와의 영광의 형상의 모양이라 내가 보고 엎드려 말씀하시는 이의 음성을 들으니라(겔 1:28).

하나님은 무지개가 구름 속에 나타나면, 다시는 모든 생물을 홍수로 멸하지 않겠다는 언약을 기억하겠다고 말씀하셨다. 무지개는 여호와 영광의 형상으로 하나님의 본체(빌 2:6)이신 예수 그리스도를 상징한다.

> 방주에서 나온 노아의 아들들은 셈과 함과 야벳이며 함은 가나안의 아버지라 … 노아가 농사를 시작하여 포도나무를 심었더니 포도주를 마시고 취하여 그 장막 안에서 벌거벗은지라 가나안의 아버지 함이 그의 아버지의 하체를 보고 밖으로 나가서 그의 두 형제에게 알리매 … 그의 나이가 구백오십 세가 되어 죽었더라(창 9:18-29).

하나님은 노아를 의인이요, 당대에 완전한 자로 인정하셨다. 하지만 그의 의로움과 완전은 신적 의로움과 완전이 아니다. 그의 의로움과 완전은 절대적인 것이 아니라, 단지 하나님께서 인정해 주시는 의로움과 완전이었다. 말 그대로 당대에 완전했을 뿐이다. 노아가 심판에 대한 하나님 말씀을 믿은 것이 그의 의로움이고 완전이다. 빛의 족보 속의 에녹처럼 하나님과 '동행'했기 때문에 의로운 것이다.

홍수 심판 이후, 노아는 포도주를 마시고 취해 장막 안에서 벌거벗고 자고 있었다. 그러자 셈과 야벳이 옷을 가져다가 자기들의 어깨에 메고 뒷걸음쳐 들어가 아버지의 하체를 덮었으며, 얼굴을 돌이켜서 보지 않았다. 벌거벗는 것은 부끄러운 일이기 때문이다. 벌거벗은 것이 부끄러운 것임을 알았던 때는, 아담과 하와가 금단의 열매를 먹은 이후부터다. 그들은 부끄러워서 무화과나무 잎을 엮어 치마로 만들어 입고 여호와 하나님의 낯을 피하여 동산 나무 사이에 숨었다. 당대의 의인 노아도 죄인이었다. 그도 타락한 세상 풍속에서 자유로울 수 없었다. 홍수에서는 구원받았지만, 끊임없는 하나님의 은혜가 필요했다. 하나님께서 인정해 주시는 의로움과 완전은 바로 '완전하신 하나님 말씀'을 믿는 '믿음'으로 말미암는 것이다. 이 시대를 살아가는 우리도 여전히 죄성을 가지고 살아가지만, 오직 하나님 말씀을 믿는 믿음으로 의로워질 수 있다.

야벳, 함, 셈 후손의 족보(창 10:1–32)

> 노아의 아들 셈과 함과 야벳의 족보는 이러하니라 홍수 후에 그들이 아들들을 낳았으니 야벳의 아들은 고멜과 마곡과 마대와 야완과 두

발과 메섹과 디라스요 … 이들로부터 여러 나라 백성으로 나뉘어서 각기 언어와 종족과 나라대로 바닷가의 땅에 머물렀더라 함의 아들은 구스와 미스라임과 붓과 가나안이요 … 이들은 함의 자손이라 각기 족속과 언어와 지방과 나라대로였더라 셈은 에벨 온 자손의 조상이요 야벳의 형이라 그에게도 자녀가 출생하였으니 … 이들은 셈의 자손이니 그 족속과 언어와 지방과 나라대로였더라 이들은 그 백성의 족보에 따르면 노아 자손의 족속들이요 홍수 후에 이들에게서 그 땅의 백성이 나뉘었더라(창 10:1-32).

노아의 족보에는 세 아들, 셈과 함과 야벳과 그 후손들이 언급된다. 셋째 아들인 야벳과 그 후손은 14명, 둘째 아들인 함과 그 후손은 30명, 그리고 첫째 아들인 셈과 그 후손은 26명으로 전부 70명이다. 여기에서 '언어'와 '나라'라는 말이 처음으로 등장한다. 언어가 나누어짐으로써 여러 민족으로 흩어졌고, 여러 나라가 형성되어 처음에는 70개 언어와 70개 민족과 70개 나라로 흩어졌다. 족보에 등장하는 이름들은 각 민족의 시조가 되었다 이 족보는 인류학자들에게 가장 정확한 인류사 근원에 대한 정보로 평가받고 있다.

그들 중 한 무리는 중국 지역으로 갔고, 또 한 무리는 인도 지역으로 갔으며, 또 한 무리는 이집트 지역으로 갔다. 그리고 한 무리는 메소포타미아 지역에 남았다. 이곳에서 세계 4대 문명이 시작되었다.

야벳의 후손은 이스라엘을 기점으로 북서쪽으로 이동하여 유럽과 아메리카에 정착했다. 함의 후손은 이스라엘을 기점으로 남쪽으로 이동하여 아프리카에 정착했다. 셈의 후손은 이스라엘을 기점으로 동쪽으로 이동하여 아시아에 정착했다. 세계지도를 보면 왼편은 유럽, 오른편은 아시아, 아래편은 아프리카가 위치하고, 그 중앙에 이스라엘이 있다. 그래서 이스라엘을 가리켜 '지구의 배꼽'이라고 부른다. 그런데 세 아들을 언급하는 순서가 셋째 야벳으로 시작하여 첫째 셈으로 마치고 있다. 족보는 왜 서열을 역순으로 언급했을까?

> 구스가 또 니므롯을 낳았으니 그는 세상에 첫 용사라 그가 여호와 앞에서 용감한 사냥꾼이 되었으므로 속담에 이르기를 아무는 여호와 앞에 니므롯 같이 용감한 사냥꾼이로다 하더라 그의 나라는 시날 땅의 바벨과 에렉과 악갓과 갈레에서 시작되었으며 그가 그 땅에서 앗수르로 나아가 니느웨와 르호보딜과 갈라와 및 니느웨와 갈라 사이의 레센을 건설하였으니 이는 큰 성읍이라(창 10:8-12).

족보에는 부연 설명이 있는 두 사람이 등장하는데 니므롯과 벨렉이다. 이들은 언어가 혼잡해지고 민족과 나라가 나누어진 바벨 사건과 밀접한 관계가 있다. 니므롯은 고대 중근동 세계에서 가장 큰 도시들을 정복하고 바벨을 중심으로 강력한 성과 나라를 건설했던 절대 군주였다. 그는 홍수 심판으로 멸망했지만, 다시 세상에 태어난 첫 용사였다(창 10:8). 명성 있는 사람으로 불렸던 네피림이다. 니므롯은 '대적자'라는 의미다. '여호와 앞에서', 즉 여호와께 맞서서 대적할 정도였고, 하나님의 형상인 사람을 학살한 잔인한 사냥꾼이었다. 그는 당시의 속담이 될 정도로 하나님을 대적하고 사람들을 학살했다. 니므롯은 바벨을 건설하여 하나님을 대적한 주동자였다.

에벨은 두 아들을 낳고 하나의 이름을 벨렉이라 하였으니 그 때에 세상이 나뉘었음이요 벨렉의 아우의 이름은 욕단이며(창 10:25).

벨렉은 히브리어 '팔락'이라는 동사에서 파생된 이름이다. 팔락은 '나누어지다, 흩어지다'라는 의미다. 노아는 아담의 10대손이고, 벨렉은 15대손이다. 벨렉은 홍수로부터 102년 후에 태어났다. 홍수 이후 약 100년 후, 벨렉이 출생하기 직전 주전 2248년에 언어가 나뉘어진 바벨 사건이 발생했다(창 11:1-9). 갑자기 언어가 나누어지고, 그 결과 민족과 나라가 나누어지고 흩어지는 일까지 이어져 충격은 대단히 컸을 것이다. 그래서 에벨은 아들의 이름을 '나누어 흩어졌다'는 의미의 벨렉이라고 지었다.

바벨을 쌓는 죄인, 니므롯(창 11:1-32)

온 땅의 언어가 하나요 말이 하나였더라 이에 그들이 동방으로 옮기다가 시날 평지를 만나 거기 거류하며 서로 말하되 자, 벽돌을 만들어 견고히 굽자 하고 이에 벽돌로 돌을 대신하며 역청으로 진흙을 대신하고 또 말하되 자, 성읍과 탑을 건설하여 그 탑 꼭대기를 하늘에 닿게 하여 우리 이름을 내고 온 지면에 흩어짐을 면하자 하였더니(창 11:1-4).

시날 평지는 유프라테스강과 티그리스강이 나누어지는 지점에 있다. 그곳에 바벨론이 건국되었고 지금의 이라크가 역사를 이어가고 있다. 이라크의 독재자 후세인은 자신들을 가리켜 바벨 제국을 건설한 니므롯의 후예라고 말했다.

"우리 이름을 낸다"는 말을 직역하면 '우리 스스로' 혹은 '우리를 위해 이름을 내고'이다. 창조 때부터 이름을 지음 받는 존재는 이름을 지어주는 존재에게 '다스림'을 받는다. 그들은 사람이라는 이름을 지어주신 하나님의 다스림을 거부하고, 하나님을 떠난 독립적인 삶을 추구했다. '이름을 낸다'는 네피림, 용사를 가리키고 명성이 있는 사람이라는 의미도 있다. '흩어짐을 면하자'는 "너희는 생육하고 번성하며 땅에 가득하여 그중에서 번성하라"(창 9:7)는 하나님 말씀을 정면으로 반박하는 것이다. 그들은 흩어지지 않고 뭉쳐서 하나님의 간섭 없이 그들끼리 마음대로 잘살아 보고자 한 것이다.

> 여호와께서 사람들이 건설하는 그 성읍과 탑을 보려고 내려오셨더라 여호와께서 이르시되 이 무리가 한 족속이요 언어도 하나이므로 이같이 시작하였으니 이후로는 그 하고자 하는 일을 막을 수 없으리로다 자, 우리가 내려가서 거기서 그들의 언어를 혼잡하게 하여 그들이 서로 알아듣지 못하게 하자 하시고 여호와께서 거기서 그들을 온 지면에 흩으셨으므로 그들이 그 도시를 건설하기를 그쳤더라 그러므로 그 이름을 바벨이라 하니 이는 여호와께서 거기서 온 땅의 언어를 혼잡하게 하셨음이니라 여호와께서 거기서 그들을 온 지면에 흩으셨더라(창 11:5-9).

처음에는 온 땅의 언어가 하나였다. 창조 때 인간은 하나님뿐만 아니라 짐승과도 의사소통할 수 있었다. 그러나 사람이 금단의 열매를 먹는 죄를 지었을 때 하나님과의 의사소통뿐만 아니라 모든 짐승과의 의사소통도 끊어지고 말았다. 또 하나의 원죄인 바벨탑을 쌓음으로 하나였던 언어가 나누어져 사람들 사이의 의사소통도 제한받게 되었다. 그로 인해 바벨탑을 쌓는 일도 중단될 수밖에 없었다.

성경에는 다양한 언어의 기원이 기록되어 있다. 최초의 언어는 히브리어다. 성경에 바벨 사건 이전에 나오는 모든 인명과 지명은 모두 히브리어로 언급되었다. 하지만 언어가 나누어진 이후부터 다른 언어들의 인명과 지명이 섞여 나온다. 예컨대 이집트라는 지명은 바벨 이후부터 나오지만, 그 이전에는 히브리어 '미스라임'(창 10:6)이라고 언급했다. 현재 문자화되어 알려진 언어만 해도 3천 종이 넘는다고 한다.

하나님은 그들을 온 지면에 흩으셨다. 서로 소통할 수 없도록 사람들을 분리하셨다. 이는 사람들이 더 큰 악을 행하지 못하도록 내리신 하나님의 보호조치였다. 이 사건의 결과로 셈과 함과 야벳과 그 후손들이 70개의 언어, 70개의 민족, 70개의 나라로 나누어졌다(창 10:1–32).

> 이 일 후에 다른 천사가 하늘에서 내려 오는 것을 보니 큰 권세를 가졌는데 그의 영광으로 땅이 환하여지더라 힘찬 음성으로 외쳐 이르되 무너졌도다 무너졌도다 큰 성 바벨론이여 귀신의 처소와 각종 더러운 영이 모이는 곳과 각종 더럽고 가증한 새들이 모이는 곳이 되었도다(계 18:1–2).

바벨론은 언어와 나라가 나누어진 바벨 사건으로부터 약 1800년 후, 나보폴라살에 의해 주전 625년에 신바벨로니아로 재건되었다. 그리고 주전 539년에 페르시아의 고레스에 의해 멸망했다. 종말을 다루는 요한계시록에 바벨론의 멸망이 나오는데 이는 상징적 의미의 바벨이 무너진 것이다.

요한계시록의 바벨론은 종말 때의 적그리스도가 세우는 언어와 나라를 초월한 불신자들의 통합 정부다. 정치와 종교와 경제가 융합된 짐승 정부를 상징한다. 종말 때 등장하는 적그리스도는 스스로 하나님임을 자처하며 하나님을 대적하기 위해 마치 니므롯처럼 또 하나의 바벨탑을 쌓을 것이다.

의인 노아는 '방주'를 지었고, 죄인 니므롯은 '바벨탑'을 쌓았다. 방주와 바벨탑은 대조를 이룬다. 하나님은 홍수 심판 이후 노아에게 무지개 언약을 주셨다. '다시는 모든 생물을 홍수로 멸하지 아니할 것'이라는 약속이었다. 바벨탑은 하나님께서 주셨던 무지개 언약에 대한 불신의 결정체였다. 탑 꼭대기를 하늘에 닿게 하려는 것은 다시 있을지 모르는 홍수 심판에 대비하려는 것이었다. 비를 뿌리는 구름보다 탑 꼭대기를 더 높이 만들어서, 원천적으로 비가 바벨탑 안으로 내리지 못하도록 했다. 바벨탑을 돌과 진흙이 아니라 벽돌과 역청으로 쌓았던 것도 같은 이유에서다. 역청은 방주 안팎에 발랐던 방수제다. 만약 바벨탑을 구름보다 더 높이 쌓을 수만 있다면 탑 안으로는 비가 내리지 않을 것이다. 하지만 바벨 밖은 물이 차오르기 때문에 방수제인 역청을 안팎에 발라서, 물이 스며들지 못하게 한 것이다. 하나님 말씀에 순종하지 않고 자기 뜻대로 살면서, 하나님의 심판을 피하려고 만든 또 하나의 방주가 바벨탑이었다.

방주는 하나님께서 제시하신 구원의 길을, 바벨탑은 세상 사람들이 구원을 위해 쌓아가는 그들만의 방주를 상징한다. 세상의 종교, 사상, 윤리, 지식, 그리고 신비가 그들만의 방주다.

> 셈의 족보는 이러하니라 셈은 백 세 곧 홍수 후 이 년에 아르박삿을 낳았고 … 데라는 나이가 이백오 세가 되어 하란에서 죽었더라(창

11:10-32).

바벨 사건 이후, 성경은 또 하나의 족보를 언급한다(창 11:10-32). 앞선 족보는 노아와 세 아들로 시작하며, 셈은 '에벨' 온 자손의 조상이라고 했다(창 10:21). 셈은 아담의 11대손이고 에벨은 아담의 14대손으로, 셈과 에벨 사이에는 다른 후손들이 있었다. 그런데 그들을 생략하고 에벨을 언급하는 것은 중요한 인물이기 때문이다.

> 에벨은 두 아들을 낳고 하나의 이름을 벨렉이라 하였으니 그 때에 세상이 나뉘었음이요 벨렉의 아우의 이름은 욕단이며 욕단은 알모닷과 셀렙과 … 오빌과 하윌라와 요밥을 낳았으니 이들은 다 욕단의 아들이며(창 10:25-29).

에벨은 두 아들을 낳고 하나의 이름을 '벨렉'이라 하였고 그때 세상이 나누어졌다고 했다. 그리고 벨렉의 아우 욕단의 족보로 이어져 내려간다. 여기에는 에벨의 두 아들 중 동생 욕단의 족보는 언급되었지만, 형 벨렉의 족보는 언급되지 않는다. 형 벨렉의 족보는 바벨 사건 이후에 따로 언급하고 있다.

> 셈의 족보는 이러하니라 셈은 백 세 곧 홍수 후 이 년에 아르박삿을 낳았고 … 셀라는 삼십 세에 에벨을 낳았고 에벨을 낳은 후에 사백삼 년을 지내며 자녀를 낳았으며 에벨은 삼십사 세에 벨렉을 낳았고 벨렉을 낳은 후에 사백삼십 년을 지내며 자녀를 낳았으며 벨렉은 삼십 세에 르우를 낳았고 르우를 낳은 후에 이백구 년을 지내며 자녀를 낳았으며(창 11:10-19).

바벨 사건 이후, 족보는 아담의 11대손인 셈부터 아담의 14대손인 에벨이 '벨렉'을 낳았고 벨렉은 르우를 낳은 것으로 이어졌다. 앞선 족보는 에벨의 아들 욕단으로 이어져 내려갔지만, 바벨 사건 이후에는 에벨의 다른 아들 벨렉으로 이어졌다. 바벨 사건을 경계로 나누어진 두 족보는 서로 대조를 이룬다.

성경은 역사를 압축하여 족보로 설명하고 있다. 먼저 '어둠의 족보'를 기록하고 이어서 '빛의 족보'를 기록한다. 그럼으로써 흑암에서 빛을 창조하신 하나님의 섭리가 이어지고 있음을 보여 준다. 여기에서도 어둠의 족보와 빛의 족보의 순서가 지켜지고 있다. 바벨 사건 이후의 족보에서 셈의 후손 중에서도, 벨렉의 후손만이 믿음의 계보를 이어갔다. 빛의 족보의 특징인 살았던 '연수'도 빠지지 않았다. 그 나머지는 어둠의 족보의 사람들로 하나님을 대적하는 편으로 흘러간다.

바벨 사건 직전의 족보에는 특이한 점이 있다. 서열이 셋째 야벳부터 역순으로 언급되고 있는 부분이다. 셈 후손의 두 족보가 바벨을 감싸게 하여, 두 줄기에 집중시키기 위해서다. 야벳과 함의 후손은 어둠의 계보를, 셈의 후손은 빛의 계보를 이어갔다. 그러나 셈의 후손 중에서도 어둠의 계보와 빛의 계보로 나누어졌다. 이 사실을 극적으로 설명하기 위해 서열을 역순으로 언급한 것이다.

하나님은 탑을 쌓던 사람들을 흩으실 때, "우리가 내려가서 그들의 언어를 혼잡하게 하자"(창 11:7)고 하셨다. 하나님을 가리켜 '우리'라고 하셨고, '하자'라는 의논형 동사를 사용하셨다. 하나님께서 자신을 우리라고 하시고, 하자라는 의논형 동사를 사용하신 때가 또 있다. 사람을 창조하셨을 때다. "우리가 사람을 만들고 그들로 모든 것을 다스리게 하자"(창 1:26). 말을 뒤섞어놓아 사람들을 흩으실 때도 사람을 창조하셨을 때처럼 삼위일체 하나님은 신중하게 결정하셨다. 사람을 창조하실 때처럼, 믿음으로 살아가는 새로운 백성의 창조를 목적으로 언어를 혼잡하게 해서 사람들을 흩으신 것이다.

바벨탑을 쌓던 죄인들은 심판받아 마땅했다. 하나님께서 혼잡을 언급하셨다는 것 자체가 이미 궁창 위의 물과 아래의 물이 합쳐졌던 홍수 심판 때와 마찬가지였다는 것이다. 땅이 혼돈하고 공허하며 흑암이 깊음 위에 있었던, 창조 이전으로 다시 역행한 때였다는 것이다. 그러나 "사람의 마음이 계획하는 바가 어려서부터 악하기 때문에 모든 생물을 다시 홍수로 멸하지 않겠다"(창 8:21)는 무지개 언약 때문에 심판하지 않으셨다. 하나님은 심판 대신 다른 뜻을 신중하게 행하고 계셨다. 그리고 바벨탑 사건 이후 족보 끝에 아담의 20대손 아브라함이 등장한다.

> 여호와께서 아브람에게 이르시되 너는 너의 고향과 친척과 아버지의 집을 떠나 내가 네게 보여 줄 땅으로 가라 내가 너로 큰 민족을 이루고 네게 복을 주어 네 이름을 창대하게 하리니 너는 복이 될지라 (창 12:1-2).

바벨탑을 쌓았던 사람들은 "우리 이름을 내고 흩어짐을 면하자"(창 11:4)고 했다. 그들은 '우리'와 '하자'라는 동사를 사용하여, 마치 하나님처럼 말하며, 그들의 죄성을 드러내고 있다. 그러나 하나님의 새로운 백성은 하나님께서 그 이름을 창대하게 하실 사람들이다(창 12:2). 이 이름은 스스로가 아니라 하나님께서 창대하게 하실 이름이며, 하나님의 다스림을 받는 새로운 존재의 이름이다. 하나님은 창대해진 존재를 '큰 민족'으로 만들어서 가나안 땅을 정복하게 하실 것이다. 바벨에서 흩어졌던 모든 이들에게 구원의 길을 증거하는 나라, 온 세상의 복이 되는 이스라엘을 건국하실 것이다. 이것이 하나님의 뜻이다. 아브라함은 하나님 나라의 시작을 선포하는 새로운 이름이다. 하나님의 뜻은 심판이 아니라 구원이다. 홍수 때처럼 심판이 아니라, 일단 흩으신 후에 이스라엘을 통해 구원하시려는 것이 하나님의 뜻이다.

창세기에서 성부 하나님은 위에서 아래로 내려오셔서 언어를 혼잡하게 하셨다. 사도행전에서는 성령 하나님께서 위에서 아래로 강림하셔서, 방언으로 혼잡해졌던 언어를 상징적으로 통합하셨다(행 2:8). 요한계시록에서는 성자 하나님, 예수 그리스도께서 하늘에서 아래로 재림하셔서 모든 언어가 새 노래로 통합되고 종국에는 큰 성 바벨론도 무너질 것이다.

성경 66권의 역사를 압축하면, 창세기 1장부터 11장까지의 '원 역사(Original History)'다. 원 역사는 열한 장에 불과하지만, 그 기간은 2000년 이상이다. 창조와 타락, 방주와 바벨탑은 성경과 세계와 역사와 인생을 이해하는 데 아주 중요한 교훈을 담고 있다. 창조는 사람이 하나님의 형상으로 창조되었음을, 죄는 하나님 말씀을 믿지 않는 것임을, 방주는 죄인은 심판을 받고 의인은 구원받음을, 그리고 바벨탑은 예수 그리스도의 복음 외에는 세상의 어떤 것도 구원의 길이 될 수 없음을 증거한다. 하나님은 사람에게 그분의 은혜로 하나님의 형상을 주셨다. 죄인에게는 가죽옷을, 홍수 때에는 방주를 주셨다. 바벨의 흩으심에서는 아브라함을 부르셨다. 그리고 우리에게는 예수 그리스도를 보내주셨다.

제3강

하나님의 언약과 아브라함의 믿음

창세기 12~26장

하나님은 아브람을 부르시고 고향과 친척과 아버지의 집을 떠나라고 명령하셨다. 그리고 큰 민족과 가나안 땅과 복이 될 것을 약속해 주셨다. 그와 함께하는 하나님의 언약은 이스라엘을 건국하시려는 하나님의 뜻이었다. 세계 복음화를 위한 하나님 나라의 초석이 될 이스라엘이 아브람으로부터 시작되고 있었다.

아브람을 부르시는 하나님(창 12:1-20)

여호와께서 아브람에게 이르시되 너는 너의 고향과 친척과 아버지의 집을 떠나 내가 네게 보여 줄 땅으로 가라 내가 너로 큰 민족을 이루고 네게 복을 주어 네 이름을 창대하게 하리니 너는 복이 될지라 너를 축복하는 자에게는 내가 복을 내리고 너를 저주하는 자에게는 내가 저주하리니 땅의 모든 족속이 너로 말미암아 복을 얻을 것이라 하신지라(창 12:1-3).

하나님은 75세의 아브람을 부르셨다. 그가 모든 민족의 아버지라는 뜻의 '아브라함'으로 불리기 시작한 때는 99세부터다. 하나님은 그에게 고향을 떠나라고 하셨다. 그의 고향은 현재 이라크 바그다드에 해당하며, 갈대아인이 살았던 시날 평지의 우르였다. 우르는 성읍과 탑을 건설하고 바벨 꼭대기를 하늘에 닿게 하여, 자신들의 이름을 내서 온 지면에 흩어짐을 면하고자 했던 지역이다. 하나님께서 언어를 혼잡하게 하신 타락의 현장이다. 그래서 하나님은 고향 우르를 떠나라고 하신 것이다. 아브람에게 하신 하나님 말씀은 '흩어지라'는 명령이었다(창 9:7).

이에 아브람이 여호와의 말씀을 따라갔고 롯도 그와 함께 갔으며 아브람이 하란을 떠날 때에 칠십오 세였더라 아브람이 그의 아내 사래와 조카 롯과 하란에서 모은 모든 소유와 얻은 사람들을 이끌고 가나안 땅으로 가려고 떠나서 마침내 가나안 땅에 들어갔더라(창 12:4-5).

하나님은 아브람에게 보여 줄 땅으로 가라고 말씀하셨다. 하나님께서 약속하신 땅은 보여 주신 땅이 아니라, 보여 주실 땅이었다. 하나님은 특정 지역을 가리키며 가라고 말씀하신 것이 아니라, 무작정 고향을 떠나라고 하셨다. 그래서 그는 갈 바를 알지 못했다(히 11:8). 당시 고향을 떠나는 것은 많은 위험부담이 있었고 생명을 거는 여정이었다. 그런데도 아브람은 하나님 말씀을 믿고 고향을 떠났다. 아브람은 가나안으로 갔다. 그들은 예루살렘에서 북쪽으로 약 50킬로미터 떨어진 세겜 땅 모레 상수리나무에 이르게 되었다.

> 아브람이 그 땅을 지나 세겜 땅 모레 상수리나무에 이르니 그 때에 가나안 사람이 그 땅에 거주하였더라 여호와께서 아브람에게 나타나 이르시되 내가 이 땅을 네 자손에게 주리라 하신지라 자기에게 나타나신 여호와께 그가 그 곳에서 제단을 쌓고(창 12:6-7).

세겜에는 크기와 높이와 모양이 아주 비슷한 두 산이 서로 마주 보고 있는데, 북쪽의 에발산과 남쪽의 그리심산이다. 두 산이 마치 사람의 어깨처럼 보였던 그 지역을 사람들은 히브리어로 '어깨'라는 의미의 세겜이라고 불렀다. 에발산은 물이 없어 나무와 생명체가 자라지 않을 정도로 척박했고, 그리심산은 물이 흘러 숲이 울창했다. 사람들은 척박한 에발산을 저주의 산, 울창한 그리심산을 축복의 산이라고 불렀다.

'모레'는 그 무엇을 본다는 동사에서 파생된 지명이다. '상수리나무'는 토지와 마을을 지키는 서낭당 나무였다. 세겜은 사람들이 수많은 우상을 숭배하며 축복과 저주의 종교의식을 행했던 곳으로 영적으로 아주 음란한 지역이었다. 바벨에서 흩어졌던 사람들은 우상숭배에 젖어 살고 있었다.

가나안도 우르처럼 우상을 섬기는 땅이었다. 하나님께서 아브람에게 고향을 떠나라고 하신 것은, 익숙한 환경을 의지하지 말고 오직 하나님 말씀만을 의지하라는 것이다. 하나님은 아브람에게 그 땅을 주시겠다고 약속하셨다. 떠날 때는 갈 바를 알지 못하고 무작정 떠났지만, 하나님의 인도로 약속의 땅 가나안에 이미 들어와 있었다. 그래서 아브람은 그 땅을 주시겠다고 약속하신 하나님께 최초의 제단을 믿음으로 쌓았다.

아브람의 아내 사래에게는 65세가 되도록 자식이 없었다. 그녀가 사라로 불리기 시작한 때는 89세부터다. 아브람은 '존귀한 아버지'라는 뜻이다. 아버지 데라가 자손들에게 존귀하게 여김 받는 존재가 되라는 의미로 지어준 이름이다. 하지만 이름의 뜻과는 다르게 아브람에게는 자식이 없었다. 하나님은 그런 아브람에게 고향과 친척을 떠나면 바벨과 대조되는 하나님의 백성인 '큰 민족'을 이루고, 그의 이름을 창대하게 만들어 주시겠다고 언약하셨다. 하나님은 아버지의 집에서도 떠나라고 하셨다. 그러면 '복이 되게 하겠다'고 약속하셨으며, 그로 말미암아 모든 족속이 구원과 복을 얻을 것이라고 하셨다. 복이 된다는 것은 복의 통로와 제사장 나라가 된다는 것이다.

놀라운 하나님의 약속과는 달리 아브람의 현실은 만만하지 않았다. 그의 나이 100세에도 아들이 없었고, 가나안 땅은 단 한 평도 소유하지 못한 이방인에 불과했다. 그가 복이 되기 위해서는 하나님의 명령대로 아버지의 집을 떠나야만 했다. 그러나 이미 고향을 떠났기 때문에 아버지의 집은 저절로 떠난 것이 아닌가? 아버지의 집은 조상 대대로 내려오던 세상의 사고방식과 세계관을 의미한다. 하나님은 아브람에게 눈에 보이는 것을 따라 살아가는 세상 사람들과는 달리, 보이지 않는 하나님 말씀을 따라 믿음으로 살기를 원하셨다.

고향을 떠나고, 친척을 떠나며, 아버지의 집을 떠나는 것은 아브람에게 주셨던 하나님의 명령이다. 가나안 땅을 주시고, 큰 민족을 이루며, 복이 되는 것은 아브람에게 주신 하나님의 약속이다. 그래서 아브람의 인생은 고향과 친척과 아버지의 집을 떠나는 여정이고, 하나님께서 가나안 땅을 주시고, 큰 민족을 이루게 하시며, 복이 되게 하시는 과정이다. 이후로 아브람은 하나님의 세 가지 명령에 순종함으로 온전해지고, 하나님의 세 가지 약속을 확신해 감으로써 완전해진다.

큰 민족은 국민, 가나안은 영토, 그리고 복이 되는 것은 주권에 해당한다. 국민과 영토와 주권은 나라를 이루는 중요 요소다. 하나님께서 아브람에게 품으셨던 뜻은 세상 나라와 대조되는 이스라엘의 건국이었다. 하나님의 섭리는 이스라엘을 통해 바벨탑 사건으로 흩어졌던 모든 족속을 구원하시는 것이다. 이것이 역사와 성경에 대한 하나님의 밑그림이다.

> 그 땅에 기근이 들었으므로 아브람이 애굽에 거류하려고 그리로 내려갔으니 이는 그 땅에 기근이 심하였음이라 그가 애굽에 가까이 이르렀을 때에 그의 아내 사래에게 말하되 내가 알기에 그대는 아리따운 여인이라 애굽 사람이 그대를 볼 때에 이르기를 이는 그의 아내라 하여 나는 죽이고 그대는 살리리니 원하건대 그대는 나의 누이라 하라 그러면 내가 그대로 말미암아 안전하고 내 목숨이 그대로 말미암아 보존되리라 하니라 아브람이 애굽에 이르렀을 때에 애굽 사람들이 그 여인이 심히 아리따움을 보았고 바로의 고관들도 그를 보고 바로 앞에서 칭찬하므로 그 여인을 바로의 궁으로 이끌어들인지라 이에 바로가 그로 말미암아 아브람을 후대하므로 아브람이 양과 소와 노비와 암수 나귀와 낙타를 얻었더라(창 12:10-16).

가나안 땅에 심한 기근이 들었다. 아브람은 기근을 피해 양식을 구하고 거류하기 위해 나일강이 있는 이집트로 내려갔다. 이집트로 가는 것은 약속의 땅을 벗어나는 불신행위였다. 그는 이집트에서 아내를 누이라고 하자고 제안했다. 사실 누이가 틀린 말은 아니었다. 그의 말대로 사래는 아브람의 아버지 데라에게서 태어난 이복 누이였다(창 20:12). 그러나 맞는 말도 아니었다. 과거에는 누이였지만 지금은 그의 아내다. 아브람이 이런 제안을 한 것은 아내의 아름다움 때문에 혹시 이집트에서 목숨을 잃을 수 있다고 생각했기 때문이다. 하나님의 백성이 언약을 떠나면 온갖 불안과 두려움에 시달리기 마련이다.

아브람과 사래가 두려워했던 일이 일어나고 말았다. 어떤 이집트 사람이 사래의 아름다움에 대해 이집트 왕에게 말하였다. 파라오는 사래를 자기 아내로 삼고 싶었다. 그래서 아브람에게 많은 선물을 주었다. 하지만 파라오는 아브람에게 사래와의 혼인 허락은 구하지 않았다. 만약 사래가 파라오와 혼인을 하게 되면 어떻게 약속의 자녀를 낳고 약속의 어머니가 될 수 있겠는가? 아브람 부부를 통해 큰 민족을 이루시겠다는 하나님의 약속은 어떻게 될 것인가?

> 여호와께서 아브람의 아내 사래의 일로 바로와 그 집에 큰 재앙을 내리신지라 바로가 아브람을 불러서 이르되 네가 어찌하여 나에게 이렇게 행하였느냐 네가 어찌하여 그를 네 아내라고 내게 말하지 아니하였느냐 네가 어찌 그를 누이라 하여 내가 그를 데려다가 아내를 삼게 하였느냐 네 아내가 여기 있으니 이제 데려가라 하고 … (창 12:17-20).

아브람은 하나님 말씀을 믿지 않고 이집트로 내려갔다. 누이라고 속이는 바람에 아내를 빼앗길 위기에 처했다. 그러나 하나님께서 바로에게 역사하셔서 아내도 지키고 소유도 취할 수 있도록 하셨고, 무사히 가나안으로 돌아갈 수 있게 하셨다. 아브람의 불신에도 불구하고 하나님은 그분의 약속대로 하셨다. '내'가 너로 큰 민족을 '이루게 할 것'이라고 하셨던 것처럼, 하나님께서 큰 민족을 이루기 위해 직접 역사하신 것이다. 큰 민족을 이루는 일의 책임은 아브람이 아니라 하나님께 있었다. 큰 민족을 이루기 위해 아브람이 할 수 있는 일은 아무것도 없었다. 그들은 오직 하나님의 언약만 믿어야 했다. 하나님은 아브람에게 하나님의 언약은 부족함이 없는 완전한 것임을 깨닫게 하셨다. 그래서 하나님의 인도로 가나안으로 돌아간 아브람은 여호와의 이름을 불렀다.

조카 롯을 떠나보내는 아브람(창 13:1-18)

> 아브람이 애굽에서 그와 그의 아내와 모든 소유와 롯과 함께 네게브로 올라가니 … 아브람의 일행 롯도 양과 소와 장막이 있으므로 그 땅이 그들이 동거하기에 넉넉하지 못하였으니 이는 그들의 소유가 많아서 동거할 수 없었음이니라 그러므로 아브람의 가축의 목자와 롯의 가축의 목자가 서로 다투고 또 가나안 사람과 브리스 사람도 그 땅에 거주하였는지라 아브람이 롯에게 이르되 우리는 한 친족이라 나나 너나 내 목자나 네 목자나 서로 다투게 하지 말자 네 앞에 온 땅이 있지 아니하냐 나를 떠나가라 네가 좌하면 나는 우하고 네가 우하면 나는 좌하리라 … 그러므로 롯이 요단 온 지역을 택하고 동으로 옮기니 그들이 서로 떠난지라 아브람은 가나안 땅에 거주하였고 롯은 그 지역의 도시들에 머무르며 그 장막을 옮겨 소돔까지 이르렀더라 소돔 사람은 여호와 앞에 악하며 큰 죄인이었더라(창 13:1-13).

가나안으로 돌아온 아브람과 그의 일행은 파라오에게 받은 많은 가축과 소유로 인해, 그 땅이 함께 동거하기에 넉넉하지 않았다. 아브람의 목자와 롯의 목자가 서로 다툴 정도였다. 아브람은 조카 롯에게 원하는 땅을 먼저 선택하도록 했다. 롯이 좌하면 자신은 우하고, 롯이 우하면 자신은 좌할 것이라고 했다. 하지만 그가 해서는 안 될 제안이었다.

아브람이 말한 좌우 중 한 편은 바로 가나안 땅이기 때문이다. 만약 롯이 가나안 땅을 선택하면, 아브람은 또 약속의 땅을 벗어나야만 한다. 약속의 땅을 떠나 이집트로 내려갔다가 돌아온 지 얼마 지나지 않았는데, 아브람은 아내 사래에 이어 또 한 번 롯에게 위험천만한 제안을 한 것이다. 다행히 롯은 요단 온 지역을 택했고 아브람은 가나안에

아브람의 가나안 여정 지도

머물 수 있었다.

> 롯이 아브람을 떠난 후에 여호와께서 아브람에게 이르시되 너는 눈을 들어 너 있는 곳에서 북쪽과 남쪽 그리고 동쪽과 서쪽을 바라보라 보이는 땅을 내가 너와 네 자손에게 주리니 영원히 이르리라 내가 네 자손이 땅의 티끌 같게 하리니 사람이 땅의 티끌을 능히 셀 수 있을진대 네 자손도 세리라 너는 일어나 그 땅을 종과 횡으로 두루 다녀 보라 내가 그것을 네게 주리라 이에 아브람이 장막을 옮겨 헤브론에 있는 마므레 상수리 수풀에 이르러 거주하며 거기서 여호와를 위하여 제단을 쌓았더라(창 13:14-18).

롯은 보기에 좋은 요단 지역과 소돔을 택했다. 소돔은 사해 남쪽에 있는 도시로 물이 넉넉하고 좋은 초지가 있어서 목축에 안성맞춤이었다. 하지만 그곳은 사치와 향락의 땅이었다. 롯이 아브람을 떠나자 하나님께서 아브람에게 나타나셔서 가나안 땅과 큰 민족에 대한 약속을 주셨다. 하나님은 아브람에게 '친척을 떠나라'고 명령하셨지만, 그는 조카 롯과 함께 가나안으로 들어왔다. 땅 문제로 인해 서로 헤어지는 바람에 결과적으로는 아브람이 친척을 떠나게 된 것이다.

아브람은 왜 조카 롯과 동행했을까? 큰 민족이라는 약속을 받기는 했지만, 여의치 않으면 롯을 양자로 삼으려고 했던 것 같다. 하지만 그가 친척을 떠났을 때 하나님은 롯이 선택한 보기 좋은 땅 정도가 아니라, '눈에 보이는 모든 땅'(창 13:15)과 '티끌 같이 많은 자손'(창 13:16)을 주시겠다고 다시 한번 약속하셨다. 아브람은 그 약속을 굳게 믿고 여호와를 위해 다시 제단을 쌓았다.

조카 롯을 구한 아브람(창 14:1-24)

> 당시에 시날 왕 아므라벨과 엘라살 왕 아리옥과 엘람 왕 그돌라오멜과 고임 왕 디달이 소돔 왕 베라와 고모라 왕 비르사와 아드마 왕 시납과 스보임 왕 세메벨과 벨라 곧 소알 왕과 싸우니라 … 네 왕이 소돔과 고모라의 모든 재물과 양식을 빼앗아 가고 소돔에 거주하는 아브람의 조카 롯도 사로잡고 그 재물까지 노략하여 갔더라 도망한 자가 와서 히브리 사람 아브람에게 알리니 그 때에 아브람이 아모리 족속 마므레의 상수리 수풀 근처에 거주하였더라 … (창 14:1-13).

바벨론 시날 근방의 네 왕이 연합하여, 롯이 살고 있는 소돔을 침략해 왔다. 소돔 근방의 다섯 왕은 지난 12년 동안 바벨론 네 왕에게 조공을 바쳤지만, 13년째부터는 바치지 않았다. 그래서 바벨론의 네 왕은 소돔의 다섯 왕을 심판하기 위해 남하한 것이다. 소돔 왕들은 연합하여 대항했지만, 바벨론 연합군에게는 역부족이었다. 바벨론 연합군은 소돔과 고모라의 모든 재물과 양식을 빼앗고, 롯과 그의 가족과 재물을 빼앗아 본국으로 돌아갔다.

> 아브람이 그의 조카가 사로잡혔음을 듣고 집에서 길리고 훈련된 자 삼백십팔 명을 거느리고 단까지 쫓아가서 그와 그의 가신들이 나뉘어 밤에 그들을 쳐부수고 다메섹 왼편 호바까지 쫓아가 모든 빼앗겼던 재물과 자기의 조카 롯과 그의 재물과 또 부녀와 친척을 다 찾아왔더라 … (창 14:14-24).

아브람은 즉시 318명의 훈련된 군사를 이끌고 단까지 쫓아가서 조카 롯과 그의 가족과 부족들과 재물을 찾아왔다. 아브람과 롯은 가나안 남쪽에 살았지만, 단은 가나안 최북단에 있었다. 그 엄청난 거리를 뒤쫓아 가서 조카 롯을 구한 것이다. 아브람이 롯과의 거주를 분리하기로 했을 때, 롯은 더 좋아 보이는 소돔 지역을 선택해 떠났다. 아브람은 롯이 원한 땅을 주었을 뿐만 아니라, 그가 위험에 처했을 때 목숨 걸고 구해 주었다.

바벨론 연합군은 소돔 연합군을 무찌른 강한 군대였다. 강한 연합군을 318명으로 상대한 것은 무모한 일이다. 승리는 분명히 하나님의 은혜였다. 아브람은 훈련된 자들만 318명을 거느릴 정도로 하나님께 풍성한 복을 받고 있었다.

맹세 의식으로 언약을 맺으시는 하나님(창 15:1-21)

이 후에 여호와의 말씀이 환상 중에 아브람에게 임하여 이르시되 아브람아 두려워하지 말라 나는 네 방패요 너의 지극히 큰 상급이니라 아브람이 이르되 주 여호와여 무엇을 내게 주시려 하나이까 나는 자식이 없사오니 나의 상속자는 이 다메섹 사람 엘리에셀이니이다 아브람이 또 이르되 주께서 내게 씨를 주지 아니하셨으니 내 집에서 길린 자가 내 상속자가 될 것이니이다 여호와의 말씀이 그에게 임하여 이르시되 그 사람이 네 상속자가 아니라 네 몸에서 날 자가 네 상속자가 되리라 하시고 그를 이끌고 밖으로 나가 이르시되 하늘을 우러러 뭇별을 셀 수 있나 보라 또 그에게 이르시되 네 자손이 이와 같으리라 아브람이 여호와를 믿으니 여호와께서 이를 그의 의로 여기시고(창 15:1-6).

하나님은 자식이 없는 아브람에게 큰 민족을 이룰 것이라는 약속을 주셨다. 많은 시간이 흘렀지만, 자식에 대한 어떤 조짐도 없었다. 75세라는 나이 때문에 조급해질 수밖에 없었고, 급기야 하나님의 언약을 의심하기에 이르렀다. 그때 아브람의 눈앞에 여호와 말씀이 환상 중에 펼쳐졌다. 환상에는 큰 민족에 대한 약속을 의심하는 아브람 자신이 등장했다. 그는 환상 중에 자신이 하나님께 말씀드리고 있는 것을 지켜보았다.

"주 여호와여 무엇을 내게 주시려 하나이까? 나는 자식이 없사오니, 나의 상속자는 이 다메섹 사람 엘리에셀이니이다"

환상 중의 아브람은 하나님께 큰 민족의 약속을 믿을 수 없다고 말씀드리고 있었다. 그는 평소 마음속으로 하나님의 약속을 의심했지만, 환상 중의 자신은 하나님께 의심에 대한 불평을 직접 쏟아내고 있었다. 그는 하나님께 속내를 들켜 얼굴이 화끈거렸다. 그런데도 하나님은 그의 몸에서 상속자가 태어날 것이며, 밤하늘의 수많은 별만큼이나 번성할 것이라고 재차 약속해 주셨다. 그는 약속을 확신하게 되었고, 하나님은 이것을 그의 '의'로 여겨주셨다. 그는 오직 믿음으로 의로워졌다.

> 또 그에게 이르시되 나는 이 땅을 네게 주어 소유를 삼게 하려고 너를 갈대아인의 우르에서 이끌어 낸 여호와니라 그가 이르되 주 여호와여 내가 이 땅을 소유로 받을 것을 무엇으로 알리이까 여호와께서 그에게 이르시되 나를 위하여 삼 년 된 암소와 삼 년 된 암염소와 삼 년 된 숫양과 산비둘기와 집비둘기 새끼를 가져올지니라 아브람이 그 모든 것을 가져다가 그 중간을 쪼개고 그 쪼갠 것을 마주 대하여 놓고 그 새는 쪼개지 아니하였으며 솔개가 그 사체 위에 내릴 때에는 아

브람이 쫓았더라 해 질 때에 아브람에게 깊은 잠이 임하고 큰 흑암과 두려움이 그에게 임하였더니 … 너는 장수하다가 평안히 조상에게로 돌아가 장사될 것이요 네 자손은 사대 만에 이 땅으로 돌아오리니 이는 아모리 족속의 죄악이 아직 가득 차지 아니함이니라 하시더니 해가 져서 어두울 때에 연기 나는 화로가 보이며 타는 횃불이 쪼갠 고기 사이로 지나더라 그 날에 여호와께서 아브람과 더불어 언약을 세워 이르시되 … (창 15:7-21).

하나님은 큰 민족에 대한 약속에 이어 그에게 한 가지 더 말씀해 주셨다. 바로 가나안 땅에 대한 약속이다. 아브람은 이 약속도 의심했다. 하나님은 아브람에게 짐승을 준비하라고 하셨다. 아브람은 환상 중에 자신이 그 짐승들을 쪼개어 쪼갠 것을 마주 대하여 놓고, 깊은 잠에 드는 것을 보았다. 하나님은 가나안 땅은 그가 차지하는 것이 아니라, 4대가 지난 후에 그의 자손이 차지할 것이라고 구체적으로 말씀하셨다. 그리고 하나님을 상징하는 횃불이 쪼갠 고기 사이로 홀로 지나갔다.

고대 중근동 지방에서는 언약을 맺은 당사자들이 짐승을 둘로 쪼개고, 피가 흥건한 짐승의 두 조각 사이를 함께 지나가는 의식이 있었다(렘 34:18). 약속에 대한 맹세 의식이다. 만약 약속을 어기면 자신이 쪼개어진 짐승처럼 되어도 좋다는 의미다. 하나님은 맹세 의식을 스스로 행하시며 아브람에게 보게 하셨다. 하나님께서 한 인간에 불과한 아브람에게 맹세를 해주시는 놀라운 광경이다. 정말 놀라운 것은 하나님과 아브람, 두 당사자가 언약을 맺었음에도 쪼갠 고기 사이로 하나님을 상징하는 횃불만 홀로 지나갔다는 사실이다. 큰 민족을 이루고 가나안 땅을 얻으며 복이 될 것이라는 언약은 전적으로 하나님께서 이루실 거라는 의미다. 하나님께서 아브람에게 요구하신 것은 오직 하나님의 언약에 대한 믿음이었다.

하갈에게서 이스마엘을 얻은 사래(창 16:1-16)

> 아브람의 아내 사래는 출산하지 못하였고 그에게 한 여종이 있으니 애굽 사람이요 이름은 하갈이라 사래가 아브람에게 이르되 여호와께서 내 출산을 허락하지 아니하셨으니 원하건대 내 여종에게 들어가라 내가 혹 그로 말미암아 자녀를 얻을까 하노라 하매 아브람이 사래의 말을 들으니라 아브람의 아내 사래가 그 여종 애굽 사람 하갈을 데려다가 그 남편 아브람에게 첩으로 준 때는 아브람이 가나안 땅에 거주한 지 십 년 후였더라 … 하갈이 아브람의 아들을 낳으매 아브람이 하갈이 낳은 그 아들을 이름하여 이스마엘이라 하였더라 하갈이 아브람에게 이스마엘을 낳았을 때에 아브람이 팔십육 세였더라(창 16:1-16).

하나님께서 아브람에게 언약을 주신 지 10년이 지났다. 사래의 나이 75세가 되었지만, 아들을 낳을 만한 어떤 조짐도 없었다. 사래는 자신의 몸 상태를 알고 사실상 임신을 포기했다. 그래서 여종 하갈을 통해 아들을 얻기 원했다. 그녀는 아브람에게 여호와께서 자신의 출산을 허락하지 않으셨다고 말했다. "너희는 먹지도 말고 만지지도 말라. 너희가 죽을까 하노라 하셨느니라." 그녀는 하와처럼 하지도 않은 하나님 말씀을 스스로 만들어 믿었다. 아브람은 종 엘리에셀을 양자 삼아 아들을 얻으려 했고, 사래는 하갈을 통해 아들을 얻으려 했다.

양자도 여종을 통해 아들을 얻는 것도 하나님의 방법이 아니었다. 하나님의 방법은 오직 '하나님의 언약'에 대한 믿음이었다. 아브람은 86세에 하갈을 통해 이스마엘을 낳았다. 인간적인 방법으로 하나님의 언약을 이루려고 한 것이다.

아브람의 불신(창 17:1-27)

> 아브람이 구십구 세 때에 여호와께서 아브람에게 나타나서 그에게 이르시되 나는 전능한 하나님이라 너는 내 앞에서 행하여 완전하라 내가 내 언약을 나와 너 사이에 두어 너를 크게 번성하게 하리라 하시니 아브람이 엎드렸더니 하나님이 또 그에게 말씀하여 이르시되 보라 내 언약이 너와 함께 있으니 너는 여러 민족의 아버지가 될지라 이제 후로는 네 이름을 아브람이라 하지 아니하고 아브라함이라 하리니 이는 내가 너를 여러 민족의 아버지가 되게 함이니라 … (창 17:1-8).

아브람은 99세, 사래는 89세가 되었다. 하나님께 언약을 받은 지 24년이 지났다. 그들은 더는 출산을 기대할 수 없는 나이가 되었다. 하지만 하나님은 자신을 전능한 하나님, '엘샤다이'라고 선언하셨다. '엘샤다이'는 단순히 모든 것을 할 수 있다는 것이 아니다. 언약하신 것을 반드시 행하고, 완전히 이루시는 하나님이라는 뜻이다.

하나님은 '존귀한 아버지'라는 의미가 있는 아브람의 이름을 '여러 민족의 아버지' 아브라함으로 바꾸어 주셨다. 그것은 큰 민족이 되게 하겠다는 것보다, 더욱 믿기 어려운 말씀이었다. 여전히 아들이 없는

데 하나님은 큰 민족을 넘어 많은 민족의 조상이 되게 하겠다고 말씀하셨다.

이름은 존재 그 자체를 의미한다. 이제 존재를 새롭게 하신다는 것이다. 하나님은 그들의 몸을 드디어 전능하신 능력으로 다스려 주실 것이다.

> 하나님이 또 아브라함에게 이르시되 그런즉 너는 내 언약을 지키고 네 후손도 대대로 지키라 너희 중 남자는 다 할례를 받으라 이것이 나와 너희와 너희 후손 사이에 지킬 내 언약이니라 너희는 포피를 베어라 … (창 17:9–14).

아브라함은 하갈에게 이스마엘을 낳았다. 아브라함에게는 문제가 없다는 것이 증명되었다. 문제는 사래에게 있었다. 하나님께서 자신을 '엘샤다이'로 선포하자, 아브라함은 하나님께서 사래를 고쳐주실 것을 기대했다. 그러나 하나님의 처방은 사래가 아니라 아브라함에게 내려졌다. '할례'를 행하라는 것이다. 할례는 성기의 포피만 베어내는 것이지만, 할례에 대해 생소했던 아브라함에게 거세하라는 말과 다르지 않았다. 목표는 자식을 얻는 것이다. 그런데 성기에 칼을 대라고 하신다. 하나님은 자신의 육체에서 기대할 수 있는 어떤 가능성도 모두 잘라내라고 하신 것이다.

> 하나님이 또 아브라함에게 이르시되 네 아내 사래는 이름을 사래라 하지 말고 사라라 하라 내가 그에게 복을 주어 그가 네게 아들을 낳아 주게 하며 내가 그에게 복을 주어 그를 여러 민족의 어머니가 되게 하리니 민족의 여러 왕이 그에게서 나리라 아브라함이 엎드려 웃으며

마음속으로 이르되 백 세 된 사람이 어찌 자식을 낳을까 사라는 구십 세니 어찌 출산하리요 하고 … (창 17:15-27).

하나님은 내년 이맘때에 89세 된 사라가 아들을 낳을 것이라고 아브라함에게 말씀하셨다. 그는 기가 막혀 엎드려 웃으며, 마음속으로 '100세 된 사람이 어찌 자식을 낳을 수 있을까? 사라 나이 90세인데 어찌 출산할 수 있을까?' 생각했다. 그러자 하나님께서 아브라함을 호통치셨다. 아브라함의 마음속 생각을 아시고 그를 책망하시며, 아들의 이름을 '이삭'으로 지으라고 하셨다.

히브리어로 이삭은 '웃음'이라는 의미다. 하나님은 하나님의 언약을 마음속으로 비웃는 아브라함의 불신을 아들의 이름으로 주셨다. 하나님의 언약에 대한 아브라함의 웃음이 아들의 이름이 되었다. 아브라함은 속내를 들킨 후에야 다시 믿음으로 자신과 식솔들에게 할례를 행할 수 있었다.

사라의 불신(창 18:1-33)

여호와께서 마므레의 상수리나무들이 있는 곳에서 아브라함에게 나타나시니라 날이 뜨거울 때에 그가 장막 문에 앉아 있다가 눈을 들어 본즉 사람 셋이 맞은편에 서 있는지라 그가 그들을 보자 곧 장막 문에서 달려나가 영접하며 몸을 땅에 굽혀 이르되 내 주여 내가 주께 은혜를 입었사오면 원하건대 종을 떠나 지나가지 마시옵고 물을 조금 가져오게 하사 당신들의 발을 씻으시고 나무 아래에서 쉬소서 … (창 18:1-8).

하나님과 두 천사는 사람의 용모로 아브라함을 방문했다. 아브라함은 그들을 극진히 영접하였고 나무 아래에서 쉬었다 가라고 청했다. 이런 아브라함의 태도는 고대 가나안의 관습인 나그네 환대법 때문이고 아브라함 자신도 가나안에서 나그네였기 때문이다. 아브라함은 음식을 준비해서 그들을 대접했다.

> 그들이 아브라함에게 이르되 네 아내 사라가 어디 있느냐 대답하되 장막에 있나이다 그가 이르시되 내년 이맘때 내가 반드시 네게로 돌아오리니 네 아내 사라에게 아들이 있으리라 하시니 사라가 그 뒤 장막 문에서 들었더라 아브라함과 사라는 나이가 많아 늙었고 사라에게는 여성의 생리가 끊어졌는지라 사라가 속으로 웃고 이르되 내가 노쇠하였고 내 주인도 늙었으니 내게 무슨 즐거움이 있으리요 여호와께서 아브라함에게 이르시되 사라가 왜 웃으며 이르기를 내가 늙었거늘 어떻게 아들을 낳으리요 하느냐 여호와께 능하지 못한 일이 있겠느냐 기한이 이를 때에 내가 네게로 돌아오리니 사라에게 아들이 있으리라 사라가 두려워서 부인하여 이르되 내가 웃지 아니하였나이다 이르시되 아니라 네가 웃었느니라 … (창 18:9-33).

"네 아내 사라가 어디 있느냐?" 사라는 장막 안에 있었고, 음식을 먹는 그들은 장막 밖 나무 아래에 있었다. 그들과 사라는 서로 보이지 않는 곳에 있었다. 하나님께서 아브라함에게 사라에게 아들이 있을 거라고 말씀하셨다. 이 말씀은 장막 안에 있는 사라에게도 들렸다. 이미 생리가 끊어진 그녀는 기가 막혀 마음속으로 웃었다. 그러자 하나님은 아브라함에게 사라가 웃는다고 호통치셨다. 사라는 보이지 않는 장막 안에서 마음속으로 웃었지만, 하나님은 그 웃음을 들으시고 책망하신 것이다.

하나님은 사라가 90세가 되기까지 기다리셨다. 사라의 생리가 끊어져야만 했다. 생리가 끊어진 사라는 임신할 수 없었지만, 하나님은 엘샤다이셨다. 어떤 불가능한 조건에도 언약을 이루시는 분이심을 증명하시기 위해, 사라의 생리가 끊어질 때까지 기다리신 것이다. 엘샤다이 하나님은 큰 민족을 이루게 하시고, 가나안 땅을 주시고, 복이 되게 하신다는 것을 믿으라는 것이다. 하나님은 성도의 무능이 아니라, 성도의 불신을 책망하신다.

심판받는 소돔과 고모라(창 19:1-38)

저녁 때에 그 두 천사가 소돔에 이르니 마침 롯이 소돔 성문에 앉아 있다가 그들을 보고 일어나 영접하고 땅에 엎드려 절하며 이르되 내 주여 돌이켜 종의 집으로 들어와 발을 씻고 주무시고 일찍이 일어나 갈 길을 가소서 그들이 이르되 아니라 우리가 거리에서 밤을 새우리라 롯이 간청하매 그제서야 돌이켜 그 집으로 들어오는지라 롯이 그들을 위하여 식탁을 베풀고 무교병을 구우니 그들이 먹으니라 그들이 눕기 전에 그 성 사람 곧 소돔 백성이 노소를 막론하고 원근에서 다 모여 그 집을 에워싸고 롯을 부르고 그에게 이르되 오늘 밤에 네게 온 사람들이 어디 있느냐 이끌어 내라 우리가 그들을 상관하리라 … 하나님이 그 지역의 성을 멸하실 때 곧 롯이 거주하는 성을 엎으실 때에 하나님이 아브라함을 생각하사 롯을 그 엎으시는 중에서 내보내셨더라(창 19:1-29).

사람의 용모를 한 두 천사는 소돔과 고모라를 멸망시키기 위해 소돔으로 갔다. 그들을 만난 롯은 대접하기 위해 자신의 집을 방문해 달라고 요청했다. 그러자 소돔 백성이 노소를 막론하고 원근에서 모여 그의 집을 에워쌌다. 소돔 백성은 롯에게 그의 집을 방문한 두 방문자를 집 밖으로 끌어내라고 했다. 그들은 우리가 그들을 '상관'하겠다고 했다. 도대체 무엇을 상관하겠다는 것일까? 이 부분을 NIV 영어 성경에서는 'so that we can have sex with them'이라고 번역했다. 그들이 말한 상관은 성관계였다. 그것은 동성 간의 성관계였고, 강제로 범하는 강간이었으며 윤간이었다. 상관을 위해 소돔 백성이 '노소를 막론하고 원근에서 다 모일 정도'로, 소돔과 고모라는 성적 타락이 극에 달했다. 그래서 영어 소도미(sodomy)는 '남성 간의 동성연애'를 가리키는 말이 되었다. 소돔과 고모라는 롯과 두 딸을 제외하고 하나님의 심판을 피할 수 없었다.

> 롯이 소알에 거주하기를 두려워하여 두 딸과 함께 소알에서 나와 산에 올라가 거주하되 그 두 딸과 함께 굴에 거주하였더니 큰 딸이 작은 딸에게 이르되 우리 아버지는 늙으셨고 온 세상의 도리를 따라 우리의 배필 될 사람이 이 땅에는 없으니 우리가 우리 아버지에게 술을 마시게 하고 동침하여 우리 아버지로 말미암아 후손을 이어가자 하고 그 밤에 그들이 아버지에게 술을 마시게 하고 큰 딸이 들어가서 그 아버지와 동침하니라 그러나 그 아버지는 그 딸이 눕고 일어나는 것을 깨닫지 못하였더라 … 롯의 두 딸이 아버지로 말미암아 임신하고 큰 딸은 아들을 낳아 이름을 모압이라 하였으니 오늘날 모압의 조상이요 작은 딸도 아들을 낳아 이름을 벤암미라 하였으니 오늘날 암몬 자손의 조상이었더라(창 19:30-38).

아브라함의 간구로 하나님의 은혜를 입은 롯과 두 딸은 산으로 올라가 굴에 피신했다. 그런데 두 딸은 대를 잇기 위해 아버지 롯에게 술을 먹이고 동침해서 임신했다. 큰딸은 아들의 이름을 모압이라고 지었다. 히브리어 모압은 '아버지로부터'라는 의미다. 딸의 입장에서 자기 아들을 아버지로부터 얻었다는 것이다. 작은딸은 아들의 이름을 벤암미라고 지었다. 히브리어 벤암미는 '나의 백성의 아들'이라는 의미다. 아버지 롯의 입장에서 나의 딸이 나의 아들을 낳았다는 것이다. 그들이 왜 그랬을까? 바로 소돔과 고모라의 보편화된 성문화 때문이다. 소돔과 고모라에서는 근친상간과 동성연애가 일반적으로 행해지고 있었다.

> 소돔과 고모라와 그 이웃 도시들도 그들과 같은 행동으로 음란하며 다른 육체를 따라 가다가 영원한 불의 형벌을 받음으로 거울이 되었느니라(유 1:7).

소도미(sodomy)는 남성 간의 동성연애를 가리킬 뿐 아니라, 동물과의 성관계를 가리키기도 한다. 유다서에서 언급하는 영원한 불의 형벌을 받게 된 원인은 그들이 '다른 육체'(유 1:7)를 따랐기 때문이다. 다른 육체란 사람이 아닌 동물의 육체를 가리킨다. 소돔과 고모라, 그 이웃 도시에서는 근친상간, 동성연애뿐 아니라, 심지어 동물과의 성관계가 행해지고 있었다. 그 심각성은 홍수 심판이 일어나기 직전과도 같았다. 하나님은 홍수 때와 같이 심판하실 수밖에 없었다. 그러나 '무지개 언약' 때문에 비를 내려 심판하실 수는 없었다. 그래서 불과 유황을 '비같이' 내려서(창 19:24) 그들을 모조리 멸하셨다. 하나님께서 이스라엘 백성에게 가나안을 정복한 후에 그 땅의 모든 생명을 진멸하라고 명령하신 이유가 이 때문이다.

> 무법한 자들의 음란한 행실로 말미암아 고통 당하는 의로운 롯을 건지셨으니 이는 이 의인이 그들 중에 거하여 날마다 저 불법한 행실을 보고 들음으로 그 의로운 심령이 상함이라(벧후 2:7-8).

롯의 의로움은 그의 행위를 말하는 것이 아니라, 하나님의 은혜를 입은 하나님의 백성이라는 의미다. 소돔과 고모라에서 타락한 사람들을 보고, 그의 의로운 심령이 상하고 고통받았다. 아브람과 동행하며 그도 하나님의 섭리를 깨달았기 때문이다. 그러나 하나님 말씀에 순종하여 고향을 떠났던 아브람과는 달리 주저하는 사람이었다. 피하라는 천사의 재촉에도 불구하고, 미련을 버리지 못해 그곳에서 떠나기를 지체했다(창 19:16). 뒤를 돌아본 롯의 아내는 결국 소금 기둥이 되고 말았다. 하나님의 백성은 두 마음을 품는 것에서 떠나야 한다. 그래야만 복된 삶을 살 수 있다. 진정한 복은 보기에 좋은 곳에 거하는 것이 아니라, 오직 하나님의 약속 안에 거하는 것이다.

결정적인 불신을 드러낸 아브라함(창 20:1-18)

> 아브라함이 거기서 네게브 땅으로 옮겨가 가데스와 술 사이 그랄에 거류하며 그의 아내 사라를 자기 누이라 하였으므로 그랄 왕 아비멜렉이 사람을 보내어 사라를 데려갔더니 … (창 20:1-16).

99세인 아브라함은 그랄 왕에게 아내를 누이라고 또 속였다. 하나님께 부름 받았던 75세 때 이집트 파라오에게 그랬던 것처럼. 아브라함은 24년이 지났지만 여전했다. 하나님께 '내년 이맘때에 사라를 통해 이삭을 낳을 것'이라는 약속을 확인받았음에도 불구하고, 자신의 안위를 위해 결정적인 불신을 드러낸 것이다. 하나님의 약속에 대한 태도는 조금도 달라지지 않았다. 그러나 하나님은 큰 민족의 언약을 이루시기 위해 그들을 위기에서 구원해 주셨다.

> 아브라함이 하나님께 기도하매 하나님이 아비멜렉과 그의 아내와 여종을 치료하사 출산하게 하셨으니 여호와께서 이왕에 아브라함의 아내 사라의 일로 아비멜렉의 집의 모든 태를 닫으셨음이더라(창 20:17-18).

아브라함의 기도로 아비멜렉 집의 모든 태가 열렸다. 그 당시에 대를 잇지 못한다는 것은 너무나도 큰 재앙이었다. 하지만 아브라함의 기도가 그 재앙을 물러가게 했다. 그들은 아브라함에게 말했다. "아브라함, 당신은 우리 족속에게 복덩이입니다." 그 순간 아브라함의 머리를 스치는 하나님 말씀이 있었다. "땅의 모든 족속이 너로 말미암아 복을 얻을 것이라"(창 12:3). 그랬다. 아브라함은 정말로 그들에게 복이 되어 있었다. 정작 자신의 문제는 해결하지 못했지만, 다른 사람의 문제는 해결해 줄 수 있었다.

그때야 아브라함은 하나님을 진심으로 바라보기 시작했다. 여자들의 막혔던 태를 열어 출산하게 하시는 엘샤다이 하나님이라면, 자신에게 큰 민족을 이루어 주시겠다는 하나님의 언약이 반드시 이루어질 것이라고 믿어지기 시작한 것이다.

이삭을 낳은 사라(창 21:1-34)

> 여호와께서 말씀하신 대로 사라를 돌보셨고 여호와께서 말씀하신 대로 사라에게 행하셨으므로 사라가 임신하고 하나님이 말씀하신 시기가 되어 노년의 아브라함에게 아들을 낳으니 아브라함이 그에게 태어난 아들 곧 사라가 자기에게 낳은 아들을 이름하여 이삭이라 하였고 그 아들 이삭이 난 지 팔 일 만에 그가 하나님이 명령하신 대로 할례를 행하였더라 아브라함이 그의 아들 이삭이 그에게 태어날 때에 백 세라 사라가 이르되 하나님이 나를 웃게 하시니 듣는 자가 다 나와 함께 웃으리로다 또 이르되 사라가 자식들을 젖먹이겠다고 누가 아브라함에게 말하였으리요마는 아브라함의 노경에 내가 아들을 낳았도다 하니라 … (창 21:1-34).

하나님께서 '말씀하신 대로' 사라를 돌보셨고 하나님께서 '말씀하신 대로' 사라에게 행하셔서, 사라가 임신하고 하나님께서 말씀하신 때가 되어 아들을 낳았다. "하나님이 이르시되 … 그대로 되니라." 천지를 창조하신 하나님 말씀이 그녀에게 온전히 드러났다.

사라는 태어난 이삭에게 젖을 물렸다. 90세 된 그녀의 젖가슴에서 젖이 흐르기 시작했다. 아브라함은 하나님의 명령대로 아들의 이름을 이삭이라고 짓고, 난 지 팔 일만에 할례를 행했다. 아브라함과 사라는 웃었다. 웃어도 너무 웃었다. 기쁨의 눈물을 글썽거리는 그들의 웃음소리가 들리는 듯하다. 그들은 하나님의 언약을 비웃었지만, 하나님은 그 비웃음을 기쁨의 웃음으로 바꾸어 주셨다. 그들은 평생 이삭의 이름을 부를 때마다, 하나님의 언약을 믿지 않았던 자신들과 전능하신 엘샤다이 하나님을 생각했을 것이다.

결론적으로 아브라함이 믿음의 조상이 되었지만, 성경은 그 과정이 한결같이 불신이었음을 기록한다. 아브라함이 첫 부르심을 받고 고향을 떠난 것을 제외하고는 온전한 믿음을 보인 적이 없다. 아브라함은 기근이 들자 이집트로 내려갔다. 땅에 대한 선택권은 롯에게 주었다. 아브라함은 양자로, 사라는 여종을 통해 자식을 얻으려고 했다. 그리고 하나님 말씀을 듣고 웃었다. 이처럼 성경은 그들이 정말로 믿음이 없었다는 것을 보여 준다. 이삭을 낳은 것도 믿음으로 낳은 것이 아니라, 전적인 하나님의 은혜였다. 성경은 아브라함의 믿음이 승리했다고 증거하는 것이 아니라, 자격이 없는 아브라함을 하나님의 은혜가 승리하도록 했음을 증거하고 있다.

이삭을 번제로 드리는 아브라함(창 22:1-24)

> 그 일 후에 하나님이 아브라함을 시험하시려고 그를 부르시되 아브라함아 하시니 그가 이르되 내가 여기 있나이다 여호와께서 이르시되 네 아들 네 사랑하는 독자 이삭을 데리고 모리아 땅으로 가서 내가 네게 일러 준 한 산 거기서 그를 번제로 드리라(창 22:1-2).

하나님은 아브라함에게 이삭을 가리켜 '너의 아들', '네가 사랑하는 아들', '하나밖에 없는 너의 독자'라고 하셨다. 아브라함의 마음을 흔든 것이다. 아브라함에게는 이삭을 바칠 수 없는 세 가지 이유가 있었다. 첫째, 아들을 번제로 드리는 제사는 가나안의 우상 몰렉에게 하는 제사법이다. 둘째, 25년 만에 귀하게 얻은 아들이다. 셋째, 이삭을 번제로 드리면 '큰 민족'을 이루어 주시겠다는 전능하신 하나님의 언약을 성취할 수가 없었다. 그것도 '그 일 후에'(창 22:1)였다. 그 일은 이스마엘을 내보낸 이후다. 아브라함에게 대를 이을 아들은 이삭뿐인데 하나님은 그 아들을 번제로 바치라고 말씀하셨다.

> 아브라함이 아침에 일찍이 일어나 나귀에 안장을 지우고 두 종과 그의 아들 이삭을 데리고 번제에 쓸 나무를 쪼개어 가지고 떠나 하나님이 자기에게 일러 주신 곳으로 가더니 제삼일에 아브라함이 눈을 들어 그 곳을 멀리 바라본지라 이에 아브라함이 종들에게 이르되 너희는 나귀와 함께 여기서 기다리라 내가 아이와 함께 저기 가서 예배하고 우리가 너희에게로 돌아오리라 하고 아브라함이 이에 번제 나무를 가져다가 그의 아들 이삭에게 지우고 자기는 불과 칼을 손에 들고 두 사람이 동행하더니 … (창 22:3-8).

아브라함은 아침 일찍 일어나 모리아 땅으로 갔다. 그는 '즉각 순종'하며, '절대 순종'하는 사람으로 변했다. 두 종에게 산 아래에서 "내가 아이와 함께 저기 가서 예배하고, 우리가 너희에게로 돌아오리라"고 말했다. 우리라고 했으니 자신과 이삭이 함께 돌아온다는 것이다. 이삭을 바치지 않을 심산이었을까? 아니다. 반드시 이삭을 바칠 것이다. 바쳐도 살아날 것을 믿은 것이다. 엘샤다이 하나님을 온전히 믿는 순종이었다. 생리가 끊어진 아내의 몸에서 아들을 얻은 기적의 결과였다.

> 기록된 바 내가 너를 많은 민족의 조상으로 세웠다 하심과 같으니 그가 믿은 바 하나님은 죽은 자를 살리시며 없는 것을 있는 것으로 부르시는 이시니라(롬 4:17).

아브라함은 '없는 것을 있는 것으로 부르시는 하나님'을 믿었다. 그가 이삭을 번제로 바칠 수 있는 믿음의 근거는 창조의 하나님이셨다. 창조 이전에는 아무것도 없었다. 하나님은 없는 것을 있는 것으로 부르셨다. "빛이 있으라." 없었던 빛이 말씀대로 생겨났다. "해와 달과 별들이 있으라." 역시 해와 달과 별들이 생겨났다. 아브라함은 이삭을 번제로 드려도 하나님께서 "이삭아!"라고 부르시면 다시 살아날 것을 믿은 것이다.

이삭은 아브라함에게 불과 나무는 있는데 번제할 어린 양은 어디 있느냐고 물었다. 하나님은 이삭의 입술을 통해 아브라함의 마음을 흔들었다. 그는 믿음으로 "내 아들아 번제할 어린 양은 하나님이 자기를 위하여 친히 준비하시리라"(창 22:8)고 말했다.

> 하나님이 그에게 일러 주신 곳에 이른지라 이에 아브라함이 그 곳에 제단을 쌓고 나무를 벌여 놓고 그의 아들 이삭을 결박하여 제단 나무 위에 놓고 손을 내밀어 칼을 잡고 그 아들을 잡으려 하니 여호와의 사자가 하늘에서부터 그를 불러 이르시되 아브라함아 아브라함아 하시는지라 아브라함이 이르되 내가 여기 있나이다 하매 사자가 이르시되 그 아이에게 네 손을 대지 말라 그에게 아무 일도 하지 말라 네가 네 아들 네 독자까지도 내게 아끼지 아니하였으니 내가 이제야 네가 하나님을 경외하는 줄을 아노라 아브라함이 눈을 들어 살펴본즉 한 숫양이 뒤에 있는데 뿔이 수풀에 걸려 있는지라 … (창 22:9-14).

하나님은 아브라함에게 이제야 네가 나를 경외하는 줄을 알겠다고 말씀하셨다. 이전에는 그가 하나님을 온전히 경외하지도, 그분의 언약을 신뢰하지도 않았다는 것이다. 아브라함은 그 땅의 이름을 '여호와 이레'라고 부르며 예비하시는 하나님으로 찬양했다. 하나님은 언제 숫양을 예비하셨을까? "내 아들아 번제할 어린 양은 하나님이 자기를 위하여 친히 준비하시리라"(창 22:8). 아브라함의 믿음의 고백에 깜짝 놀라신 하나님께서 급히 숫양을 준비하신 건 아닐까? 하나님은 이삭을 바치라고 명령하셨다. 하지만 이 역설적인 문제는 아브라함이 풀어야 했다. 100세에 귀하게 얻은 아들을 바치는 것은 참으로 어려운 문제다. 있을 수 없는 일이다. 그래서 아브라함은 이 문제를 하나님께 넘겨버렸다. 정말로 하나님께서 명령하신 대로 아들을 번제로 바치려고 했다. 이삭을 죽이든지 살리든지 하나님 뜻대로 하시라는 것이다.

하나님은 아브라함의 이름을 다급하게 두 번 부르시며 아브라함을 말리셨다. 하나님을 믿는다는 것은 나의 문제를 하나님께 넘기는 것이다. 하나님의 백성은 하나님의 신실하심에 모든 것을 맡기는 삶을 살아야 한다. 세상의 상식을 뛰어넘는 믿음, 세상의 사고방식과 세계관을 의미하는 '아버지의 집'(창 12:1)을 떠나야 한다. 아브라함은 비로소 온전히 고향과 친척과 아버지의 집을 떠나 그에게 주어진 믿음의 연단을 잘 감당할 수 있었다.

> 여호와의 사자가 하늘에서부터 두 번째 아브라함을 불러 이르시되 여호와께서 이르시기를 내가 나를 가리켜 맹세하노니 네가 이같이 행하여 네 아들 네 독자도 아끼지 아니하였은즉 내가 네게 큰 복을 주고 네 씨가 크게 번성하여 하늘의 별과 같고 바닷가의 모래와 같게 하리니 네 씨가 그 대적의 성문을 차지하리라 … (창 22:15-24).

하나님은 아브라함에게 자신을 가리켜 맹세해 주셨다. 쪼갠 고기

사이로 지나가신 맹세 의식에 이어 다시 맹세해 주신 것이다. "아브라함아, 네가 나를 위해 네 독자도 아끼지 아니하였은즉, 나도 너를 위해 내 독생자를 아끼지 아니하겠노라." 맹세 의식은 환상으로 보았지만, 맹세는 모든 것을 확정하시는 하나님 말씀으로 들었다. 모리아산에는 후에 솔로몬이 성전을 건축했다. 여호와 이레의 하나님은 이삭을 대신할 숫양을 예비하셨던 것처럼, 우리의 죄를 대신할 어린 양도 예비하셨다. 마치 자신을 태울 번제 나무를 지고 모리아산을 올랐던 이삭처럼, 나무 십자가를 지고 갈보리산을 오를 예수 그리스도를 예비하셨다. 하나님께서 아브라함에게 요구하신 것은 이삭이라는 제물이 아니라 믿음이었다.

사라의 매장지를 구입하는 아브라함의 믿음(창 23:1-20)

> 사라가 백이십칠 세를 살았으니 이것이 곧 사라가 누린 햇수라 사라가 가나안 땅 헤브론 곧 기럇아르바에서 죽으매 아브라함이 들어가서 사라를 위하여 슬퍼하며 애통하다가 … 에브론이 아브라함에게 대답하여 이르되 내 주여 내 말을 들으소서 땅 값은 은 사백 세겔이나 그것이 나와 당신 사이에 무슨 문제가 되리이까 당신의 죽은 자를 장사하소서 아브라함이 에브론의 말을 따라 에브론이 헷 족속이 듣는 데서 말한 대로 상인이 통용하는 은 사백 세겔을 달아 에브론에게 주었더니 마므레 앞 막벨라에 있는 에브론의 밭 곧 그 밭과 거기에 속한 굴과 그 밭과 그 주위에 둘린 모든 나무가 성 문에 들어온 모든 헷 족속이 보는 데서 아브라함의 소유로 확정된지라 … (창 23:1-23).

성경에는 남자의 수명은 많이 언급되고 있지만, 여자의 경우는 다르다. 여자의 수명이 언급된 것은 사라가 유일하다. 사라가 하나님 앞에서 의미 있는 삶을 살았기 때문일 것이다.

아브라함은 매장지 막벨라 굴을 은 400세겔에 샀다. 다윗은 성전을 지은 아라우나의 타작마당을 은 50세겔에 샀고, 예레미야는 숙부의 밭을 은 17세겔에 샀다. 아브라함은 매장할 굴과 밭과 그 주위에 있는 나무들까지 함께 샀다. 아브라함은 하나님께서 자신에게 가나안 땅을 주실 것을 믿고, 그 일부라도 소유하기 원한 것이다. 자신도 약속의 땅 가나안에 뼈를 묻을 결심을 하고 믿음으로 대가를 당당하게 치른 것이다.

리브가를 아내로 맞는 이삭(창 24:1-67)

아브라함이 나이가 많아 늙었고 여호와께서 그에게 범사에 복을 주셨더라 아브라함이 자기 집 모든 소유를 맡은 늙은 종에게 이르되 청하건대 내 허벅지 밑에 네 손을 넣으라 내가 너에게 하늘의 하나님, 땅의 하나님이신 여호와를 가리켜 맹세하게 하노니 너는 내가 거주하는 이 지방 가나안 족속의 딸 중에서 내 아들을 위하여 아내를 택하지 말고 내 고향 내 족속에게로 가서 내 아들 이삭을 위하여 아내를 택하라 … 하늘의 하나님 여호와께서 나를 내 아버지의 집과 내 고향 땅에서 떠나게 하시고 내게 말씀하시며 내게 맹세하여 이르시기를 이 땅을 네 씨에게 주리라 하셨으니 그가 그 사자를 너보다 앞서 보내실지라 네가 거기서 내 아들을 위하여 아내를 택할지니라 만일 여자가 너를 따라 오려고 하지 아니하면 나의 이 맹세가 너와 상관이 없나니 오직 내 아들을 데리고 그리로 가지 말지니라 그 종이 이에 그의 주인 아브라함의 허벅지 아래에 손을 넣고 이 일에 대하여 그에게 맹세하였더라(창 24:1-9).

아브라함은 나이가 많아 늙었다. 그는 종에게 자신의 허벅지 밑에 손을 넣고 하나님께 맹세하라고 했다. 허벅지는 생식기에 대한 완곡한 표현이다. 생명의 근원으로 맹세하고, 어기면 그의 생식도 끊어진다는 의미다. 맹세의 내용은 아브라함의 고향 족속에게 가서 이삭의 신붓감을 데리고 오라는 것이다. 이는 당시 풍속이었던 족내혼을 넘어서는 하나님의 언약에 대한 믿음의 결단이었다. 하나님께서 가나안 땅을 자신의 후손에게 주신다고 맹세하셨기 때문에, 하나님께서 사자를 앞서 보내셔서 가나안으로 데리고 올 이삭의 신부를 예비하실 것을 믿었다. 그는 예비하시는 여호와 이레의 하나님을 전적으로 신뢰했다. 그런데 고향이라면 그가 직접 가면 훨씬 수월한 일이다. 그러나 이삭도 가지 못하게 했을 뿐만 아니라, 자신도 죽을 때까지 고향을 방문하지도 돌아가지도 않았다. 하나님께서 "고향과 친척과 아버지의 집을 떠나라"(창 12:1)고 명령하셨기 때문이다.

이에 종이 그 주인의 낙타 중 열 필을 끌고 떠났는데 곧 그의 주인의 모든 좋은 것을 가지고 떠나 메소보다미아로 가서 나홀의 성에 이르러 그 낙타를 성 밖 우물 곁에 꿇렸으니 저녁 때라 여인들이 물을 길으러 나올 때였더라 그가 이르되 우리 주인 아브라함의 하나님 여호와여 원하건대 오늘 나에게 순조롭게 만나게 하사 내 주인 아브라함에게 은혜를 베푸시옵소서 성 중 사람의 딸들이 물 길으러 나오겠사오니 내가 우물 곁에 서 있다가 한 소녀에게 이르기를 청하건대 너는 물동이를 기울여 나로 마시게 하라 하리니 그의 대답이 마시라 내가 당신의 낙타에게도 마시게 하리라 하면 그는 주께서 주의 종 이삭을 위하여 정하신 자라 이로 말미암아 주께서 내 주인에게 은혜 베푸심을 내가 알겠나이다 … (창 24:10-67).

이삭의 신부를 찾아 나홀의 성에 갔던 아브라함의 종은 하나님께 표적을 구했다. 자신뿐만 아니라 자신의 낙타들에게도 마실 물을 주는 여자를 하나님께서 보내주시는 이삭의 신부로 믿겠다는 것이다. 그것은 아주 까다로운 표적이었다. 낙타는 80일 동안 물 없이 사막을 횡단할 수 있고, 한 번에 106리터의 물을 먹을 수 있다. 종의 낙타는 열 필이었고, 당시 우물은 지하 23미터 정도로 굉장히 깊었다. 그런데 아브라함의 친족 리브가가 표적을 그대로 충족시키는 것이 아닌가? 아브라함의 믿음대로 여호와 이레, 예비하시는 하나님의 역사였다.

이스마엘과 이삭의 족보(창 25:1-34)

아브라함이 후처를 맞이하였으니 그의 이름은 그두라라 그가 시므란과 욕산과 므단과 미디안과 이스박과 수아를 낳고 … 아브라함의 향년이 백칠십오 세라 그의 나이가 높고 늙어서 기운이 다하여 죽어 자기 열조에게로 돌아가매 그의 아들들인 이삭과 이스마엘이 그를 마므레 앞 헷 족속 소할의 아들 에브론의 밭에 있는 막벨라 굴에 장사하였으니 이것은 아브라함이 헷 족속에게서 산 밭이라 아브라함과 그의 아내 사라가 거기 장사되니라 아브라함이 죽은 후에 하나님이 그의 아들 이삭에게 복을 주셨고 이삭은 브엘라해로이 근처에 거주하였더라(창 25:1-11).

아브라함은 사라가 죽은 후에 그두라를 후처로 맞이했다. 그의 아내는 사라, 하갈, 그두라였고, 아들은 이스마엘, 이삭, 그두라에게서 얻은 여섯까지 모두 여덟 명이다. 아브라함은 175세에 숨을 거두었다. 100년 동안 하나님과 동행한 삶이었다. 그는 막벨라 굴에 장사되므로 약속의 땅, 가나안에 뼈를 묻었다.

> 사라의 여종 애굽인 하갈이 아브라함에게 낳은 아들 이스마엘의 족보는 이러하고 이스마엘의 아들들의 이름은 그 이름과 그 세대대로 이와 같으니라 … 아브라함의 아들 이삭의 족보는 이러하니라 아브라함이 이삭을 낳았고 이삭은 사십 세에 리브가를 맞이하여 아내를 삼았으니 … (창 25:12-34).

족보는 어둠의 족보를 기록하고 이어서 빛의 족보를 기록해 둘을 대조해 보여 준다. 이스마엘과 이삭도 마찬가지다. 먼저는 이스마엘의 족보가, 이어서 이삭의 족보가 나온다. 두 족보의 차이점은 이스마엘은 여종 하갈이 아브라함에게서 낳았고, 이삭은 아브라함이 낳았다는 것이다. 이스마엘은 하갈의 아들이고 이삭은 아브라함의 아들이다. 둘은 근원이 다르다는 것을 분명히 보여 준다. 하나님께서 아브라함에게 이삭을 번제로 바치라고 하셨을 때, 이삭을 가리켜 '네 사랑하는 독자'라고 하셨다. 먼저 태어난 이스마엘이 있었지만, 하나님의 언약 관점에서 이삭이 아브라함의 유일한 아들이다.

약속의 땅을 떠나지 않은 이삭(창 26:1–13)

아브라함 때에 첫 흉년이 들었더니 그 땅에 또 흉년이 들매 이삭이 그랄로 가서 블레셋 왕 아비멜렉에게 이르렀더니 여호와께서 이삭에게 나타나 이르시되 애굽으로 내려가지 말고 내가 네게 지시하는 땅에 거주하라 이 땅에 거류하면 내가 너와 함께 있어 네게 복을 주고 내가 이 모든 땅을 너와 네 자손에게 주리라 … 이는 아브라함이 내 말을 순종하고 내 명령과 내 계명과 내 율례와 내 법도를 지켰음이라 하시니라 이삭이 그랄에 거주하였더니(창 26:1–6).

강독 가이드

하나님의 약속의 계보

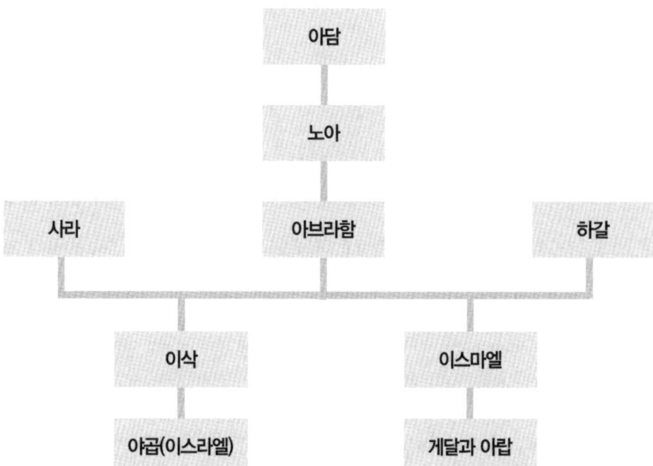

아브라함에게 주어진 하나님의 언약이 아들 이삭에게 계승되었다. 이삭에 대한 성경의 기록은 아브라함, 야곱, 요셉과는 달리 단 세 장에 불과하다. 더구나 이삭만 언급한 곳은 한 장뿐이다. 그는 아브라함과 달랐다. 아브라함은 대를 잇기 위해 인간적인 수단을 동원했지만, 그는 하나님께 간절히 구하는 사람이었다. 무엇보다 흉년이 들었을 때 이집트로 내려갔던 아브라함과는 달리, "가나안에 거류하라"는 하나님 말씀에 순종했다. 이삭은 하나님의 시험을 단번에 통과하여 더는 언급할 필요가 없었다. 흉년에 대한 본문도 "아브라함 때에 첫 흉년이 들었더니"(창 26:1)라고 시작해서 아브라함과 이삭을 대조해 보여준다.

> 그 곳 사람들이 그의 아내에 대하여 물으매 그가 말하기를 그는 내 누이라 하였으니 리브가는 보기에 아리따우므로 그 곳 백성이 리브가로 말미암아 자기를 죽일까 하여 그는 내 아내라 하기를 두려워함이었더라 이삭이 거기 오래 거주하였더니 이삭이 그 아내 리브가를 껴안은 것을 블레셋 왕 아비멜렉이 창으로 내다본지라 이에 아비멜렉이 이삭을 불러 이르되 그가 분명히 네 아내거늘 어찌 네 누이라 하였느냐 이삭이 그에게 대답하되 내 생각에 그로 말미암아 내가 죽게 될까 두려워하였음이로라 아비멜렉이 이르되 네가 어찌 우리에게 이렇게 행하였느냐 백성 중 하나가 네 아내와 동침할 뻔하였도다 네가 죄를 우리에게 입혔으리라 아비멜렉이 이에 모든 백성에게 명하여 이르되 이 사람이나 그의 아내를 범하는 자는 죽이리라 하였더라 이삭이 그 땅에서 농사하여 그 해에 백 배나 얻었고 여호와께서 복을 주시므로 그 사람이 창대하고 왕성하여 마침내 거부가 되어(창 26:7-13).

이삭도 아브라함처럼 아내를 누이라고 속였다(창 26:7). 그가 아버지의 좋은 믿음의 영향을 받은 것은 사실이지만, 날 때부터 의인으로 태어나는 것은 아니었다. 하나님의 훈련은 개인적으로 받아 온전해지는 것이다. 이삭이 아내를 껴안은 것을 블레셋 왕 아비멜렉에게 들켰다. 껴안는다는 히브리어 '짜헤크'는 성적인 행동을 암시하는 표현이다. 이삭이 감히 블레셋 왕을 속였으니 남은 것은 죽음뿐이다. 그러나 아비멜렉은 모든 백성에게 이삭과 그의 아내를 범하지 말라고 명령했다. 죽일 줄 알았는데 도리어 보호해 주었다. 가나안 땅에 거하라는 하나님 말씀에 순종할 때 하나님의 맹세가 효력을 발휘한 것이다.

하나님은 농사짓는 이삭에게 '백 배'의 소출을 주셨다. 하나님 말씀에 순종했을 때 그의 아내도 지켜주셨고 거부가 되게 하셨다. 조상 대대로 내려오는 가업은 농사가 아니었다. 양을 치는 목축이었다. 그런데도 이삭이 흉년 중에 100배의 소출을 거둘 수 있었던 것은 복을 주시는 '엘샤다이' 하나님께서 이삭과 함께하셨기 때문이다.

> 양과 소가 떼를 이루고 종이 심히 많으므로 블레셋 사람이 그를 시기하여 그 아버지 아브라함 때에 그 아버지의 종들이 판 모든 우물을 막고 흙으로 메웠더라 아비멜렉이 이삭에게 이르되 네가 우리보다 크게 강성한즉 우리를 떠나라(창 26:14-16).

블레셋 사람들은 이삭의 형통을 시기했다. 그들은 아브라함의 종들이 팠던 모든 우물을 막고 흙으로 메웠으며, 이삭의 샘 근원도 빼앗았다. 우물은 더운 가나안에서 매우 중요한 재산이었고, 파기도 쉽지 않았다. 그러나 이삭은 하나님께서 함께하셔서 파는 족족 물이 솟아올랐다. 이 광경을 지켜본 그랄 목자들이 뭐라고 말했을까? "그 귀한 우물이 파기만 하면 나오다니, 이삭은 복덩이야." 하나님은 아브라함을 복이 되게 하셨던 것처럼, 이삭도 복이 되게 하셨다.

우리도 아브라함처럼 믿으면 구원받고 복도 받는다. 아브라함은 고향과 친척과 아버지의 집을 떠나라는 하나님의 명령에 순종했던 순종의 사람이다. 큰 민족과 가나안 땅과 복이 될 것이라는 하나님의 약속을 믿었던 믿음의 사람이다. 그 결과 아브라함도 이삭도 다른 사람들에게 '복'으로 인정받았다.

우리는 아브라함을 '믿음의 조상'이라고 한다. 하나님의 백성에게 믿음으로 사는 모범을 보여 주었기 때문이다. 그러나 보다 궁극적인 이유는, 그가 어떻게 하나님의 이끄심을 받았고, 그의 믿음이 오직 하나님의 은혜로 만들어져 갔음을 누구보다도 잘 설명해 내는 인물이기 때문이다. 우리도 하나님의 은혜를 온전히 의지하고 아브라함과 이삭처럼 그분의 말씀에 순종하고, 약속을 믿으면 하나님의 '복'이 될 수 있다.

제4강

큰 민족의 언약과 번성의 역사

창세기 27~50장

야곱은 형 에서의 발꿈치를 움켜쥐고 태어난 악착스러운 사람이다. 그는 형 에서에 이어 아버지 이삭과 외삼촌 라반과 심지어 하나님까지도 움켜쥐었다. 하나님과의 씨름에서 '이스라엘'이라는 이름을 얻을 정도였다. 이동 지역도 꽤 넓었고 가족의 규모도 제법 컸다. 열두 아들이 열두 지파, '큰 민족'으로 번성하여 그의 이름은 선택된 민족의 이름이 되었다. 그러나 야곱의 고백대로 그의 삶은 오직 복을 받기 위해 투쟁했던 험악한 세월이었다.

장자의 명분을 움켜쥔 야곱(창 25:21-34)

이삭이 그의 아내가 임신하지 못하므로 그를 위하여 여호와께 간구

> 하매 여호와께서 그의 간구를 들으셨으므로 그의 아내 리브가가 임신하였더니 그 아들들이 그의 태 속에서 서로 싸우는지라 그가 이르되 이럴 경우에는 내가 어찌할꼬 하고 가서 여호와께 묻자온대 여호와께서 그에게 이르시되 두 국민이 네 태중에 있구나 두 민족이 네 복중에서부터 나누이리라 이 족속이 저 족속보다 강하겠고 큰 자가 어린 자를 섬기리라 하셨더라 그 해산 기한이 찬즉 태에 쌍둥이가 있었는데 먼저 나온 자는 붉고 전신이 털옷 같아서 이름을 에서라 하였고 후에 나온 아우는 손으로 에서의 발꿈치를 잡았으므로 그 이름을 야곱이라 하였으며 리브가가 그들을 낳을 때에 이삭이 육십 세였더라 (창 25:21-26).

이삭도 아브라함처럼 늦게 아들을 낳았다. 야곱도 그랬다. 야곱은 두 아내와 두 첩에게서 아들을 열두 명이나 낳았지만, 정작 원한 아들은 열한 번째에 태어났다. 아브라함의 아내 사라도, 이삭의 아내 리브가도, 야곱의 아내 라헬도 하나 같이 임신이 쉽지 않았다. 큰 민족이라는 하나님의 언약은 사람의 노력으로 이루어지는 것이 아니라, 오직 약속의 씨를 주시는 '하나님의 섭리'로 이루어지기 때문이다.

리브가는 쌍둥이를 잉태했다. 형 에서는 털이 많고 사냥을 좋아하는 들 사람이었다. 그는 태어날 때부터 불그스름한 피부였고, 붉은 죽 한 그릇에 장자의 명분을 팔기도 했다. 그래서 그의 후예를 '붉다'는 의미의 에돔이라고 불렀다.

야곱은 '움켜쥔다'는 뜻이다. 이 이름은 발꿈치라는 히브리어 '에케브'에서 파생된 동사 '야카브'에서 비롯되었다. 동사 '야카브'는 '배신하다, 방해하다'라는 뜻이 있다. 야곱은 이름대로 남의 발목을 잡는 사람이었다. 어머니의 태속에서부터 형과 싸우더니 태어날 때도 에서의 발꿈치를 움켜쥐었다. 힘도 생각도 없을 것 같은 태아가 어떻게 형의 발꿈치를 움켜쥐고 태어났을까? 날 때부터 강한 자아와 악착스러운 본성을 가지고 태어난 것이다. 야곱은 들 사람이었던 에서와는 달리, 장막에서 조용히 생각하며 살았다. 할아버지 아브라함처럼 하나님께 맡길 줄도, 아버지 이삭처럼 양보할 줄도 몰랐다.

> 야곱이 죽을 쑤었더니 에서가 들에서 돌아와서 심히 피곤하여 야곱에게 이르되 내가 피곤하니 그 붉은 것을 내가 먹게 하라 한지라 그러므로 에서의 별명은 에돔이더라 야곱이 이르되 형의 장자의 명분을 오늘 내게 팔라 에서가 이르되 내가 죽게 되었으니 이 장자의 명분이 내게 무엇이 유익하리요 야곱이 이르되 오늘 내게 맹세하라 에서가 맹세하고 장자의 명분을 야곱에게 판지라 야곱이 떡과 팥죽을 에서에게 주매 에서가 먹으며 마시고 일어나 갔으니 에서가 장자의 명분을 가볍게 여김이었더라(창 25:29-34).

아버지에게 유산 한 몫을 물려받는 다른 아들들과는 다르게 장자는 두 몫을 물려받는다. 또한 장자의 축복을 받을 권리가 있었다. 야곱은 형 에서의 장자권이 욕심났다. 야곱은 그 명분을 취하기 위해 계획적이고 야비하게 팥죽 한 그릇으로 장자의 명분을 샀다. 하지만 에서에게도 문제는 있었다. "내가 죽게 되었으니 이 장자의 명분이 내게 무엇이 유익하리요." 눈앞에 닥친 현실밖에 보지 못했다. 그는 하나님의 언약을 믿지 않았고 장자의 명분을 가볍게 여기는 망령된 자였다(히 12:16). 아들의 신붓감을 찾기 위해 종을 고향으로 보냈던 아브라함과는 다르게 이방 여인들을 아내로 삼았다. 에서와 야곱은 이란성 쌍둥이였지만, 인생의 결과는 완전히 달랐다. 신자와 불신자도 세상적으로는 다른 바 없어 보이지만 그 결말은 완전히 다르다.

장자의 축복을 움켜쥔 야곱(창 27:1-46)

> 리브가가 집 안 자기에게 있는 그의 맏아들 에서의 좋은 의복을 가져다가 그의 작은 아들 야곱에게 입히고 또 염소 새끼의 가죽을 그의 손과 목의 매끈매끈한 곳에 입히고 자기가 만든 별미와 떡을 자기 아들 야곱의 손에 주니 야곱이 아버지에게 나아가서 내 아버지여 하고 부르니 이르되 내가 여기 있노라 내 아들아 네가 누구냐 야곱이 아버지에게 대답하되 나는 아버지의 맏아들 에서로소이다 아버지께서 내게 명하신 대로 내가 하였사오니 원하건대 일어나 앉아서 내가 사냥한 고기를 잡수시고 아버지 마음껏 내게 축복하소서(창 27:15-19).

야곱은 눈이 어두운 아버지를 속이고 축복을 받았다. 형의 장자 명분을 취하고 아버지에게서 장자의 축복도 움켜쥐었다. 그를 의심한 아버지 이삭은 물었다. "내 아들아 네가 어떻게 이같이 속히 잡았느냐?" 그가 답했다. "아버지의 하나님 여호와께서 나로 순조롭게 만나게 하셨음이니이다"(창 27:20). 완벽했다. 조금의 의심도 할 수 없다. 그것도 하나님의 이름 여호와를 앞세워 그분의 이름을 망령되이 일컬었다. 에서는 장자의 명분을 가볍게 여기는 망령된 자였고, 야곱은 자신을 위해 하나님의 이름을 망령되게 일컫는 자였다.

야곱의 삶은 축복대로 이루어졌다. 하나님의 복을 받기 위해서 눈이 어두운 아버지를 속여도 상관없는가? 하나님의 이름을 망령되이 일컬어도 괜찮은가? 이 일들은 그의 인간적인 수단과 아버지의 축복

때문이 아니었다. "큰 자가 어린 자를 섬기리라"(창 25:23)는 하나님의 언약 때문이었다.

벧엘에서 야곱을 찾아오신 하나님(창 28:1-22)

> 야곱이 브엘세바에서 떠나 하란으로 향하여 가더니 한 곳에 이르러는 해가 진지라 거기서 유숙하려고 그 곳의 한 돌을 가져다가 베개로 삼고 거기 누워 자더니 꿈에 본즉 사닥다리가 땅 위에 서 있는데 그 꼭대기가 하늘에 닿았고 또 본즉 하나님의 사자들이 그 위에서 오르락내리락 하고 또 본즉 여호와께서 그 위에 서서 이르시되 나는 여호와니 너의 조부 아브라함의 하나님이요 이삭의 하나님이라 네가 누워 있는 땅을 내가 너와 네 자손에게 주리니 네 자손이 땅의 티끌 같이 되어 네가 서쪽과 동쪽과 북쪽과 남쪽으로 퍼져나갈지며 땅의 모든 족속이 너와 네 자손으로 말미암아 복을 받으리라 내가 너와 함께 있어 네가 어디로 가든지 너를 지키며 너를 이끌어 이 땅으로 돌아오게 할지라 내가 네게 허락한 것을 다 이루기까지 너를 떠나지 아니하리라 하신지라(창 28:10-15).

야곱은 에서의 보복이 두려워 600킬로미터나 떨어진 어머니의 고향으로 도망갔다. 밧단아람 하란에는 외삼촌 라반의 집이 있었다. 그는 도망가다가 벧엘 광야에서 잠이 들어 꿈을 꾸었다. 하나님은 도망가는 야곱에게 가나안 땅과 큰 민족과 복이 될 것을 약속해 주셨다.

하나님께서 아브라함에게 주셨던 언약은 이삭에 이어 야곱에게 계승되었다. 장자의 축복은 아버지 이삭이 앞을 잘 볼 수 없었기 때문에 속여서라도 받을 수 있었다. 그러나 하나님의 언약은 하나님을 속여서 받아낼 수 있는 것이 아니었다 "큰 자가 어린 자를 섬기리라"(창 25:23)는 변할 수 없는 하나님의 언약이 함께했기 때문에 야곱이 복을 받은 것이다.

> 야곱이 잠이 깨어 이르되 여호와께서 과연 여기 계시거늘 내가 알지 못하였도다 … 야곱이 서원하여 이르되 하나님이 나와 함께 계셔서 내가 가는 이 길에서 나를 지키시고 먹을 떡과 입을 옷을 주시어 내가 평안히 아버지 집으로 돌아가게 하시오면 여호와께서 나의 하나님이 되실 것이요 내가 기둥으로 세운 이 돌이 하나님의 집이 될 것이요 하나님께서 내게 주신 모든 것에서 십분의 일을 내가 반드시 하나님께 드리겠나이다 하였더라(창 28:16-22).

하나님은 야곱에게 아브라함의 언약과 임마누엘과 고향으로 돌아올 것을 약속하셨다. 어떤 전제 조건도 없는 일방적인 하나님의 약속이었다. 그러나 야곱은 은혜의 언약을 제대로 이해하지도, 믿지도 못했다. 정말 그렇게 된다면 하나님을 하나님으로 섬기고, 하나님의 집을 세우고, 십일조를 드리겠다고 서원했다. 하나님께서 요구하신 것은 서원이 아니었다. 오직 하나님의 은혜를 믿는 믿음이었다. 그러나 야곱은 약속을 움켜쥐기 위해 마치 형 에서에게 장자의 명분을 샀던 것처럼 하나님과 흥정을 시도했다. 야곱은 하나님의 복은 알아도 복을 주시는 하나님의 뜻은 알지 못하는 육적인 성도였다.

야곱을 움켜쥐려는 라반(창 29:1-30)

> 라반이 그의 생질 야곱의 소식을 듣고 달려와서 그를 영접하여 안고 입맞추며 자기 집으로 인도하여 들이니 야곱이 자기의 모든 일을 라반에게 말하매 라반이 이르되 너는 참으로 내 혈육이로다 하였더라 야곱이 한 달을 그와 함께 거주하더니 라반이 야곱에게 이르되 네가 비록 내 생질이나 어찌 그저 내 일을 하겠느냐 네 품삯을 어떻게 할지 내게 말하라 라반에게 두 딸이 있으니 언니의 이름은 레아요 아우의 이름은 라헬이라 레아는 시력이 약하고 라헬은 곱고 아리따우니 야곱이 라헬을 더 사랑하므로 대답하되 내가 외삼촌의 작은 딸 라헬을 위하여 외삼촌에게 칠 년을 섬기리이다 라반이 이르되 그를 네게 주는 것이 타인에게 주는 것보다 나으니 나와 함께 있으라 야곱이 라헬을 위하여 칠 년 동안 라반을 섬겼으나 그를 사랑하는 까닭에 칠 년을 며칠 같이 여겼더라(창 29:13-20).

야곱은 라헬을 얻기 위해 7년 동안 라반을 섬겼다. 신부의 몸값을 자신의 품삯으로 대신한 것이다. 야곱은 라헬을 사랑했기 때문에 7년을 며칠처럼 여겼다. 7년이라는 긴 시간을 며칠처럼 여길 정도로 그는 한 번 목표를 세우면 움켜쥐고 절대 놓치지 않는 집요한 성품의 소유자였다.

> 야곱이 라반에게 이르되 내 기한이 찼으니 내 아내를 내게 주소서 내가 그에게 들어가겠나이다 라반이 그 곳 사람을 다 모아 잔치하고 저녁에 그의 딸 레아를 야곱에게로 데려가매 야곱이 그에게로 들어가니라 라반이 또 그의 여종 실바를 그의 딸 레아에게 시녀로 주었더라

> 야곱이 아침에 보니 레아라 라반에게 이르되 외삼촌이 어찌하여 내게 이같이 행하셨나이까 내가 라헬을 위하여 외삼촌을 섬기지 아니하였나이까 외삼촌이 나를 속이심은 어찌됨이니이까(창 29:21-25).

외삼촌 라반은 야곱을 속여 품삯을 주지 않고 다시 7년 동안 그를 움켜쥐었다. 야곱은 7년을 더 일해야 했고 14년 동안 일했다. 그리고 6년을 더 보냈다. 하나님은 야곱에게 외삼촌 라반을 통해 다른 이들을 속였던 사실과 직면하게 하셨다.

야곱이 아침에 눈을 떴을 때 옆에 누워 있는 여자는 라헬이 아니라 레아였다. 언니와 동생이 바뀌었다. 첫째와 둘째가 바뀐 것이다. 바로 야곱이 형 에서와 자신의 운명을 의지로 바꾸려고 한 것처럼 외삼촌 라반은 엄청난 강적이었다. 야곱은 눈이 어두운 아버지를 속였을 뿐인데, 라반은 두 눈을 시퍼렇게 뜨고 있는 야곱을 속였다. 하나님은 야곱에게 아버지와 형을 속인 대가를 20년 동안 톡톡히 치르게 하셨다.

번성하는 언약의 백성(창 29:31~30:24)

> 여호와께서 레아가 사랑 받지 못함을 보시고 그의 태를 여셨으나 라헬은 자녀가 없었더라 레아가 임신하여 아들을 낳고 그 이름을 르우벤이라 하여 이르되 여호와께서 나의 괴로움을 돌보셨으니 이제는 내 남편이 나를 사랑하리로다 하였더라 그가 다시 임신하여 아들을 낳고 이르되 여호와께서 내가 사랑 받지 못함을 들으셨으므로 내게 이 아들도 주셨도다 하고 그의 이름을 시므온이라 하였으며 … 하나님이 라헬을 생각하신지라 하나님이 그의 소원을 들으시고 그의 태

> 를 여셨으므로 그가 임신하여 아들을 낳고 이르되 하나님이 내 부끄러움을 씻으셨다 하고 그 이름을 요셉이라 하니 여호와는 다시 다른 아들을 내게 더하시기를 원하노라 하였더라(창 29:31~30:24).

레아와 라헬은 남편 야곱을 독차지하기 위해 '아들 낳기' 경쟁을 했다. 그들의 절박한 심정은 열두 아들의 이름에 고스란히 드러나 있다. 레아의 아들 르우벤은 '보라 아들이다'라는 뜻으로 사랑받지 못한 레아의 간절한 심정을 느낄 수 있다. 시므온은 '간구'라는 뜻으로 레아는 야곱의 사랑을 간절히 구했다. 레위는 '연합'이라는 뜻으로 야곱과 하나 됨을 간절히 원했다. 그리고 유다는 '찬송'이라는 뜻으로 아들을 넷이나 낳아 야곱의 관심을 끌게 되어 찬양의 기쁨이 넘쳤다.

레아와 라헬의 아들 낳기 경쟁에 시녀들도 동원되었다. 둘은 시녀를 통해 야곱의 아들을 낳으려고 했다. 그뿐만 아니라 아들들까지도 이 경쟁에 뛰어들었다. 르우벤은 첫째 부인인 어머니 레아가 아버지에게 사랑받지 못하는 안타까운 모습에 가만히 있을 수 없었다. 그래

강독 가이드

가지과에 속하는 합환채는 지중해 지역과 이스라엘 해안 지역에서 많이 자라는 다년생 식물이다. 합환채는 통증을 완화하고, 뱀이나 전갈에 물린 상처를 경감시키고 지혈 효과가 있다. 그리고 마취 효과도 있어서 불임 부부들은 합환채를 최음제처럼 썼다고 한다. 그 뿌리의 생김새가 마치 인삼처럼 사람의 하체 모양과 비슷해서 남자의 양기를 살리고 임신에 좋다고 여겼다.

서 온 들을 뒤져서 구한 합환채를 어머니 레아에게 주었다.

라헬의 시녀 빌하의 두 아들 중 단은 '심판'이라는 뜻으로 라헬이 레아의 독주를 심판했다는 것이다. 납달리는 '승리'라는 뜻으로 레아와 경쟁하여 승리했다는 것이다. 또한 레아의 시녀 실바의 두 아들 중 갓은 '복'이라는 뜻으로 라헬에게서 다시 행복을 되찾았다는 것이다. 아셀은 '기쁨'이라는 뜻으로 아들을 얻어 기쁨이 넘친다는 것이다. 그리고 레아의 아들 잇사갈은 '사다'라는 뜻으로 야곱과의 합방을 위해 라헬에게 합환채를 주고 야곱을 샀다는 의미다. 스불론는 '선물'이라는 의미로 합환채가 레아에게 아들을 선물로 주었다는 것이다. 라헬이 낳은 아들 요셉은 '여호와여, 하나 더'라는 의미로 아들 하나만으로는 만족할 수 없다는 것이다.

이렇듯 남편 야곱을 차지하기 위한 레아와 라헬의 경쟁은 치열했다. 시녀들까지 첩으로 동원되었으니 야곱은 두 아내와 두 첩의 등쌀에 하루도 편안할 날이 없었을 것이다. 하지만 이것은 엘샤다이 하나님의 놀라운 섭리였다. 하나님은 '큰 민족'의 언약을 성취해 가고 있었다. 큰 민족을 구성할 열두 지파의 열두 기초를 놓고 계셨다. 하나님은 야곱이 사랑하는 라헬의 태를 조절하셔서 다른 아내들과 함께 단시간에 열두 아들과 한 딸을 얻게 하셨다. 하나님을 섬기는 백성의 삶 속에는 하나님의 섭리가 이루어져 가고 있다.

아내들의 경쟁은 후에 열두 지파의 경쟁을 암시한다. 레아가 야곱에게 사랑받지 못했지만 셋째 아들 레위는 제사장 지파가 되고, 넷째 아들 유다는 왕족 지파가 된다. 결국 아브라함이 산 막벨라 굴에 장사된 아내는 라헬이 아니라 레아였다. 하나님은 첫째 부인인 레아의 지위를 잊지 않으셨다.

늘어나는 야곱의 소유(창 30:25–43)

> 내가 오기 전에는 외삼촌의 소유가 적더니 번성하여 떼를 이루었으니 내 발이 이르는 곳마다 여호와께서 외삼촌에게 복을 주셨나이다 그러나 나는 언제나 내 집을 세우리이까 라반이 이르되 내가 무엇으로 네게 주랴 야곱이 이르되 외삼촌께서 내게 아무것도 주시지 않아도 나를 위하여 이 일을 행하시면 내가 다시 외삼촌의 양 떼를 먹이고 지키리이다 오늘 내가 외삼촌의 양 떼에 두루 다니며 그 양 중에 아롱진 것과 점 있는 것과 검은 것을 가려내며 또 염소 중에 점 있는 것과 아롱진 것을 가려내리니 이같은 것이 내 품삯이 되리이다 … 이에 그 사람이 매우 번창하여 양 떼와 노비와 낙타와 나귀가 많았더라(창 30:30–43).

야곱은 그토록 원했던 아들 요셉을 라헬에게 얻고 고향으로 돌아가려고 했다. 그러자 라반이 14년 동안 무보수로 일했던 그를 붙들었다. 이번에는 품삯을 주겠다고 제안했다. 야곱은 양 중에서는 아롱진 것(얼룩무늬)과 점 있는 것과 검은 것을, 염소 중에서는 점 있는 것과 아롱진 것을 자신의 품삯이 되게 해달라고 요구했다. 새끼들도 마찬가지였다. 아롱진 것, 점 있는 것, 검은 양은 돌연변이로 드물게 태어났다.

라반이 이 황당한 기회를 놓칠 리 없었다. 즉시 그 요구를 수락하고 철저히 대비했다. 아롱진 것, 점 있는 것, 검은 양을 가려내어 아들들에게 주어서 그런 것들이 태어날 확률을 낮추었다. 또한 목장을 사흘 길 거리를 두어서 가능성 자체를 차단했다. 그는 지난 14년 동안 무보수로 일한 조카, 아니 사위에게 지독해도 너무 지독했다.

야곱은 버드나무와 살구나무와 신풍나무의 푸른 가지를 취하여 껍

질을 벗기고, 흰 무늬를 내어 개천가에 세웠다. 이 가지들을 보면서 물을 먹은 양들은 아롱진 것, 점 있는 것, 검은 양을 낳는 신기한 일이 벌어졌다. 튼튼한 양과 염소에게 가지를 보게 하여 튼튼한 얼룩 새끼를 낳게 하고, 약한 양과 염소에게는 가지를 보지 못하게 해서 약한 흰 새끼를 낳게 했다. 그래서 튼튼한 얼룩 새끼를 모두 취할 수 있었고, 라반에게는 약한 흰 새끼만 돌아갔다. 라반도 지독했지만, 야곱 또한 만만치 않은 조카였고 사위였다.

라반의 손아귀를 피해 귀향하는 야곱(창 31:1-55)

> 야곱이 라반의 아들들이 하는 말을 들은즉 야곱이 우리 아버지의 소유를 다 빼앗고 우리 아버지의 소유로 말미암아 이 모든 재물을 모았다 하는지라 야곱이 라반의 안색을 본즉 자기에게 대하여 전과 같지 아니하더라 여호와께서 야곱에게 이르시되 네 조상의 땅 네 족속에게로 돌아가라 내가 너와 함께 있으리라 하신지라 야곱이 사람을 보내어 라헬과 레아를 자기 양 떼가 있는 들로 불러다가 그들에게 이르되 내가 그대들의 아버지의 안색을 본즉 내게 대하여 전과 같지 아니하도다 그러할지라도 내 아버지의 하나님은 나와 함께 계셨느니라 그대들도 알거니와 내가 힘을 다하여 그대들의 아버지를 섬겼거늘 그대들의 아버지가 나를 속여 품삯을 열 번이나 변경하였느니라 그러나 하나님이 그를 막으사 나를 해치지 못하게 하셨으며 … (창 31:1-16).

야곱은 거부가 되었다. 라반과 그의 아들들의 안색이 심상치 않았다. 야곱이 생명의 위협을 느꼈을 때 마침 하나님의 귀향 명령이 떨어졌다. 지난날 라반은 야곱을 속여서 품삯을 열 번이나 변경했다. 처음에는 야곱의 엉뚱한 요구를 덥석 물었지만, 시간이 지날수록 튼튼한 양과 염소들이 아롱진 것, 점 있는 것, 검은 것만 낳는 것이 아닌가? 그래서 라반은 품삯을 변경했다. "이제부터는 점 있는 것만 자네 품삯이 될 거야"(창 31:8). 그러자 튼튼한 양과 염소들이 약속이나 한 듯이 모두 점 있는 것만 낳았다. "아니야, 아니야, 내가 말실수를 했어. 이제부터는 아롱진 것만 자네의 품삯이야." 그러면 모두 아롱진 것만 낳았다. 라반은 이런 식으로 품삯을 열 번이나 변경했지만, 야곱에게는 소용이 없었다. 그렇다면 이런 일이 어떻게 일어났던 것일까? 하나님의 섭리였다. 하나님께서 꿈으로 야곱에게 가르쳐 주신 것이다(창 31:9–12). 나뭇가지에 어떤 능력이 있었던 것이 아니라, 야곱이 하나님 말씀에 순종했을 때 하나님의 능력이 임한 것이다. 결국 야곱은 라반의 집에 간 지 20년 만에 야반도주해야 했다.

> 야곱이 일어나 자식들과 아내들을 낙타들에게 태우고 그 모은 바 모든 가축과 모든 소유물 곧 그가 밧단아람에서 모은 가축을 이끌고 가나안 땅에 있는 그의 아버지 이삭에게로 가려 할새 그 때에 라반이 양털을 깎으러 갔으므로 라헬은 그의 아버지의 드라빔을 도둑질하고 야곱은 그 거취를 아람 사람 라반에게 말하지 아니하고 가만히 떠났더라 … 이제 오라 나와 네가 언약을 맺고 그것으로 너와 나 사이에 증거를 삼을 것이니라 이에 야곱이 돌을 가져다가 기둥으로 세우고 또 그 형제들에게 돌을 모으라 하니 그들이 돌을 가져다가 무더기를 이루매 무리가 거기 무더기 곁에서 먹고 라반은 그것을 여갈사하두다라 불렀고 야곱은 그것을 갈르엣이라 불렀으니 … (창 31:17–55).

드라빔은 가정 내에 모셔놓는 가신상, 수호신이다. 가정의 가보였고 드라빔을 소유한 자가 장자의 명분을 가졌다. 라헬이 아버지 라반의 집에서 드라빔을 훔쳐 나온 것은 오빠들과 언니 레아를 제치고 야곱처럼 장자의 명분을 차지하기 위해서였다.

라반은 야곱이 야반도주한 지 3일 후에 소식을 듣고 7일 길을 추격했다. 하나님은 라반의 꿈에 나타나셔서 그에게 엄중히 경고하셨다. "너는 야곱에게 손대지 말라. 그가 선하든지 악하든지 어떤 말도 하지 말라. 그는 나의 종이니라"(창 31:24).

라반은 야곱을 죽이고 그의 모든 소유를 차지할 심산이었지만, 하나님의 엄중한 경고 때문에 야곱에게 손도 댈 수 없었다. 결국 삼촌과 조카가, 장인과 사위가 돌무더기를 쌓고 상호불가침조약을 맺었다. 그 돌무더기를 가리켜 라반은 아람어로 '여갈사하두다'라고 불렀고, 야곱은 히브리어로 '갈르엣'이라고 불렀다. '증거의 무더기'라는 의미다.

하나님은 라반으로부터 야곱을 지키셨다. 벧엘에서 아브라함의 언약과 임마누엘과 귀향을 그에게 약속하셨기 때문이다. 독신이었던 그에게 누가 후사를 얻게 했는가? 네 명의 아내가 아니라, 하나님의 섭리가 단시간에 12남 1녀를 얻게 하셨다. 무일푼이었던 그에게 누가 그 많은 소유를 주었는가? 야곱의 지혜가 아니라, 하나님의 은혜가 지독한 라반에게서 거부가 되게 했다. 그의 위태로운 생명을 누가 보호했는가? 야곱의 집요함이 아니라, 하나님의 엄중한 경고가 라반을 꺾은 것이다. 그렇다면 하나님은 왜 야곱에게 자녀와 소유와 생명을 주셨을까? 바로 하나님의 언약 때문이다.

나다나엘이 대답하되 랍비여 당신은 하나님의 아들이시요 당신은 이스라엘의 임금이로소이다 예수께서 대답하여 이르시되 내가 너를 무화과나무 아래에서 보았다 하므로 믿느냐 이보다 더 큰 일을 보리라 또 이르시되 진실로 진실로 너희에게 이르노니 하늘이 열리고 하나님의 사자들이 인자 위에 오르락 내리락 하는 것을 보리라 하시니라 (요 1:49-51).

예수님은 나다나엘에게 야곱이 본 환상을 언급하셨다. 환상 중의 사닥다리는 하나님의 천사들이 오르락내리락하며, 사람이 사는 땅과 하나님이 계시는 높은 하늘을 이어주는 역할을 한다. 예수님은 나다나엘에게 천사들이 인자 위에 오르락내리락 하는 것을 볼 것이라고 말씀하셨다. 낮은 땅과 높은 하늘을 이어주는 사닥다리가 바로 예수님 자신이라는 것이다. 예수님으로 말미암지 않고는 아버지께로 갈 자가 없기 때문이다. 주님은 야곱과 언약으로 함께하셨다.

하나님을 움켜쥔 야곱(창 32:1-32)

야곱이 길을 가는데 하나님의 사자들이 그를 만난지라 야곱이 그들을 볼 때에 이르기를 이는 하나님의 군대라 하고 그 땅 이름을 마하나임이라 하였더라 … 야곱은 홀로 남았더니 어떤 사람이 날이 새도록 야곱과 씨름하다가 자기가 야곱을 이기지 못함을 보고 그가 야곱의 허벅지 관절을 치매 야곱의 허벅지 관절이 그 사람과 씨름할 때에 어긋났더라(창 32:1-25).

야곱은 에서가 두려워 얍복강을 건너지 못했다. 그때 하나님의 사자가 와서 야곱에게 씨름을 걸었다. 이 씨름은 야곱 인생의 주도권을 누가 갖느냐의 문제였다. 하나님의 언약을 믿고 맡기는 삶을 사느냐, 아니면 하나님의 복을 인간적인 수단과 노력으로 움켜쥐는 삶을 사느냐의 문제였다. 야곱은 주도권 싸움에서 절대 밀리지 않았다. 그는 어머니 뱃속에서부터 형과의 씨름으로 단련된 사람이었다. 해가 돋을 때까지 하나님과 밤새 씨름을 했다. 그는 하나님마저도 자신의 노력으로 움켜쥐었다.

하나님의 사자는 야곱의 허벅지 관절이 어긋날 정도로 그를 강하게 내리쳤다. 그런데도 그는 움켜쥔 손을 펴지 않고 축복만 구했다(창 32:26). 이것이 야곱이 타고난 본성이다. 하나님은 그에게 무사히 귀향할 거라는 벧엘의 언약을 주셨고, 밧단아람에서도 라반에게서 그를 지키셨으며 하나님의 군대 마하나임도 확인시켜 주셨다.

> 그가 이르되 날이 새려하니 나로 가게 하라 야곱이 이르되 당신이 내게 축복하지 아니하면 가게 하지 아니하겠나이다 그 사람이 그에게 이르되 네 이름이 무엇이냐 그가 이르되 야곱이니이다 그가 이르되 네 이름을 다시는 야곱이라 부를 것이 아니요 이스라엘이라 부를 것이니 이는 네가 하나님과 및 사람들과 겨루어 이겼음이니라 야곱이 청하여 이르되 당신의 이름을 알려주소서 그 사람이 이르되 어찌하여 내 이름을 묻느냐 하고 거기서 야곱에게 축복한지라 창 32:26-29).

야곱은 하나님의 언약을 믿고, 하나님의 뜻에 자신을 맡기는 사람이 아니었다. 자기의 믿음과 열심대로 하나님을 움직이려는 사람이었다. 그래서 하나님은 그의 이름을 '이스라엘'로 개명해 주셨다. 야곱은 형 에서도 이기고 아버지 이삭도 이겼다. 외삼촌 라반도 이겼다. 마침내 하나님까지도 이겼다. 사람에게 지는 하나님이 이해되는가. 하나님을 이기는 그가 하나님이다. 원죄는 하나님이 되려는 것이다. 하나님의 사자가 경악하며 소리쳤다. "네가 하나님 해라!" 야곱은 하나님을 굴복시키려 했다.

하나님의 사자는 야곱을 축복해 주었다. 그것은 야곱이 씨름에서 쟁취한 대가, 간구의 응답이 아니었다. 하나님은 간구하는 자를 때리시지 않는다. 절대로 변하지 않는 그의 본성을 고쳐 주시기 위한 하나님의 은혜였다. 씨름은 야곱이 먼저 시작한 것이 아니었다. 하나님께서 야곱에게 먼저 다가오셨다. 하나님은 씨름을 통해 야곱의 악착같은 본성을 드러나게 하셨다.

야곱은 왜 형 에서에게서 비굴하게 장자의 명분을 취했는가? 왜 아버지 이삭을 속여 장자의 축복을 받았는가? 왜 외삼촌 집으로 도망갔고, 왜 도망 나왔는가? 가족들은 강을 건너게 하고 정작 자신은 왜 건너지 않았는가? 하나님의 언약을 온전히 믿지 못하고 섭리에 맡기지 않았기 때문이다. 신앙의 주도권을 자신이 갖고, 복을 받기 위해 수단과 방법을 가리지 않았기 때문이다.

하나님의 복은 자아실현의 수단이 아니다. 하나님은 그의 이름을 바꾸어 주셨다. 창조 때부터 이름을 지음 받는 존재는 지어주는 존재에게 다스림을 받는다. 이제부터는 하나님께서 야곱의 본성을 변화시킬 것이다.

형 에서와 재회하는 야곱(창 33:1-20)

> 야곱이 눈을 들어 보니 에서가 사백 명의 장정을 거느리고 오고 있는지라 그의 자식들을 나누어 레아와 라헬과 두 여종에게 맡기고 여종들과 그들의 자식들은 앞에 두고 레아와 그의 자식들은 다음에 두고 라헬과 요셉은 뒤에 두고 자기는 그들 앞에서 나아가되 몸을 일곱 번 땅에 굽히며 그의 형 에서에게 가까이 가니 에서가 달려와서 그를 맞이하여 안고 목을 어긋맞추어 그와 입맞추고 서로 우니라(창 33:1-4).

야곱은 에서에게 일곱 번 땅에 몸을 굽혔다. 당시 왕이나 정복자 앞에 나아갈 때 예를 갖추는 모습으로 에서를 속인 결과다. 야곱은 에서를 '주님'이라고 불렀다. 야곱이 에서에게 바친 예물은 히브리어로 '바라크'다. 장자가 받는 축복권을 의미한다. 결국 야곱은 장자권을 에서에게 반납해야 했다.

> 에서가 이르되 우리가 떠나자 내가 너와 동행하리라 야곱이 그에게 이르되 내 주도 아시거니와 자식들은 연약하고 내게 있는 양 떼와 소가 새끼를 데리고 있은즉 하루만 지나치게 몰면 모든 떼가 죽으리니 청하건대 내 주는 종보다 앞서 가소서 나는 앞에 가는 가축과 자식들의 걸음대로 천천히 인도하여 세일로 가서 내 주께 나아가리이다 에서가 이르되 내가 내 종 몇 사람을 네게 머물게 하리라 야곱이 이르되 어찌하여 그리하리이까 나로 내 주께 은혜를 얻게 하소서 하매 이 날에 에서는 세일로 돌아가고 야곱은 숙곳에 이르러 자기를 위하여 집을 짓고 그의 가축을 위하여 우릿간을 지었으므로 그 땅 이름을 숙곳이라 부르더라 야곱이 밧단아람에서부터 평안히 가나안 땅 세겜 성

읍에 이르러 그 성읍 앞에 장막을 치고(창 33:12-18).

야곱은 에서에게 했던 말과는 달리 세겜으로 갔다. 얍복강에서 하나님을 이긴 결과는 여전히 속이고 자기 방식대로 사는 것이었다. "네 족속에게로 돌아가라"는 하나님 말씀도, 세일로 가겠다는 자신의 말도 지키지 않았다. 하나님께서 그의 이름을 이스라엘로 바꾸어 주셨음에도 불구하고, 성경에서 이스라엘보다 야곱으로 더 많이 언급하는 이유도 이 때문이다. 여기서부터 야곱의 삶은 하향곡선을 긋는다. 하나님의 사자에게 축복을 받아, 하나님께서 더욱 구체적으로 그를 변화시키기 때문이다. 하나님은 야곱에게 벧엘로 가서 과거에 했던 서원대로 단을 쌓으라고 하셨다(창 35:1-15). 20년 전 벧엘에서 하나님께서 주셨던 언약이 어떻게 이루어졌는지를 돌아보고, 모든 것은 하나님의 뜻대로 된다는 것을 기억하라고 하신 것이다.

에서의 족보와 야곱의 족보는 먼저 '어둠의 족보'를 기록하고, 이어서 '빛의 족보'를 기록하고 있다. 첫째는 '씨'다. 에서는 세 명의 가나안 여인과 혼인했다. 하지만 야곱은 라반의 딸들과 그 여종들과 족내혼을 했다. 둘째는 '땅'이다. 에서의 후손은 사해 남쪽에 위치한 세일산에 거주했다. 하지만 야곱의 후손은 가나안에 거주했다. 셋째는 '분량'이다. 에서의 후손에 대해서는 이름과 지명만 기록했지만, 야곱의 후손에 대해서는 위인전 수준으로 기록하여 야곱의 후손이 언약의 백성임을 증거하고 있다.

요셉의 꿈(창 37:1-36)

> 야곱이 가나안 땅 곧 그의 아버지가 거류하던 땅에 거주하였으니 야곱의 족보는 이러하니라 요셉이 십칠 세의 소년으로서 그의 형들과 함께 양을 칠 때에 그의 아버지의 아내들 빌하와 실바의 아들들과 더불어 함께 있었더니 그가 그들의 잘못을 아버지에게 말하더라 요셉은 노년에 얻은 아들이므로 이스라엘이 여러 아들들보다 그를 더 사랑하므로 그를 위하여 채색옷을 지었더니 그의 형들이 아버지가 형들보다 그를 더 사랑함을 보고 그를 미워하여 그에게 편안하게 말할 수 없었더라 요셉이 꿈을 꾸고 자기 형들에게 말하매 그들이 그를 더욱 미워하였더라 요셉이 그들에게 이르되 청하건대 내가 꾼 꿈을 들으시오 우리가 밭에서 곡식 단을 묶더니 내 단은 일어서고 당신들의 단은 내 단을 둘러서서 절하더이다 그의 형들이 그에게 이르되 네가 참으로 우리의 왕이 되겠느냐 참으로 우리를 다스리게 되겠느냐 하고 그의 꿈과 그의 말로 말미암아 그를 더욱 미워하더니 … (창 37:1-36).

채색옷은 소매가 있고 복사뼈까지 닿는 긴 옷이다. 당시에는 왕족이나 귀족들이 입는 귀한 옷이었다. 야곱의 집안은 대대로 양떼 치는 일을 했기 때문에 소매가 있는 긴 옷은 입을 수가 없었다. 하지만 야곱은 죽은 라헬의 소생인 요셉에게 채색옷을 입히고 일도 시키지 않았다. 사실상 그를 장자로 인정한 것이다. 이것만으로도 요셉은 형들의 미움을 사기에는 충분했다.

요셉은 형들에게 두 꿈을 이야기했다. 이것이 화근이 되어 그는 이집트에 노예로 팔려갔다. 처음에는 형들이 죽이려고 했지만, 유다의 제안으로 상인들에게 은 20을 받고 팔아버렸다. 그리고 아버지 야곱에게는 짐승에게 찢겨 죽었다고 거짓말을 했다. 아들들이 거짓말의 명수인 아버지 야곱을 속인 것이다.

유다의 방황과 깨달음(창 38:1-30)

> 그 후에 유다가 자기 형제들로부터 떠나 내려가서 아둘람 사람 히라와 가까이 하니라 유다가 거기서 가나안 사람 수아라 하는 자의 딸을 보고 그를 데리고 동침하니 그가 임신하여 아들을 낳으매 유다가 그의 이름을 엘이라 하니라 … 유다가 장자 엘을 위하여 아내를 데려오니 그의 이름은 다말이더라 유다의 장자 엘이 여호와가 보시기에 악하므로 여호와께서 그를 죽이신지라 유다가 오난에게 이르되 네 형수에게로 들어가서 남편의 아우 된 본분을 행하여 네 형을 위하여 씨가 있게 하라 오난이 그 씨가 자기 것이 되지 않을 줄 알므로 형수에게 들어갔을 때에 그의 형에게 씨를 주지 아니하려고 땅에 설정하매 … (창 38:1-23).

유다는 형제를 팔았다는 죄책감과 아버지의 상심에 낙심하여 집을 나갔다. 이방 여인 수아의 딸과 동침하여 삼 형제를 낳았다. 그런데 장자 엘과 차남 오난이 자식도 없이 비명횡사하고 말았다. 둘째 오난은 장자 엘이 대를 잇지 못하고 죽었기 때문에 형수에게로 들어가 형의 아들을 낳아야 하는 의무가 있었다. 당시에는 가문의 대를 잇는 것이 너무도 중요한 문제였고, 동생이 죽은 형의 대를 이어주는 '계대혼인' 풍습이 있었다. 그러나 오난은 다말과 동침만 할 뿐, 임신이 되는 것을 막았다. 왜냐하면 자신이 장자의 명분을 차지하고 싶었기 때문이다. 그의 이름에서 '질외사정'을 가리키는 오나니즘(onanism)이 유래되었다. 오난은 기업을 이어주어야 하는 형제 된 본분을 다하지 않았기 때문에 하나님의 심판을 피할 수가 없었다.

유다의 두 아들은 악해서 하나님의 심판으로 죽었다. 하지만 유다는 며느리 다말 탓이라고 생각했다. 유다는 셀라를 지키기 위해 다말을 친정으로 돌려보냈다. 당시 아들을 낳지 못하고 친정으로 돌려보내지는 것은, 여자로서는 엄청난 수치였고 미래를 보장받지 못 하는 일이었다. 유다는 시아버지로서의 본분을 다하지 못했고 며느리에게 무책임한 행동을 하고 말았다.

어느 날 다말은 시아버지 유다가 양털 깎는 잔치에 참여한다는 소문을 들었다. 그녀는 대를 잇기 위해 창녀로 변장했다. '두 아들에 이어 아내'까지 잃은 유다는 극한 슬픔에 잔치에서 만취하고 말았다. 다말은 이 기회를 놓치지 않고 유다와 동침하여 임신했다. 그런데 왜 며느리가 시아버지에게 씨를 받아냈을까? 첫째는 성적으로 타락한 당시 가나안의 실상을 보여 주는 한 예라고 볼 수 있다. 소돔에 살았던 롯의 두 딸도 아버지에게 술을 먹이고 씨를 받아 대를 잇지 않았던가? 둘째는 다말 자신의 권리를 주장하고 자신과 가문의 미래를 보장받기 위해서다. 비천한 여자로 취급받던 그녀는 그리스도의 족보에까지 오르게 되었다.

> 석 달쯤 후에 어떤 사람이 유다에게 일러 말하되 네 며느리 다말이 행음하였고 그 행음함으로 말미암아 임신하였느니라 유다가 이르되 그를 끌어내어 불사르라 여인이 끌려나갈 때에 사람을 보내어 시아버지에게 이르되 이 물건 임자로 말미암아 임신하였나이다 청하건대

보소서 이 도장과 그 끈과 지팡이가 누구의 것이니이까 한지라 유다가 그것들을 알아보고 이르되 그는 나보다 옳도다 내가 그를 내 아들 셀라에게 주지 아니하였음이로다 하고 다시는 그를 가까이 하지 아니하였더라 …(창 38:24-30).

유다는 며느리 다말의 임신 소식을 듣고 그녀를 불살라 죽이라고 했다. 두 아들이 다말로 인해 죽음에 이르렀다는 확신이 들었기 때문이다. 그러나 다말에게 화대로 주었던 도장과 끈과 지팡이로 인해 모든 것이 자신의 탓임을 깨달았다. 시아버지 된 본분을 다하지 못한 것이 문제였다. 근본적으로는 이방 여인과 혼인하고 이방 여인을 며느리로 맞이한 것은 하나님의 백성 된 본분은 아니었다. 다말이 질질 끌려가는 모습에서 한 장면이 머리를 스치고 지나갔다. 상인들에게 끌려가며 살려달라고 애원하는 요셉의 모습이다. 그는 시아버지로서, 하나님의 백성으로서, 그리고 형제로서 본분을 다하지 못했다. 모든 불행의 원인은 전부 자신에게 있었다. 그래서 유다는 자신의 죄를 회개하고 아버지 야곱에게로 돌아갔다.

이집트로 팔려간 요셉(창 39:1-23)

요셉이 이끌려 애굽에 내려가매 바로의 신하 친위대장 애굽 사람 보디발이 그를 그리로 데려간 이스마엘 사람의 손에서 요셉을 사니라 여호와께서 요셉과 함께 하시므로 그가 형통한 자가 되어 그의 주인 애굽 사람의 집에 있으니 그의 주인이 여호와께서 그와 함께 하심을 보며 또 여호와께서 그의 범사에 형통하게 하심을 보았더라 요셉이 그의 주인에게 은혜를 입어 섬기매 그가 요셉을 가정 총무로 삼고 자기의 소유를 다 그의 손에 위탁하니 그가 요셉에게 자기의 집과 그의 모든 소유물을 주관하게 한 때부터 여호와께서 요셉을 위하여 그 애굽 사람의 집에 복을 내리시므로 여호와의 복이 그의 집과 밭에 있는 모든 소유에 미친지라 주인이 그의 소유를 다 요셉의 손에 위탁하고 자기가 먹는 음식 외에는 간섭하지 아니하였더라 요셉은 용모가 빼어나고 아름다웠더라 그 후에 그의 주인의 아내가 요셉에게 눈짓하다가 동침하기를 청하니 … 여호와께서 요셉과 함께 하시고 그에게 인자를 더하사 간수장에게 은혜를 받게 하시매 간수장이 옥중 죄수를 다 요셉의 손에 맡기므로 그 제반 사무를 요셉이 처리하고 간수장은 그의 손에 맡긴 것을 무엇이든지 살펴보지 아니하였으니 이는 여호와께서 요셉과 함께 하심이라 여호와께서 그를 범사에 형통하게 하셨더라(창 39:1-23).

요셉은 파라오의 친위대장 보디발의 집에 노예로 팔려갔다. 그러나 여호와께서 요셉과 함께하셨다. 빼어난 용모 탓에 보디발 아내의 유혹을 받기도 했지만, 그 유혹도 떨쳐버릴 수 있었다. 하나님께서 요셉과 함께하셨을 뿐만 아니라, 요셉도 하나님과 함께했기 때문이다. 임마누엘에 대한 온전한 믿음의 반응이다. 그러나 이 사건으로 요셉은 왕의 죄수들이 갇혀 있는 감옥에 갇히게 된다.

보디발은 아내를 강간하려고 했던 요셉을 죽이지 않고 왜 옥에 넣었을까? 그는 아내의 말을 믿지 않고 요셉을 믿었기 때문이다. 평소 요셉이 '여호와의 이름'으로 맹세하는 말에는 거짓이 없다는 것을 그도 잘 알고 있었다. 요셉이 옥에 갇히기 전에 여호와의 이름으로 맹세하며 "한사코 그런 일이 없었다"는 말에 모든 잘못은 아내에게 있다는 것을 직감했을 것이다. 그래서 요셉을 죽이지 않고 왕의 죄수를 가두는 곳에 투옥하는 것으로 마무리한 것이다. 만약에 노예가 정말로 이집트 친위대장의 아내를 강간하려고 했다면 절대 그를 살려두지 않았을 것이다.

요셉은 하나님의 은혜로 가정 총무에 이어 옥에서도 제반 사무를 처리하는 총무가 되었다. 왕의 죄수들을 가두는 옥은 요셉에게는 더할 나위 없이 좋은 기회의 장소였다. 고위 관리들에게 이집트의 정치, 행정, 경제를 배울 수 있었기 때문이다. 하나님은 감옥에서도 범사에 그를 형통하게 하셨다. 요셉의 일생 중에서 여기에서만 형통이란 말이 세 번(39:2, 3, 23)이나 언급된다. 총리대신이 되었을 때도 형통에 대한 언급은 없다. 진정한 형통이란 좋은 환경이 아니라, 하나님께서 함께하시는 그 자체라는 것이다. 그의 감옥 생활은 가정 총무였던 요셉을 이집트의 총리로 세우기 위한 하나님의 포석이었다.

두 관원장의 꿈(창 40:1-23)

> 그 후에 애굽 왕의 술 맡은 자와 떡 굽는 자가 그들의 주인 애굽 왕에게 범죄한지라 바로가 그 두 관원장 곧 술 맡은 관원장과 떡 굽는 관원장에게 노하여 그들을 친위대장의 집 안에 있는 옥에 가두니 곧 요셉이 갇힌 곳이라(창 40:1-3).

요셉은 옥에서 왕의 죄수이자 고위 관리였던 술 맡은 관원장과 떡 굽는 관원장을 만났다. 요셉이 그들의 꿈을 해석한 대로 떡 굽는 관원장은 사형을 당했고, 술 맡은 관원장은 복직이 되었다. 술 맡은 관원장에게 자신의 억울함을 호소하며, 복직되면 자신을 감옥에서 나갈 수 있게 해달라고 부탁했다. 자신이 감옥에 있는 것이 하나님의 섭리라는 것을 몰랐기 때문에 한 부탁이다. 그러나 술 맡은 관원장은 이 일을 까마득하게 잊어버렸다. 이런 요셉의 상황을 시편에서는 "그의 혼이 쇠사슬에 꾀었다"(시 105:17)라고 표현한다. 요셉이 오직 믿음으로 흔들림 없이 고난의 세월을 인내했던 것이 아니라, 눈물 나는 곤고한 세월을 보내고 있었다.

파라오의 두 꿈(창 41:1-57)

> 만 이 년 후에 바로가 꿈을 꾼즉 자기가 나일 강 가에 서 있는데 보니 아름답고 살진 일곱 암소가 강 가에서 올라와 갈밭에서 뜯어먹고 그 뒤에 또 흉하고 파리한 다른 일곱 암소가 나일 강 가에서 올라와 그 소와 함께 나일 강 가에 서 있더니 그 흉하고 파리한 소가 그 아름답고 살진 일곱 소를 먹은지라 바로가 곧 깨었다가 다시 잠이 들어 꿈을 꾸니 한 줄기에 무성하고 충실한 일곱 이삭이 나오고 그 후에 또 가늘고 동풍에 마른 일곱 이삭이 나오더니 그 가는 일곱 이삭이 무성하고 충실한 일곱 이삭을 삼킨지라 바로가 깬즉 꿈이라(창 41:1-7).

만 2년 후에 파라오는 이해할 수 없는 두 가지 꿈을 꾸었다. 같은 의미를 가진 서로 다른 꿈이었다. 이집트에 7년 풍년에 이어 7년 흉년이 닥칠 것이라는 하나님의 계시였다. 같은 의미의 꿈이 두 번 반복되는 것은 반드시 일어날 일에 대한 확정이다. 요셉의 이집트 연단기는 그가 꾸었던 두 꿈에서 시작되었다. 관원장들의 두 꿈을 거쳐서 파라오의 두 꿈으로 이집트 연단기가 마무리되어 가고 있었다.

만 2년 후, 요셉의 나이 30세에 술 맡은 관원장이 요셉을 떠올렸다. 그냥 2년 후가 아니라 '만 2년 후'라는 언급은 하나님의 섭리였음이 감지되는 대목이다. 하나님께서 만 2년 동안 기억하지 못하게 하신 것이다. 하나님의 뜻은 요셉이 감옥에서 석방되는 것이 아니라, 이집트에서 총리가 되는 것이다. 하나님은 만 2년 동안 그 시기를 조절하신 듯하다. 당시 이집트에서는 30세 이상이 되어야만 관직에 오를 수 있었다. 이 나이는 예수님의 공생애가 시작되는 예표이기도 하다.

요셉은 하나님께서 주신 지혜로 파라오의 두 꿈을 정확하게 해석했다. 그리고 적절한 대안까지 제시했다. 파라오는 요셉에게 '세상의 구속자이며 생명의 보존자'라는 의미의 '사브낫바네아'라는 이집트식 이름을 하사했다. 그는 이집트에서 일인지하 만인지상인 총리가 되었다. 그의 해석대로 7년 동안의 풍년에 이어 제8년에 엄청난 대기근이 시작되었고, 요셉은 이집트의 실권자로 부상했다.

무릎 꿇은 요셉의 형들(창 42:1~44:34)

그 때에 야곱이 애굽에 곡식이 있음을 보고 아들들에게 이르되 너희는 어찌하여 서로 바라보고만 있느냐 야곱이 또 이르되 내가 들은즉 저 애굽에 곡식이 있다 하니 너희는 그리로 가서 거기서 우리를 위하여 사오라 그러면 우리가 살고 죽지 아니하리라 하매 요셉의 형 열 사람이 애굽에서 곡식을 사려고 내려갔으나 야곱이 요셉의 아우 베냐민은 그의 형들과 함께 보내지 아니하였으니 이는 그의 생각에 재난이 그에게 미칠까 두려워함이었더라(창 42:1-4).

이집트를 강타한 기근은 가나안에도 극심했다. 야곱은 양식을 구하기 위해 베냐민을 제외한 열 명의 아들을 이집트로 보냈다. 베냐민을 보내지 않은 이유는 그가 사랑했던 라헬의 유일한 핏줄이기 때문이다. 이미 요셉을 잃었기 때문에 그에게 남은 것은 베냐민뿐이었다.

요셉은 열 명의 형과 대면했다. 요셉은 그들을 알아보았지만, 형들은 요셉을 알아보지 못했다. 형들은 요셉에게 무릎 꿇고 절을 했다. 그때 요셉은 22년 전에 꾸었던 두 꿈이 생각났을 것이다. 그 꿈대로 형들이 자신에게 절을 하는 것이 아닌가?

요셉이 꾸었던 꿈은 그의 희망 사항이 아니었다. 하나님의 계획이었다. 하나님께서 22년 전에 요셉에게 꿈을 주셨다. 그런데 하나님은 왜 두 꿈을 주셨을까? 만약 꿈이 없었다면 이 모든 일을 우연으로 생각했을 것이다. 인생을 다스리시는 엘샤다이 하나님이심을 요셉의 두 꿈, 관원장들의 두 꿈, 파라오의 두 꿈을 통해 분명히 드러내시고 있다. 이렇듯 하나님께서 각 개인에게 품으신 특별한 계획인 비전은 스스로 만들어 상상의 나래를 펴는 것이 아니라, 하나님께서 보여 주시는 것이다.

요셉에게 절하는 형제 중에 보이지 않는 한 사람이 있었다. 자신의 친동생 베냐민이다. 자신처럼 베냐민에게도 무슨 짓을 했을 것 같은 의심을 지울 수가 없었다. 요셉은 사실 파악을 위해 형제들을 정탐꾼으로 몰았다. 시므온을 감금하고 나머지 형제들에게 베냐민을 데리고 와야만 혐의를 벗을 수 있다고 엄포를 놓았다. 요셉은 베냐민을 데리러 가는 형들의 곡물자루에 몰래 돈을 넣어 두었다. 돌아가는 길에 사실을 알게 된 형들은 두려움에 사로잡혔다. 야곱은 곡물과 돈을 보고 깜짝 놀라며 호통을 쳤다. "너희가 형제를 팔아 곡물뿐 아니라, 돈까지 받았구나." 이 일은 형들에게 자신을 돈을 받고 팔았다는 사실을 떠올리게 했을 것이다.

> 네 아우도 데리고 떠나 다시 그 사람에게로 가라 전능하신 하나님께서 그 사람 앞에서 너희에게 은혜를 베푸사 그 사람으로 너희 다른 형제와 베냐민을 돌려보내게 하시기를 원하노라 내가 자식을 잃게 되면 잃으리로다(창 43:13-14).

야곱은 베냐민을 보낼 수 없었다. 그러나 시간이 지날수록 이래도 죽고 저래도 죽을 상황이 되었다. 하나님은 완벽하게 야곱을 막다른 골목으로 몰아가셨다. "내가 자식을 잃게 되면 잃으리로다"(창 43:14). 이 말은 야곱의 입에서 나올 수 있는 말이 아니었다. 그는 장자의 명분도, 장자의 축복도, 라헬도 심지어 하나님과의 씨름에서도 움켜쥔 손을 펴지 않았었다. 그가 원한 것은 악착같이 움켜쥐고 결코 놓친 적이 없었다. 그러나 지금 야곱에게는 베냐민 외에 아무것도 없었다.

하나님께는 허벅지 관절을 얻어맞았다. 형 에서를 주님이라고 불렀다. 딸 디나는 강간을 당했다. 시므온과 레위는 학살을 했다. 다른 아들들은 약탈을 했다. 사랑하는 아내 라헬은 죽었다. 장자 르우벤은 서모 빌하와 통간을 했다. 요셉은 죽었다. 유다는 며느리를 임신시켰다. 기근에 재산도 줄었다. 이제 그에게 남은 것은 오직 베냐민뿐이었다. 야곱은 움켜쥔 손을 펼 수밖에 없었다. 자신의 방법이 아니라, 모든 것을 하나님의 섭리에 맡길 수밖에 없었다.

하나님과의 씨름에서 승리한 이후, 야곱이 의도한 대로 되는 일은 하나도 없었다. 오직 하나님의 뜻대로 되어져 갔다. 인생의 주도권을 차지하는 얍복강의 씨름은 그때까지 계속되고 있었다. 결국 하나님께서 야곱을 들어 씨름판에 내리꽂으셨다. 야곱이 움켜쥔 것은 자신 생각과 수단이지만, 하나님께서 움켜쥐고 계신 것은 야곱이었다. 하나님은 그를 포기하지 않으셨다. 6일 만에 천지를 창조하신 하나님이지만, 야곱의 움켜쥔 손을 펴기까지는 무려 130년이 걸렸다.

> 요셉이 눈을 들어 자기 어머니의 아들 자기 동생 베냐민을 보고 이르되 너희가 내게 말하던 너희 작은 동생이 이 아이냐 그가 또 이르되 소자여 하나님이 네게 은혜 베푸시기를 원하노라 요셉이 아우를 사랑하는 마음이 복받쳐 급히 울 곳을 찾아 안방으로 들어가서 울고 얼굴을 씻고 나와서 그 정을 억제하고 음식을 차리라 하매 그들이 요셉에게 따로 차리고 그 형제들에게 따로 차리고 그와 함께 먹는 애굽 사람에게도 따로 차리니 애굽 사람은 히브리 사람과 같이 먹으면 부정을 입음이었더라 그들이 요셉 앞에 앉되 그들의 나이에 따라 앉히게 되니 그들이 서로 이상히 여겼더라(창 43:29-34).

요셉은 첫째 자리에 장남 르우벤을, 둘째 자리에 차남 시므온을, 셋째 자리에 삼남 레위를, 넷째 자리에 사남 유다를, 그렇게 열째 자리까지 앉혔다. 열한 번째 자리를 비우더니 열두 번째 자리에 막내 베냐민을 앉혔다. 그리고 요셉이 열한 번째 자리에 앉는 것이 아닌가? 이집트 총리가 자신들을 형제 서열대로 자리를 앉히니 형제들은 이상하게 여기지 않을 수가 없었다.

> 요셉이 그의 집 청지기에게 명하여 이르되 양식을 각자의 자루에 운반할 수 있을 만큼 채우고 각자의 돈을 그 자루에 넣고 또 내 잔 곧 은잔을 그 청년의 자루 아귀에 넣고 그 양식 값 돈도 함께 넣으라 하매 그가 요셉의 명령대로 하고 아침이 밝을 때에 사람들과 그들의 나귀

들을 보내니라 그들이 성읍에서 나가 멀리 가기 전에 요셉이 청지기에게 이르되 일어나 그 사람들의 뒤를 따라 가서 그들에게 이르기를 너희가 어찌하여 선을 악으로 갚느냐 이것은 내 주인이 가지고 마시며 늘 점치는 데에 쓰는 것이 아니냐 너희가 이같이 하니 악하도다 하라 청지기가 그들에게 따라 가서 그대로 말하니 그들이 그에게 대답하되 내 주여 어찌 이렇게 말씀하시나이까 당신의 종들이 이런 일은 결단코 아니하나이다 우리 자루에 있던 돈도 우리가 가나안 땅에서부터 당신에게로 가져왔거늘 우리가 어찌 당신의 주인의 집에서 은금을 도둑질하리이까 당신의 종들 중 누구에게서 발견되든지 그는 죽을 것이요 우리는 내 주의 종들이 되리이다 그가 이르되 그러면 너희의 말과 같이 하리라 그것이 누구에게서든지 발견되면 그는 내게 종이 될 것이요 너희는 죄가 없으리라 그들이 각각 급히 자루를 땅에 내려놓고 자루를 각기 푸니 그가 나이 많은 자에게서부터 시작하여 나이 적은 자에게까지 조사하매 그 잔이 베냐민의 자루에서 발견된지라(창 44:1-12).

요셉은 형제들이 베냐민을 정말로 형제로 여기는지 알고 싶었다. 그래서 베냐민의 곡물 자루에 자신의 은잔을 몰래 넣었다. 형제로 여긴다면 함께 책임을 질 것이고, 아니라면 안면박대할 것이다. 그런데 요셉을 팔자고 제안했던 유다가 베냐민의 죄를 대신하여 모든 책임을 지겠다고 나서는 것이 아닌가?

유다는 사랑하는 '아내와 두 아들'을 잃은 고통이 얼마나 큰지를 알았다. 베냐민에게 무슨 일이 생기면 아버지 야곱이 크게 상심할 것이다. 유다는 아버지의 마음을 헤아려 베냐민 대신에 벌을 받겠다고 자원했다. 그는 며느리 다말과의 사건 이후에 요셉을 팔자고 제안했던 것을 진심으로 회개했을 것이다. 그래서 베냐민을 대신하여 자신이 남겠다고 나선 것이다. 요셉에 이어 아버지의 사랑을 독차지한 베냐민이지만, 그를 진정한 형제로 받아들인 것이다. 유다는 예수 그리스도의 대속을 드러내 보여 주고 있다. 예수님은 하나님 아버지의 아픈 마음을 아셨다. 그래서 죄인을 대신하여 기꺼이 십자가에 오르실 수 있었다.

하나님의 뜻을 온전히 깨닫는 언약의 백성(창 45:1~47:31)

> 요셉이 시종하는 자들 앞에서 그 정을 억제하지 못하여 소리 질러 모든 사람을 자기에게서 물러가라 하고 그 형제들에게 자기를 알리니 그 때에 그와 함께 한 다른 사람이 없었더라 요셉이 큰 소리로 우니 애굽 사람에게 들리며 바로의 궁중에 들리더라 요셉이 그 형들에게 이르되 나는 요셉이라 내 아버지께서 아직 살아 계시니이까 형들이 그 앞에서 놀라서 대답하지 못하더라 요셉이 형들에게 이르되 내게로 가까이 오소서 그들이 가까이 가니 이르되 나는 당신들의 아우 요셉이니 당신들이 애굽에 판 자라 당신들이 나를 이 곳에 팔았다고 해서 근심하지 마소서 한탄하지 마소서 하나님이 생명을 구원하시려고 나를 당신들보다 먼저 보내셨나이다(창 45:1-5).

요셉은 자신을 팔았던 유다가 베냐민을 위해 희생할 줄은 꿈에도 생각하지 못했다. 요셉은 끓어오르는 마음을 억제하지 못하고 뜨거운 눈물을 쏟기 시작했다. 눈물을 멈출 수가 없었다. 울어도 너무 울었다. 20년 넘는 긴 세월 동안 하나님과 아버지 야곱과 형제들을 원망하고 미워하며 상처받은 몸과 마음에 사랑의 온기가 돌기 시작했다.

요셉은 자신을 이스라엘 상인에게 판 것은 형님들이 아니라 하나님께서 하신 일이라고 말했다. 드디어 요셉이 하나님의 구원 섭리를 온전히 깨닫기 시작했다. 요셉은 모든 것을 완전히 극복할 수 있었다. 이 소식을 들은 야곱은 죽은 줄로만 알았던 아들이 이집트의 총리가 되었다는 말에 기운이 소생했다.

> 이스라엘이 모든 소유를 이끌고 떠나 브엘세바에 이르러 그의 아버지 이삭의 하나님께 희생제사를 드리니 그 밤에 하나님이 이상 중에 이스라엘에게 나타나 이르시되 야곱아 야곱아 하시는지라 야곱이 이르되 내가 여기 있나이다 하매 하나님이 이르시되 나는 하나님이라 네 아버지의 하나님이니 애굽으로 내려가기를 두려워하지 말라 내가 거기서 너로 큰 민족을 이루게 하리라(창 46:1-3).

"거기서 너로 큰 민족을 이루게 하리라." 이 모든 일은 하나님께서 아브라함에게 주신 언약 때문이었다. 요셉이 이집트로 팔려간 것도, 감옥에 갇힌 것도, 총리가 된 것도 모두 하나님의 언약 때문이었다. 야곱 족속 70명은 요셉 덕분에 이집트로 이주할 수 있었다. '큰 민족'이 되어야 할 그들이지만 가나안에서는 기근으로 생명을 연명하기 힘들었기 때문이다. 이집트 고센은 나일강 하구에 위치한 비옥한 삼각주로 물이 풍부한 곳이다. 야곱 족속 70명은 이곳에서 하나님의 언약대로 큰 민족으로 번성해 나갔다.

> 요셉이 자기 아버지 야곱을 인도하여 바로 앞에 서게 하니 야곱이 바로에게 축복하매 바로가 야곱에게 묻되 네 나이가 얼마냐 야곱이 바

로에게 아뢰되 내 나그네 길의 세월이 백삼십 년이니이다 내 나이가 얼마 못 되니 우리 조상의 나그네 길의 연조에 미치지 못하나 험악한 세월을 보내었나이다 하고 야곱이 바로에게 축복하고 그 앞에서 나오니라(창 47:7-10).

야곱은 두 손을 펴서 들고 파라오를 축복했다. 하나님의 언약을 믿고 움켜쥔 손을 폈을 때, 그 손은 축복하는 손으로 바뀌었다. 파라오가 야곱의 나이를 물었다. 온갖 고생에 찌든 주름진 얼굴로는 그의 나이를 가늠할 수 없었기 때문이다. 야곱은 "짧은 세월이었지만 지난 130년을 험악하게 보냈다"고 답했다. 아버지 이삭이 170년을 살았으니 분명 길지 않은 시간이었다. 하나님께 맡기지 못하고 속이면서 악착같이 산 130년은 한마디로 험악한 삶이었다.

파라오가 야곱에게 또 뭐라고 말했을까? "총리 요셉은 우리를 살린 이집트의 복덩이요. 아버지인 당신은 복의 근원이로다!" 그랬다. 신실하신 하나님은 야곱을 포기하지 않고 하나님의 언약대로 복이 되게 하셨다.

자손을 축복하는 야곱(창 48:1~49:33)

내가 애굽으로 와서 네게 이르기 전에 애굽에서 네가 낳은 두 아들 에브라임과 므낫세는 내 것이라 르우벤과 시므온처럼 내 것이 될 것이요 이들 후의 네 소생은 네 것이 될 것이며 그들의 유산은 그들의 형의 이름으로 함께 받으리라 … 이스라엘의 눈이 나이로 말미암아 어두워서 보지 못하더라 요셉이 두 아들을 이끌어 아버지 앞으로 나아

> 가니 이스라엘이 그들에게 입맞추고 그들을 안고 요셉에게 이르되 내가 네 얼굴을 보리라고는 생각하지 못하였더니 하나님이 내게 네 자손까지도 보게 하셨도다 요셉이 아버지의 무릎 사이에서 두 아들을 물러나게 하고 땅에 엎드려 절하고 오른손으로는 에브라임을 이스라엘의 왼손을 향하게 하고 왼손으로는 므낫세를 이스라엘의 오른손을 향하게 하여 이끌어 그에게 가까이 나아가매 이스라엘이 오른손을 펴서 차남 에브라임의 머리에 얹고 왼손을 펴서 므낫세의 머리에 얹으니 므낫세는 장자라도 팔을 엇바꾸어 얹었더라(창 48:5-22).

야곱은 요셉의 두 아들을 자기 아들로 입적했다. 요셉에게 유산의 두 몫을 주기 위해서다. 두 몫을 받는다는 것은 장자의 명분을 가진다는 의미다. 야곱은 하나님의 뜻 안에서 르우벤이 아니라 요셉을 장자로 인정했다. 야곱은 장자의 명분과 축복을 위해 평생을 험하게 살았다. 그러나 장자의 명분과 축복은 인간적인 수단이나 방법으로 얻는 것이 아니었다. 야곱은 형 에서를 주님이라고 불렀고, 요셉은 형들에게 주님이라고 불렸다. 장자의 명분과 축복은 하나님께서 주시는 것임을 깨달은 것이다. 그런데 왜 둘째 아들에게 장자의 축복을 했을까?

> 야곱이 그 아들들을 불러 이르되 너희는 모이라 너희가 후일에 당할 일을 내가 너희에게 이르리라 너희는 모여 들으라 야곱의 아들들아 너희 아버지 이스라엘에게 들을지어다 르우벤아 너는 내 장자요 내 능력이요 내 기력의 시작이라 위풍이 월등하고 권능이 탁월하다마는 물의 끓음 같았은즉 너는 탁월하지 못하리니 네가 아버지의 침상에 올라 더럽혔음이로다 그가 내 침상에 올랐었도다 … 이들은 이스

라엘의 열두 지파라 이와 같이 그들의 아버지가 그들에게 말하고 그들에게 축복하였으니 곧 그들 각 사람의 분량대로 축복하였더라 그가 그들에게 명하여 이르되 내가 내 조상들에게로 돌아가리니 나를 헷 사람 에브론의 밭에 있는 굴에 우리 선조와 함께 장사하라 이 굴은 가나안 땅 마므레 앞 막벨라 밭에 있는 것이라 아브라함이 헷 사람 에브론에게서 밭과 함께 사서 그의 매장지를 삼았으므로 아브라함과 그의 아내 사라가 거기 장사되었고 이삭과 그의 아내 리브가도 거기 장사되었으며 나도 레아를 그 곳에 장사하였노라 이 밭과 거기 있는 굴은 헷 사람에게서 산 것이니라 야곱이 아들에게 명하기를 마치고 그 발을 침상에 모으고 숨을 거두니 그의 백성에게로 돌아갔더라(창 49:1-33).

야곱은 임종 전에 열두 아들을 축복했다. 그 축복은 역사 속에서 그대로 이루어졌다. 이 축복은 단순히 야곱이 아버지의 마음으로 자녀들에게 덕담하는 수준이 아니었다. 하나님께서 보여 주신 것으로 자녀들의 미래를 예언한 것이다. 요셉의 두 아들 므낫세와 에브라임을 축복할 때 첫째 아들과 둘째 아들을 바꾸어서 축복했던 이유도 마찬가지다. 더불어 출애굽까지 예언했다.

비록 야곱은 육신의 눈이 어두워져 제대로 볼 수 없었지만, 후일을 훤히 내다보는 영적 거장으로 변화되어 있었다. 심지어 "여호와여 나는 주의 구원을 기다리나이다"(창 49:18)라고 기도할 정도였다. 후에 오실 여자의 후손 메시아로 말미암아 구원받을 것까지도 바라보았다. 눈이 어두워 자신에게 속아 장자의 축복을 해주었던 아버지 이삭과도 달랐다. 하나님은 그분의 언약을 역사 속에서 더욱 선명하게 그려내셨다.

야곱은 마지막 유언을 남겼다. "내가 내 조상들에게로 돌아가리니 나를 헷 사람 에브론의 밭에 있는 굴에 우리 선조와 함께 장사하라." 그가 마지막으로 움켜쥔 것은 '하나님의 언약'이다. 선조와 함께 장사하라는 말은 자신이 장자의 명분을 얻었다는 의미다. 야곱을 장자로 만든 것은 그의 끈질긴 노력이 아니라 바로 하나님의 언약이었다.

요셉의 예언과 유언(창 50:1–26)

> 요셉이 그의 아버지 얼굴에 구푸려 울며 입맞추고 그 수종 드는 의원에게 명하여 아버지의 몸을 향으로 처리하게 하매 의원이 이스라엘에게 그대로 하되 … 요셉이 그의 형제들에게 이르되 나는 죽을 것이나 하나님이 당신들을 돌보시고 당신들을 이 땅에서 인도하여 내사 아브라함과 이삭과 야곱에게 맹세하신 땅에 이르게 하시리라 하고 요셉이 또 이스라엘 자손에게 맹세시켜 이르기를 하나님이 반드시 당신들을 돌보시리니 당신들은 여기서 내 해골을 메고 올라가겠다 하라 하였더라 요셉이 백십 세에 죽으매 그들이 그의 몸에 향 재료를 넣고 애굽에서 입관하였더라(창 50:1–26).

요셉은 아버지 야곱의 유언대로 가나안 땅에 뼈를 묻었다. 임종하면서 출애굽을 예언했고, 자손들에게 자신의 해골도 출애굽 시킬 것을 맹세시켰다. 그는 숨을 거두면서까지 하나님의 언약을 바라보았다. 그의 '꿈꾸는 해골'은 꿈대로 가나안에 묻히게 되었다.

야곱은 노력으로 자신의 인생을 만들어 가려는 하나님의 백성이다. 반면에 요셉은 하나님의 비전이 인생을 만들어가는 하나님의 백성이다. 성경은 야곱도 요셉도 인간적인 수단과 방법으로는 그 어떤 것도 얻을 수가 없으며, 결국 험악한 세월만 살뿐임을 증거한다. 요셉의 꿈은 그의 비전이 아니라 하나님의 비전이다. 큰 민족에 대한 언약의 성취를 위해 역사와 인생이 흘러간다. 모든 역사와 인생은 하나님의 섭리와 경륜 가운데 있다. 우리는 하나님의 언약을 믿고 맡기며 의지함으로 참다운 비전의 백성으로 살아야 할 것이다.

출애굽기

모세와 위대한 탈출

저자 : 모세

주제 : 피로 인한 구속의 역사

기록 연대 : 주전 1400년경으로 추정된다.

기록 목적 : 하나님이 이스라엘 백성을 이집트 노예 생활에서 어떻게 구원해 내셨는지를 후대에 전하기 위해서다.

주요 인물 : 모세, 파라오, 아론.

핵심 구절 : "세계가 다 내게 속하였나니 너희가 내 말을 잘 듣고 내 언약을 지키면 너희는 모든 민족 중에서 내 소유가 되겠고 너희가 내게 대하여 제사장 나라가 되며 거룩한 백성이 되리라 너는 이 말을 이스라엘 자손에게 전할지니라"(출 19:5–6).

제1강

여호와, 스스로 계신 하나님

출애굽기 1~4장

하나님은 아브라함에게 큰 민족과 가나안 땅과 복이 될 것을 약속해 주셨다. 약속은 이삭에 이어 야곱에게 계승되었다. 야곱 족속 70명은 하나님의 인도하심으로 이집트로 내려가 크게 번성해 마침내 큰 민족을 이루었다. 그 번성은 언약에 대한 하나님의 성취였다. 그러나 요셉을 알지 못하는 새 왕이 세워지면서 이스라엘은 하루아침에 고역과 학대에 시달리는 노예로 전락하고 말았다. 이스라엘 백성은 하나님께 부르짖었고 하나님은 모세에게 자신을 '스스로 있는 자'로 계시하시며 이스라엘 백성의 출애굽을 예비하셨다.

학대에 시달리는 이스라엘(출 1:1-22)

> 야곱과 함께 각각 자기 가족을 데리고 애굽에 이른 이스라엘 아들들의 이름은 이러하니 르우벤과 시므온과 레위와 유다와 잇사갈과 스불론과 베냐민과 단과 납달리와 갓과 아셀이요 야곱의 허리에서 나온 사람이 모두 칠십이요 요셉은 애굽에 있었더라 요셉과 그의 모든 형제와 그 시대의 사람은 다 죽었고 이스라엘 자손은 생육하고 불어나 번성하고 매우 강하여 온 땅에 가득하게 되었더라(출 1:1-7).

애굽은 지금의 '이집트'를, 바로는 '파라오'를 음역한 것이다. 파라오는 이집트 왕의 이름이 아니라 그를 가리키는 칭호다. 창세기는 아브라함과 이삭과 야곱과 요셉의 '개인의 역사'를 언급했다. 그러나 출애굽기부터는 그들이 번성하여 이룬 이스라엘이라는 '민족의 역사'를 언급한다.

요셉이 파라오의 꿈을 정확하고 지혜롭게 해석해서 이집트는 7년의 흉년을 잘 극복할 수 있었다. 덕분에 야곱 족속 70명도 가나안의 기근을 피해 이집트로 이주할 수 있었다. 야곱 족속 70명은 비옥한 나일강 삼각주인 고센 라암세스에서 부족함이 없이 살며 약 400년 동안 큰 민족으로 번성했다. 하나님은 야곱 족속 70명을 요셉을 통해 대기근이 닥칠 가나안에서 구원해 내시고 이집트에서 큰 민족으로 번성하게 하셨다.

얼마나 큰 민족으로 번성했을까? 전쟁에 나갈 수 있는 20세 이상의 남자만 603,550명(출 38:26)이었다. 전쟁에 나갈 수 없는 20세 이하와 노인과 여자들까지 합한다면 200만은 족히 넘었을 것이다. 400년 동안 거의 '일만 배'로 번성한 것이다.

> 이에 왕이 그 곁에 있는 군사령관 요압에게 이르되 너는 이스라엘 모든 지파 가운데로 다니며 이제 단에서부터 브엘세바까지 인구를 조사하여 백성의 수를 내게 보고하라 하니 … 요압이 백성의 수를 왕께 보고하니 곧 이스라엘에서 칼을 빼는 담대한 자가 팔십만 명이요 유다 사람이 오십만 명이었더라(삼하 24:2-9).

출애굽으로부터 약 400년 후, 다윗의 인구 계수 결과 북이스라엘이 80만 명, 남유다가 50만 명, 총 130만 명이었다. 출애굽 당시 60만이던 이스라엘 백성이 400년 동안 130만으로 증가했다. 야곱 족속은 비슷한 기간에 이집트에서 무려 일만 배 증가했다. 폭발적인 번성은 시간이 지남에 따라 자연스럽게 일어난 결과가 아니었다. 하나님께서 아브라함에게 주셨던 큰 민족의 언약이 성취된 결과였다.

야곱의 열두 아들이 야곱 족속 70명으로 늘어났다. '70'이라는 숫자는 노아의 세 아들 족보에서 처음 등장한다. 셈의 후손 26명, 함의 후손 30명, 야벳의 후손 14명의 합이 '70'이다. 이 70명이 세상 나라들의 시작이 되었다. 70은 나라의 시작을 의미하는 숫자고, 야곱 족속 70명은 한 나라 이스라엘의 기반이 되는 숫자다. 그뿐만 아니라 세상 나라들과 구분되는 새로운 하나님 나라를 시작하는 숫자다. 그래서 예수님께서도 열두 제자에 이어 70명을 제자로 세우신 것이다.

> 요셉을 알지 못하는 새 왕이 일어나 애굽을 다스리더니 그가 그 백성에게 이르되 이 백성 이스라엘 자손이 우리보다 많고 강하도다 자, 우리가 그들에게 대하여 지혜롭게 하자 두렵건대 그들이 더 많게 되면 전쟁이 일어날 때에 우리 대적과 합하여 우리와 싸우고 이 땅에서 나갈까 하노라 하고 감독들을 그들 위에 세우고 그들에게 무거운 짐을

> 지워 괴롭게 하여 그들에게 바로를 위하여 국고성 비돔과 라암셋을 건축하게 하니라 그러나 학대를 받을수록 더욱 번성하여 퍼져나가니 애굽 사람이 이스라엘 자손으로 말미암아 근심하여 이스라엘 자손에게 일을 엄하게 시켜 어려운 노동으로 그들의 생활을 괴롭게 하니 곧 흙 이기기와 벽돌 굽기와 농사의 여러 가지 일이라 그 시키는 일이 모두 엄하였더라(출 1:8-14).

이집트로 갔던 야곱 족속 70명은 좋은 환경에서 좋은 대우를 받으며 살았다. 그런데 출애굽기에서는 그들이 갑자기 노예가 되어 고역과 학대에 시달리고 있다. 이집트의 새 왕이 대기근에서 이집트를 구한 요셉을 알지 못했다는 것도 이해되지 않는다.

요셉이 이집트의 총리가 된 것도, 이스라엘 백성이 이집트의 노예로 전락해 고역과 학대에 시달린 것도 모두 힉소스 민족 때문이었다. 힉소스 민족은 일찍이 말을 타고 전쟁하는 기마 민족으로 주전 18세기에 이집트를 침략했다. 그들은 이집트를 정복하고 왕족들을 몰아냈다. 주전 16세기까지 18대 왕조를 형성해서 이집트를 다스렸다. 그러나 힉소스 민족은 셈족 계열이었기 때문에, 함족 계열인 이집트 백성을 다스리는 데에는 많은 고충이 있었다. 그러던 중 요셉이 힉소스 민족 출신인 파라오의 눈에 띄었고, 그의 해몽과 지혜는 파라오를 감동시키기에 충분했다. 더욱이 요셉은 그들과 같은 셈족 계열이었기 때문에 총리로 임명해 함께 이집트 백성을 다스릴 수 있었다.

약 200년 동안 쫓겨났던 이집트 본래 왕족들은 세력을 결집해 이집트로 돌아왔다. 그들은 힉소스 민족에게서 이집트를 되찾고, 이집트 19대 왕조를 세웠다. 그래서 힉소스 왕조시대의 총리였던 요셉을 알지 못하는 새 왕이 세워진 것이다. 새 왕은 이전 왕조에 크게 기여하고, 혜택을 누린 요셉과 동족 이스라엘 백성을 가만히 둘 리 없었다. 이스라엘 백성을 노예로 삼아 고역과 학대에 시달리게 했다.

하나님은 '언약'을 성취하시기 위해 힉소스 민족을 일으키셨다. 힉소스 민족이 이집트를 정복하게 하시고 요셉을 총리로 세우게 하셨다. 그래서 대기근의 위기 속에서 야곱 족속 70명을 이집트 고센으로 이주하게 하시고, 일만 배의 폭발적인 번성을 이루게 하셨다. 엘샤다이 하나님의 '큰 민족' 언약은 결코 물러서는 법이 없이 온전히 성취되었다.

하나님은 힉소스 민족도, 이집트 왕조도, 이스라엘도 하나님의 뜻대로 다스리셨다. 하나님은 온 세상의 역사를 통치하신다. 그런 하나님께서 왜 이스라엘 백성이 고역과 학대에 시달리도록 내버려 두셨을까?

> 애굽 왕이 히브리 산파 십브라라 하는 사람과 부아라 하는 사람에게 말하여 이르되 너희는 히브리 여인을 위하여 해산을 도울 때에 그 자리를 살펴서 아들이거든 그를 죽이고 딸이거든 살려두라 그러나 산파들이 하나님을 두려워하여 애굽 왕의 명령을 어기고 남자 아기들을 살린지라 애굽 왕이 산파를 불러 그들에게 이르되 너희가 어찌하여 이같이 남자 아기들을 살렸느냐 산파가 바로에게 대답하되 히브리 여인은 애굽 여인과 같지 아니하고 건장하여 산파가 그들에게 이르기 전에 해산하였더이다 하매 하나님이 그 산파들에게 은혜를 베푸시니 그 백성은 번성하고 매우 강해지니라 그 산파들은 하나님을 경외하였으므로 하나님이 그들의 집안을 흥왕하게 하신지라 그러므로 바로가 그의 모든 백성에게 명령하여 이르되 아들이 태어나거든 너희는 그를 나일 강에 던지고 딸이거든 살려두라 하였더라(출

1:15-22).

이스라엘 백성은 하나님의 섭리로 이집트에서 크게 번성하였다. 파라오는 이스라엘 백성이 힉소스 민족 같은 대적(출 1:10)과 연합해서 전쟁을 일으키지 않을까 염려하였다. 그래서 이스라엘에 대한 인구감소정책을 시행했다.

첫째는 간접적인 정책이다. 고역과 학대에 시달리게 해서 부부관계를 못하도록 막았다. 둘째는 비공식적 정책이다. 태어나는 남자아이를 산파들을 통해 몰래 죽이려고 했다. 셋째는 직접적이고 공식적인 정책이다. 남자아이가 태어나면 모조리 나일강에 버리라고 명령했다.

파라오의 잔인한 인구감소정책은 성공할 리 없었다. 왜냐하면 하나님께서 아브라함에게 주셨던 '큰 민족'의 언약이 파라오와 온 이집트를 다스리고 있었기 때문이다. 파라오가 "히브리 여인은 이집트 여인과 달라서 그들에게 이르기 전에 해산하였다"는 산파들의 어이없는 말에 속아 넘어갔던 것도 이 때문이다. 하나님은 큰 민족의 언약을 이루셨다. 그뿐만 아니라 큰 민족을 온전히 보호하시는 것에도 전혀 빈틈이 없으셨다.

하나님의 언약은 변하지 않는다. 창조 때부터 시작된 하나님의 언약은 출애굽 당시에도 마찬가지였다. 하나님은 아담과 하와에게 복을 주시며 "생육하고 번성하여 땅에 충만하고, 땅을 정복하며, 모든 생물을 다스리라"(창 1:28)고 명령하셨다. 하나님께서 사람에게 부여하신 사명은 '충만'과 '정복'과 '다스림'이다. 그러나 사람이 타락하여 사명 또한 사라지고 말았다.

하나님은 아브라함을 부르셔서 '큰 민족'과 '가나안 땅'과 '복'이 될 것을 언약하셨다(창 12:1-7). 최초에 아담과 하와에게 명령하셨던 충만이 큰 민족으로, 정복이 가나안 땅으로, 다스림은 복으로 이어져서 하나님의 언약은 변하지 않았다. 이 세 가지는 국민, 영토, 주권으로 나라를 구성하는 3요소다. 하나님의 언약은 이스라엘이라는 나라의 건국으로 더욱 구체화되었다.

이스라엘 백성은 이집트에서 생육하고 번성하여 온 땅에 가득하게 되었다. 하나님께서 아담과 하와에게 주셨던 생육과 번성과 충만의 복을 이스라엘에게 주셨다. 이스라엘은 엘샤다이 하나님의 섭리로 충만한 큰 민족을 이루었지만, 정복할 땅과 다스릴 주권은 없었다. 그래서 정복 전쟁을 통해 가나안 땅과 시내산 언약을 통해 하나님 백성이라는 주권을 얻게 하신 것이다.

'하나님의 언약'은 천지창조 때로부터 새 하늘과 새 땅의 창조 때까지 조금도 변하지 않는다. 하나님은 모든 것을 그분의 뜻대로 이루시는 알파와 오메가이신 영원한 하나님이기 때문이다. 하나님은 그분의 백성을 '나라와 제사장'으로 삼으셨다. 이스라엘은 모세로 말미암아 '제사장 나라'로 시작하여, 예수 그리스도로 말미암아 '하나님 나라'로 완성될 것이다. 창조 때부터 시작된 하나님의 언약은 조금도, 그리고 절대로 변하지 않는다.

부르짖는 큰 민족, 이스라엘(출 2:1-25)

레위 가족 중 한 사람이 가서 레위 여자에게 장가 들어 그 여자가 임신하여 아들을 낳으니 그가 잘 생긴 것을 보고 석 달 동안 그를 숨겼으나 더 숨길 수 없게 되매 그를 위하여 갈대 상자를 가져다가 역청과 나무 진을 칠하고 아기를 거기 담아 나일 강 가 갈대 사이에 두고 그

> 의 누이가 어떻게 되는지를 알려고 멀리 섰더니(출 2:1-4).

모세의 부모는 아기가 잘 생긴 것을 보고 석 달 동안 숨겨 키웠다. 잘 생겼다는 말은 외모뿐만 아니라, 그의 존재를 가리킨다. 잘 생겼다는 히브리어 '토브'는 하나님께서 천지를 창조하실 때 일곱 번 말씀하셨던 '좋았더라'는 말씀과 같다. 하나님께서 보시기에 아름다웠던 것이다(행 7:20). "이는 내 사랑하는 아들이요, 내 기뻐하는 자라"(마 3:17). 하나님은 모세를 통해 혼돈과 공허와 흑암에 싸인 이스라엘을 새롭게 창조하실 것이다.

갈대 상자라는 히브리어 '테바'는 구약성경에서 두 번 언급되었는데, 모세의 갈대 상자와 노아의 방주를 말할 때다. 모세의 갈대 상자에도 노아의 방주처럼 방수제 역할을 하는 역청을 발랐다. 갈대 상자와 노아의 방주는 심판 속에서의 구원의 영역이다. 갈대 상자는 추진력도 없고 단순히 물에 뜰 수만 있는 나무 상자였다. 이처럼 하나님의 구원은 전적으로 하나님 말씀을 믿고 의지할 때 받는 것이다. 갈대 상자는 하나님께서 모세를 위해 예비하신 개인용 방주였다. 하나님은 그를 통해 엄청난 물로 이집트를 심판하시고, 그 심판 속에서 이스라엘을 건져내실 것이다.

> 바로의 딸이 목욕하러 나일 강으로 내려오고 시녀들은 나일 강 가를 거닐 때에 그가 갈대 사이의 상자를 보고 시녀를 보내어 가져다가 열고 그 아기를 보니 아기가 우는지라 그가 그를 불쌍히 여겨 이르되 이는 히브리 사람의 아기로다(출 2:5-6).

파라오의 딸은 울고 있는 아기 모세를 불쌍하게 여겼다. 그녀가 나일강에서 떠내려가는 히브리 아기들을 보는 것은 하루 이틀 일이 아니었을 것이다. 아기를 죽이는 것은 아버지 파라오의 명령이었기 때문에 불쌍히 여겨서도 안 될 일이었다. 그런데도 아기를 불쌍히 여긴 것은 큰 민족 이스라엘을 구원하시기 위한 하나님의 섭리가 그녀를 다스리고 있었기 때문이다.

> 그의 누이가 바로의 딸에게 이르되 내가 가서 당신을 위하여 히브리 여인 중에서 유모를 불러다가 이 아기에게 젖을 먹이게 하리이까 바로의 딸이 그에게 이르되 가라 하매 그 소녀가 가서 그 아기의 어머니를 불러오니 바로의 딸이 그에게 이르되 이 아기를 데려다가 나를 위하여 젖을 먹이라 내가 그 삯을 주리라 여인이 아기를 데려다가 젖을 먹이더니 그 아기가 자라매 바로의 딸에게로 데려가니 그가 그의 아들이 되니라 그가 그의 이름을 모세라 하여 이르되 이는 내가 그를 물에서 건져내었음이라 하였더라(출 2:7-10).

강독 가이드

하트셉수트는 BC 1495~1436년에 여자는 파라오가 될 수 없다는 수천 년의 전통을 깨고 이집트를 통치한 최초의 여자 통치자다. 18왕조 투트모세 1세의 맏딸이던 하트셉수트는 왕위 계승자인 이복 오빠 투트모세 2세와 혼인해서 왕비가 된다. 남편 투트모세 2세가 죽고, 양아들 투트모세 3세가 9살에 왕위 오르자 섭정을 시작했다. 그녀는 어린 파라오를 신전 안에 유폐시키고 실권을 장악한 후에는 변방으로 보내버린다. (15년 후에 투트모세 3세는 정권을 되찾는다.)

파라오의 딸은 요게벳에게 모세를 집으로 데려가 젖 뗄 때까지 키워달라고 했다. 이집트의 역사에 의하면 이 파라오의 딸은 '하트셉수트' 공주다. 그녀는 아기를 낳을 수 없었다. 그래서 모세를 입양했을 것이다.

> 또 이르되 사라가 자식들을 젖먹이겠다고 누가 아브라함에게 말하였으리요마는 아브라함의 노경에 내가 아들을 낳았도다 하니라 아이가 자라매 젖을 떼고 이삭이 젖을 떼는 날에 아브라함이 큰 잔치를 베풀었더라(창 21:7-8).

모세는 언제까지 친어머니의 젖을 먹었을까? 우리나라에서는 백일이나 돌잔치를 하지만, 유대인은 젖을 뗄 때 축하 잔치를 한다(창 21:8). 약 1년 정도 모유를 먹이는 우리와는 달리, 그들은 4~5년까지도 수유를 한다고 한다. 이런 이유로 모세는 친어머니에게 신앙교육을 받을 수 있었을 것이다.

파라오의 딸은 요게벳에게 아기를 받아들고 이름을 '모세'라고 지었다. 이집트어로 모세는 '나의 아들'이라는 의미다. 파라오의 딸이 그토록 기다렸던 아들을 얻었기 때문이다. 히브리 여인 요게벳에게는 그 이름이 예사롭지 않게 들렸다. 왜냐하면 동일하게 발음되는 히브리어 모세로 들렸기 때문이다. 히브리어 모세는 '건지는 자'라는 의미다. 건지는 자는 하나님께서 보내시는 구원자를 의미했기 때문에, 요게벳은 모세에게 하나님의 특별한 뜻이 있다는 것을 직감했을 것이다.

하나님은 모든 히브리인의 아들을 나일강에 던져 죽이라고 명령한 파라오를 심판하셨다. 자신 딸의 손에서 성장한 모세로 인해, 모든 히브리인의 아들을 나일강에 수장시켰던 파라오는 홍해에 수장되고 말았다. 하나님의 '큰 민족'에 대한 언약은 그 누구도 막을 수 없다.

> 모세가 장성한 후에 한번은 자기 형제들에게 나가서 그들이 고되게 노동하는 것을 보더니 어떤 애굽 사람이 한 히브리 사람 곧 자기 형제를 치는 것을 본지라 좌우를 살펴 사람이 없음을 보고 그 애굽 사람을 쳐죽여 모래 속에 감추니라 이튿날 다시 나가니 두 히브리 사람이 서로 싸우는지라 그 잘못한 사람에게 이르되 네가 어찌하여 동포를 치느냐 하매 그가 이르되 누가 너를 우리를 다스리는 자와 재판관으로 삼았느냐 네가 애굽 사람을 죽인 것처럼 나도 죽이려느냐 모세가 두려워하여 이르되 일이 탄로되었도다 바로가 이 일을 듣고 모세를 죽이고자 하여 찾는지라 모세가 바로의 낯을 피하여 미디안 땅에 머물며 하루는 우물 곁에 앉았더라(출 2:11-15).

모세는 히브리 사람을 '자기 형제들'이라고 했다. 그러나 히브리 사람은 그렇지 않았다. 모세가 자신들처럼 히브리 사람이지만, 이집트 왕자로 귀하게 살았기 때문이다. 노예의 삶을 사는 히브리 사람들은 모세를 믿을 수도 없었고, 좋아할 수도 없었다.

이집트 사람들도 마찬가지였다. 모세는 황인종 계열인 셈족이고, 이집트 사람은 흑인종 계열인 함족이기 때문이다. 그의 정체성은 어느 편에서든 의심의 대상이었고 환영받을 수 없었다. 이집트 왕자 모세가 기껏 이집트 병사 하나를 죽였을 뿐인데 그를 지명수배까지 내려 죽이려고 했다. 파라오는 모세의 정체성을 믿지 않았고 의심했기 때문이다. 그래서 모세는 40세에 미디안 광야로 도망칠 수밖에 없었다.

미디안 제사장에게 일곱 딸이 있었더니 그들이 와서 물을 길어 구유에 채우고 그들의 아버지의 양 떼에게 먹이려 하는데 목자들이 와서 그들을 쫓는지라 모세가 일어나 그들을 도와 그 양 떼에게 먹이니라 그들이 그들의 아버지 르우엘에게 이를 때에 아버지가 이르되 너희가 오늘은 어찌하여 이같이 속히 돌아오느냐 그들이 이르되 한 애굽 사람이 우리를 목자들의 손에서 건져내고 우리를 위하여 물을 길어 양 떼에게 먹였나이다 아버지가 딸들에게 이르되 그 사람이 어디에 있느냐 너희가 어찌하여 그 사람을 버려두고 왔느냐 그를 청하여 음식을 대접하라 하였더라 모세가 그와 동거하기를 기뻐하매 그가 그의 딸 십보라를 모세에게 주었더니 그가 아들을 낳으매 모세가 그의 이름을 게르솜이라 하여 이르되 내가 타국에서 나그네가 되었음이라 하였더라(출 2:16-22).

모세는 미디안 광야에서 십보라와 혼인해 두 아들을 낳았다. 아들들의 이름에는 모세의 신앙이 잘 드러나 있다. 첫째 아들 '게르솜'은 이집트에서 나그네로 살았다는 의미다. 하나님께서 아브라함에게 "네 자손이 이방에서 객이 되어"(창 15:13)라고 하셨던 하나님 말씀에서 비롯된 이름이다. 모세는 하나님께서 이방 이집트에서 객으로 살아가는 이스라엘에게 가나안 땅의 언약을 이루어주실 것을 믿는다고 아들의 이름으로 고백한 것이다. 둘째 아들 '엘리에셀'은 나의 하나님은 나의 도우심이라는 의미다. 나그네로 살아가는 그의 삶이 정처 없고 험난하지만, 항상 함께하시는 하나님의 도우심을 믿고 의지한다는 믿음을 아들의 이름으로 고백한 것이다.

여러 해 후에 애굽 왕은 죽었고 이스라엘 자손은 고역으로 말미암아

> 탄식하며 부르짖으니 그 고역으로 말미암아 부르짖는 소리가 하나님께 상달된지라 하나님이 그들의 고통 소리를 들으시고 하나님이 아브라함과 이삭과 야곱에게 세운 그의 언약을 기억하사 하나님이 이스라엘 자손을 돌보셨고 하나님이 그들을 기억하셨더라(출 2:23-25).

이스라엘 백성은 이집트에 살면서 하나님의 언약이 성취될 가나안 땅을 사모하지 않았다. 200만이나 되는 큰 민족이 이집트에서 가나안으로 이동하는 것은 상상할 수도 없는 일이었다. 그 땅에는 이미 가나안 족속이 살고 있었다. 무엇보다도 총리였던 요셉 덕분에 그들은 비옥한 땅 고센에서 부족함 없이 살고 있었기 때문에, 굳이 가나안에 갈 이유가 없었다.

이집트는 이스라엘을 큰 민족으로 만들기 위해 하나님께서 내리신 놀라운 '복'이었다. 그러나 이스라엘 백성은 이집트의 타락한 문화와 편안한 생활에 젖어 들었고 안주했다. 하나님께서 그들에게 주신 축복인 이집트가 급기야는 그들의 하나님이 되었다. 하나님께서 주시는 '복'과 복을 주시는 '하나님'을 혼동한 것이다.

출애굽은 고역과 학대에 시달리는 이스라엘의 부르짖음에 대한 하나님의 응답이었다. 그러나 그보다 더욱 본질적인 하나님의 섭리가 있었다. 하나님은 이미 아브라함에게 큰 민족과 가나안 땅과 복이 될 것을 언약해 주셨기 때문에, 이스라엘 백성이 가나안 땅을 얻기 위해서는 반드시 출애굽을 해야 했다. 출애굽은 하나님께서 아브라함에게 주신 언약을 이루시기 위한 피할 수 없는 성취의 과정이다. 이스라엘은 이집트에서 수적으로 충만함을 이루었다. 이제 가나안 땅을 소유하고 질적으로 충만해지는 복이 되는 일만 남았다. 출애굽은 절대로 바뀔 수 없는 하나님의 언약으로 반드시 일어날 수밖에 없었다. 그뿐 아니라 하나님의 때도 임박했다.

> 레위의 아들들의 이름은 그들의 족보대로 이러하니 게르손과 고핫과 므라리요 레위의 나이는 백삼십칠 세였으며 … 고핫의 아들들은 아므람과 이스할과 헤브론과 웃시엘이요 고핫의 나이는 백삼십삼 세였으며 … 아므람은 그들의 아버지의 누이 요게벳을 아내로 맞이하였고 그는 아론과 모세를 낳았으며 아므람의 나이는 백삼십칠 세였으며(출 6:16-20).

과거에 하나님은 아브라함에게 그의 자손이 이방에서 객이 되어 그들을 섬길 것이고, 그들이 400년 동안 그의 자손을 괴롭힐 것이며, 그의 자손이 4대 만에 가나안으로 돌아올 것이라고 말씀하셨다(창 15:13-14). 야곱 족속 70명이 이집트로 들어온 후 레위와 그의 아들 고핫, 그의 아들 아므람, 그의 아들 모세까지 4대가 지났다. 돌아올 때가 임박했기 때문에 출애굽은 일어나야만 했다. 출애굽의 가장 근본적인 원인은 아브라함에게 주셨던 언약이다.

이스라엘 백성이 하나님께 부르짖었기 때문에 출애굽 시켜 주신 것이 아니다. 하나님께서 그들을 출애굽 시키기 위해, 부르짖을 수밖에 없도록 몰아가신 것이다. 하나님은 힉소스 민족도, 이집트 왕조도, 이스라엘뿐만 아니라 온 세상을 하나님의 뜻대로 다스리신다. 이런 하나님께서 왜 그분의 백성이 노예로 전락하도록 내버려 두셨을까? 그것은 이스라엘 백성이 반드시 출애굽을 해야만 했기 때문이다.

하나님은 의도적으로 요셉을 알지 못하는 이집트 왕조를 회복시켜서 이스라엘 백성이 고역과 학대에 시달리게 하셨다. 이스라엘 백성은 하나님의 언약을 기억했고, 이집트를 떠나 가나안에 들어가게 해

달라고 하나님께 부르짖기 시작했다. 민족 대이동이 쉽지는 않지만, 가나안 땅에 정착민이 살고 있지만, 요셉 덕분에 편안한 삶을 살았지만 이제 이집트를 떠나고 싶다는 절실함으로 하나님께 부르짖었다.

엘샤다이 하나님께서 선택하신 방법은 고난이었다. 고난은 하나님의 언약에 대해 무감각해진 이스라엘 백성을 단숨에 깨우는 방법이었다. 하나님의 백성에게 고난이 있는 이유는 살아 계신 하나님께서 역사하시기 때문이다. 고난은 하나님의 백성이 타락한 세상을 떠나게 하고, 영원한 약속의 땅에 들어가게 하는 놀라운 하나님의 은혜다.

모세를 부르시는 여호와 하나님(출 3:1–22)

> 나이가 사십이 되매 그 형제 이스라엘 자손을 돌볼 생각이 나더니 한 사람이 원통한 일 당함을 보고 보호하여 압제 받는 자를 위하여 원수를 갚아 애굽 사람을 쳐 죽이니라 그는 그의 형제들이 하나님께서 자기의 손을 통하여 구원해 주시는 것을 깨달으리라고 생각하였으나 그들이 깨닫지 못하였더라(행 7:23–25).

40년 전 모세가 이집트 사람을 죽였을 때, 이스라엘 백성이 그의 뜻을 따를 것으로 생각했다. 모세는 그들과 힘을 합해 하나님의 언약을 이루려고 했다. 출애굽이라는 하나님의 언약을 믿고 불쌍한 동족을 해방하겠다는 의연한 믿음이었다. 그러나 무모한 믿음이었다. 민족의 구원자를 자처한 자기 자신의 혈기와 의분을 참지 못한 미숙한 신앙에서 비롯된 행동이었다. 하나님의 언약은 아무리 뛰어난 지식과 실력이 있을지라도 사람이 이룰 수 있는 것이 결코 아니다.

> 모세가 그의 장인 미디안 제사장 이드로의 양 떼를 치더니 그 떼를 광야 서쪽으로 인도하여 하나님의 산 호렙에 이르매 여호와의 사자가 떨기나무 가운데로부터 나오는 불꽃 안에서 그에게 나타나시니라 그가 보니 떨기나무에 불이 붙었으나 그 떨기나무가 사라지지 아니하는지라 이에 모세가 이르되 내가 돌이켜 가서 이 큰 광경을 보리라 떨기나무가 어찌하여 타지 아니하는고 하니 그 때에 여호와께서 그가 보려고 돌이켜 오는 것을 보신지라 하나님이 떨기나무 가운데서 그를 불러 이르시되 모세야 모세야 하시매 그가 이르되 내가 여기 있나이다 하나님이 이르시되 이리로 가까이 오지 말라 네가 선 곳은 거룩한 땅이니 네 발에서 신을 벗으라(출 3:1-5).

그로부터 40년 후, 떨기나무에 불로 임재하신 하나님은 모세에게 신을 벗으라고 말씀하셨다. 당시에 노예는 신을 신지 않았다. 자신의 믿음 이전에 먼저 하나님 말씀을 듣고 순종하는 하나님의 종이 되라고 하신 것이다. 그래야만 하나님께서 언약을 성취하는 과정에 모세가 의의 병기로 쓰임 받을 수 있기 때문이다. 자기의 능력과 믿음으로는 기껏 이집트 사람 하나 죽이는 데 그쳤지만, 하나님 말씀에 순종했을 때에는 이집트를 초토화할 정도였다. 그래서 하나님의 뜻을 묻는 하나님의 종이 되었다.

모세는 미디안 광야에서 40년 동안 철저하게 훈련받았다. 그는 장인의 양떼를 치는 훈련을 40년이나 받은 것이다. 자신의 양떼가 아니라 장인의 양떼였다. 양떼의 주인이 장인이기 때문에 장인의 뜻에 따라 양떼를 쳐야만 했다. 이렇듯 모세는 주인의 뜻을 헤아리는 훈련을 받았다.

또 이르시되 나는 네 조상의 하나님이니 아브라함의 하나님, 이삭의 하나님, 야곱의 하나님이니라 모세가 하나님 뵈옵기를 두려워하여 얼굴을 가리매 여호와께서 이르시되 내가 애굽에 있는 내 백성의 고통을 분명히 보고 그들이 그들의 감독자로 말미암아 부르짖음을 듣고 그 근심을 알고 내가 내려가서 그들을 애굽인의 손에서 건져내고 그들을 그 땅에서 인도하여 아름답고 광대한 땅, 젖과 꿀이 흐르는 땅 곧 가나안 족속, 헷 족속, 아모리 족속, 브리스 족속, 히위 족속, 여부스 족속의 지방에 데려가려 하노라 이제 가라 이스라엘 자손의 부르짖음이 내게 달하고 애굽 사람이 그들을 괴롭히는 학대도 내가 보았으니 이제 내가 너를 바로에게 보내어 너에게 내 백성 이스라엘 자손을 애굽에서 인도하여 내게 하리라(출 3:6-10).

하나님께서 모세에게 출애굽의 사명을 부여하시며, 자신을 '네 조상의 하나님', '아브라함의 하나님', '이삭의 하나님', '야곱의 하나님'이라고 말씀하셨다. 모세는 떨기나무에 불로 임재하신 그 하나님이 누구인지를 몰랐다. 모세가 하나님의 이름을 물었던 것도 이 같은 이유 때문이다. 히브리어로 하나님을 직역하면 단순한 '신(神)'이라는 의미다. 모세는 떨기나무에 불로 임재하신 하나님에 대해 알지 못했다. 그래서 하나님은 모세가 잘 알고 있는 조상의 이름들을 언급하시며 하나님 자신에 대해 알려 주셨다.

모세가 하나님께 아뢰되 내가 누구이기에 바로에게 가며 이스라엘 자손을 애굽에서 인도하여 내리이까 하나님이 이르시되 내가 반드시 너와 함께 있으리라 네가 그 백성을 애굽에서 인도하여 낸 후에 너희가 이 산에서 하나님을 섬기리니 이것이 내가 너를 보낸 증거니라 모세가 하나님께 아뢰되 내가 이스라엘 자손에게 가서 이르기를 너희의 조상의 하나님이 나를 너희에게 보내셨다 하면 그들이 내게 묻기를 그의 이름이 무엇이냐 하리니 내가 무엇이라고 그들에게 말하리이까 하나님이 모세에게 이르시되 나는 스스로 있는 자이니라 또 이르시되 너는 이스라엘 자손에게 이같이 이르기를 스스로 있는 자가 나를 너희에게 보내셨다 하라 하나님이 또 모세에게 이르시되 너는 이스라엘 자손에게 이같이 이르기를 너희 조상의 하나님 여호와 곧 아브라함의 하나님, 이삭의 하나님, 야곱의 하나님께서 나를 너희에게 보내셨다 하라 이는 나의 영원한 이름이요 대대로 기억할 나의 칭호니라(출 3:11-15).

모세는 이집트로 가라는 하나님의 보내심을 거부했다. 80세의 고령이었고 미디안 광야의 목자에 불과했으며, 이집트에서는 지명수배가 내려져 있기 때문이다. 무엇보다도 이스라엘 백성을 출애굽 시키는 일은 이미 40년 전에 실패한 일이기도 했다. 모세가 "내가 누구이기에"라고 말한 것도, 40년 전 이집트에서 형제들이 자신에게 "누가 너로 우리를 다스리는 자와 재판관으로 삼았느냐"(출 2:14)라고 했던 말이 마음속 상처로 남았기 때문일 것이다. 그러나 그가 어떤 존재인지는 중요하지 않다. 중요한 것은 '하나님께서 그와 함께하시느냐'였다.

모세는 하나님의 이름을 물었다. 그가 40년 동안 살았던 이집트에는 수많은 우상이 있었다. 이스라엘 백성은 400년 동안 이집트 사람이 수많은 우상을 섬기는 것을 보고 그 영향을 받았을 것이다. 예컨대 이집트 사람들이 나일강은 '하피' 신으로, 태양은 '라' 신으로, 개구리는 '헤켓' 신으로 숭배하는 것을 보았다. 모세가 하나님의 이름을 물은 것은 불경한 행위였다. 하나님을 수많은 이집트 우상 중에 하나로 취급했기 때문이다. 그는 이집트의 '범신론' 사상에 젖어 있었기 때문에 수많은 신중에 하나님은 어떤 이름을 갖고 있느냐고 물은 것이다.

히브리어 '스스로 있는 자'를 직역하면 '나는 곧 나일 뿐(I am who I am)'이다. 하나님은 자신의 이름을 말씀해 주기보다는, 하나님의 본질을 설명해 주셨다. 그러나 모세가 아는 그 어떤 것으로도, 하늘과 땅과 바다에 있는 그 어떤 것으로도 하나님을 설명할 수 없기 때문에, '나는 곧 나일 뿐'이라고 말씀하신 것이다. 이 세상에서 하나님을 빗대어서 설명할 수 있는 존재는 오직 하나님밖에 없다는 것이다.

'스스로 있는 자'는 헬라어 성경의 표현이다. 히브리어 성경을 헬라어로 번역할 때 단순하게 헬라어로 직역한 것이 아니라, 그 의미를 헬라식 신관에 따라 의역한 것이다. 헬라식 신관이란 한 결과가 있기까지는 반드시 어떤 원인이 있다는 것이다. 원인이 있으려면 그 원인을 있게 한 또 다른 원인이 있는데, 이렇게 최초의 원인으로 거슬러 올라가면 어떤 원인으로 존재하는 것이 아니라, 결국 스스로 존재할 수밖에 없다는 것이다. 하나님은 '자존자'이시고 모든 피조물은 '의존자'다. 모든 사람에게는 낳아준 부모가 있고, 모든 제품에는 제조사가 있는 것처럼.

에덴에서 뱀이 여자를 유혹할 때, 금단의 열매를 먹으면 "하나님과 같이 될 것"(창 3:5)이라고 말했다. 그 누구에게도 간섭받지 않는 스스로 존재하는 자가 될 것이라는 의미다.

떨기나무에 불이 붙었으나 나무가 사라지지 않는 광경은 스스로 있다는 말을 잘 드러내고 있다. 분명히 불은 활활 타오르고 있는데 나무는 타지 않는다. 하나님은 땔감이 없이도 활활 타오르는 불로 존재하실 수 있는 분이다. 하나님은 어떤 조건에도 영향을 받지 않는 스스로 존재하는 분이다.

여호와 하나님은 시간적 영향을 받지 않으시는 영원한 하나님이다. 공간적 영향을 받지 않으시는 무소 부재의 하나님이다. 모든 조건을 초월하시는 전지전능한 하나님이다. 여호와, '스스로 있는 자'의 궁극적 의미는 스스로 말씀하신 언약을 반드시 성취하시는 '언약의 하나님'이라는 의미다. 어떤 조건에도 영향을 받지 않으시는 여호와 하나님은 합리를 넘어서는 '초월자'라는 의미다.

요한 사도는 여호와 하나님을 예수님께서 일곱 가지 선포로 계시했음을 증거했다. 여호와 하나님께서 자신을 "나는 나다"라고 선포하셨던 것처럼, 예수님도 자신을 "나는 … 이다"라고 선포하셨다. 첫째, 오병이어의 기적을 행한 후에 "내가 곧 생명의 떡이니"(요 6:35)라고 선포하셨다. 이스라엘 백성이 광야에서 40년 동안 먹었던 만나가 곧 자신임을 선포하신 것이다. 모세가 말한 그 선지자이심과 참 생명의 양식이 자신임을 드러내셨다. 둘째, "나는 세상의 빛이니"(요 8:12). 예수님은 이 말씀을 선포하신 후에 날 때부터 소경된 사람을 고쳐주셨다. 천지창조 때 빛을 창조하신 분임을 드러내신 것이다. 셋째, "나는 양의 문이라"(요 10:7). 이스라엘 백성은 동쪽으로 나 있는 성막 문을 통해서만 성막을 출입할 수 있었다. 그 문을 통과해야 속죄받는 제사를 드릴 수 있었다. 예수님은 하나님께 나아갈 수 있는 문은 자신뿐임을 선포하셨다. 넷째, "나는 선한 목자라"(요 10:11). 이스라엘을 푸른 풀밭에 누이시며 쉴 만한 물가로 인도하시는 그 목자가 자신임을 드러내셨다. 다섯째, "나는 부활이요 생명이니"(요 11:25). 예수님은 이 말씀을 선포하신 후에 죽은 나사로를 살리셨다. 사람의 생사화복을 주관하는 분임을 증명하셨다. 여섯째, "내가 곧 길이요 진리요 생명이니"(요 14:6). 예수님께서 십자가에 달리시기 전날 밤 최후의 만찬 때 하신 말씀이다. 오직 주님의 보혈로만 죄를 씻을 수 있음을 선포하셨다. 일곱째, "내가 참 포도나무요"(요 15:1). 포도나무는 이스라엘을 상징하는 나무로 주님께서 이스라엘의 참된 근원이심을 드러내셨다.

요한 사도는 어떤 조건적 영향을 받지 않으시는 여호와 하나님을 예수님의 일곱 가지 기적으로도 증거했다. 첫째, 가나의 혼인 잔치에서 물을 포도주로 만드신 기적이다(요 2:1–11). 우리가 포도주를 만들려면 오랜 시간이 걸리지만, 예수님은 단숨에 투명한 물을 붉은 포도주로 만드셨다. 주님은 '사물의 질'이라는 조건을 초월하셨다. 둘째, 왕의 신하의 아들의 병을 고치신 기적이다(요 4:46–54). 가버나움에 사는 신하의 아들이 병이 들었다. 예수님은 가버나움에서 4시간 정도 떨어진 가나에 계셨지만, 주님은 가버나움으로 가시지 않고 말씀으로 치유하셨다. 주님은 공간이라는 조건을 초월하셨다. 셋째, 38년 된 병자를 고치신 기적이다(요 5:1–9). 예루살렘 양문 곁 베데스다 못에 38년 된 중풍병자가 있었다. 주님은 그를 찾아가셔서 말씀으로 고치셨다. 주님은 시간적 조건을 초월하셨다. 넷째, 오천 명을 먹이신 기적이다(요 6:1–15). 예수님은 한 아이의 보리떡 다섯 개와 물고기 두 마리로 오천 명을 먹이시고 열두 바구니가 남게 하셨다. 광야에서 벌어진 놀라운 기적이다. 그 수는 남자 성인만 헤아린 것이다. 여자와 아이들까지 고려한다면 족히 이만 명이 넘을 것이다. 다섯째, 바다 위를 걸으신 기적이다(요 6:16–21). 주님은 자연 질서라는 조건을 초월하셨다. 여섯째, 날 때부터 맹인 된 자를 고치신 기적이다(요 9:1–7). 주님은 운명이라는 조건을 초월하셨다. 일곱째, 죽은 나사로를 살려내신 기적이다(요 11:1–44). 무덤에 있은 지 나흘이나 된 나사로를 말씀으로 살리셨다. 사복음서에 기록된 예수님의 36가지 기적 중 가장 놀라운 기적이다. 주님은 사망이라는 조건까지도 초월하셨다.

사물의 질과 양을 초월하셨고, 공간과 시간을 초월하셨으며, 자연 질서와 운명과 사망까지도 초월하셨다. 주님은 어떤 조건의 영향을 받지 않는 '초월자' 여호와 하나님이시다.

유일하고 진정한 신은 여호와 하나님뿐이다. 천지를 창조하시고, 우주를 다스리시고, 역사를 심판하시는 신(神)은 오직 여호와 하나님 밖에 없다. 그래서 하나님을 부르는 이름은 일반명사 '하나님'만으로도 충분하다.

> 너는 가서 이스라엘의 장로들을 모으고 그들에게 이르기를 여호와 너희 조상의 하나님 곧 아브라함과 이삭과 야곱의 하나님이 내게 나타나 이르시되 내가 너희를 돌보아 너희가 애굽에서 당한 일을 확실히 보았노라 내가 말하였거니와 내가 너희를 애굽의 고난 중에서 인도하여 내어 젖과 꿀이 흐르는 땅 곧 가나안 족속, 헷 족속, 아모리 족속, 브리스 족속, 히위 족속, 여부스 족속의 땅으로 올라가게 하리라 하셨다 하면 그들이 네 말을 들으리니 너는 그들의 장로들과 함께 애굽 왕에게 이르기를 히브리 사람의 하나님 여호와께서 우리에게 임하셨은즉 우리가 우리 하나님 여호와께 제사를 드리려 하오니 사흘길쯤 광야로 가도록 허락하소서 하라 내가 아노니 강한 손으로 치기 전에는 애굽 왕이 너희가 가도록 허락하지 아니하다가 내가 내 손을 들어 애굽 중에 여러 가지 이적으로 그 나라를 친 후에야 그가 너희를 보내리라 내가 애굽 사람으로 이 백성에게 은혜를 입히게 할지라 너희가 나갈 때에 빈손으로 가지 아니하리니 여인들은 모두 그 이웃 사람과 및 자기 집에 거류하는 여인에게 은 패물과 금 패물과 의복을 구하여 너희의 자녀를 꾸미라 너희는 애굽 사람들의 물품을 취하리라 (출 3:16-22).

하나님은 모세에게 이집트를 나와 가나안에 들어갈 것이라는 하나님 말씀을 이스라엘 장로들에게 전하라고 하셨다. 그리고 '너희 조상의 하나님 곧 아브라함과 이삭과 야곱의 하나님'의 뜻이라는 것도 전하라고 하셨다. 아브라함의 하나님, 이삭의 하나님, 야곱의 하나님이라는 표현을 모세에게 말씀하시는 동안 세 번(출 3:6, 3:15, 3:16)이나 언급하셨다. 이스라엘 백성이 고역과 학대에 시달리며 하나님께 부르짖을 때도 하나님은 이 언급을 하셨다. 아브라함과 이삭과 야곱의 하나님이라는 표현은 '언약의 하나님'이라는 의미다. 아브라함에게 주어졌던 언약이 이삭에게도 야곱에게도 계승되었기 때문이다.

아브라함과 이삭과 야곱의 하나님. 그렇다면 족장 중에서 왜 요셉의 이름은 빠졌을까? 요셉은 아브라함과 이삭과 야곱과는 달리 언약을 직접 받은 족장이 아니기 때문이다. 또한 아브라함과 이삭과 야곱과 그 아내들은 아브라함이 샀던 막벨라 굴에 장사되었고, 요셉은 야곱이 샀던 세겜 밭에 묻혔다. 그리고 세 명의 족장은 하나님께 이름을 지음 받았다.

모세를 보내시는 여호와 하나님(출 4:1-31)

모세가 대답하여 이르되 그러나 그들이 나를 믿지 아니하며 내 말을 듣지 아니하고 이르기를 여호와께서 네게 나타나지 아니하셨다 하리이다 여호와께서 그에게 이르시되 네 손에 있는 것이 무엇이냐 그가 이르되 지팡이니이다 여호와께서 이르시되 그것을 땅에 던지라 하시매 곧 땅에 던지니 그것이 뱀이 된지라 모세가 뱀 앞에서 피하매 여호와께서 모세에게 이르시되 네 손을 내밀어 그 꼬리를 잡으라 그가 손을 내밀어 그것을 잡으니 그의 손에서 지팡이가 된지라 이는 그들에게 그들의 조상의 하나님 곧 아브라함의 하나님, 이삭의 하나님, 야곱의 하나님 여호와가 네게 나타난 줄을 믿게 하려 함이라 하시고(출 4:1-5).

하나님은 스스로 계신 '여호와' 하나님이심을 모세에게 계속 증명해 보이셨다. 모세가 지팡이를 던지자 뱀으로 변했다. 하나님은 모세에게 뱀의 꼬리를 잡으라고 하셨다. 모세가 하나님 말씀대로 뱀의 꼬리를 잡자, 뱀은 곧 지팡이로 변했다. 하나님은 '자연의 법칙'을 초월하셨다. 하나님은 스스로 존재하실 뿐 아니라, 하나님 말씀을 믿는 자에게 같은 능력이 나타나게 하셨다. 뱀은 이집트 파라오를 상징하고, 창세로부터 사탄을 상징했다.

여호와께서 또 그에게 이르시되 네 손을 품에 넣으라 하시매 그가 손을 품에 넣었다가 내어보니 그의 손에 나병이 생겨 눈 같이 된지라 이르시되 네 손을 다시 품에 넣으라 하시매 그가 다시 손을 품에 넣었다가 내어보니 그의 손이 본래의 살로 되돌아왔더라 여호와께서 이르시되 만일 그들이 너를 믿지 아니하며 그 처음 표적의 표징을 받지 아니하여도 나중 표적의 표징은 믿으리라 그들이 이 두 이적을 믿지 아니하며 네 말을 듣지 아니하거든 너는 나일 강 물을 조금 떠다가 땅에 부으라 네가 떠온 나일 강 물이 땅에서 피가 되리라(출 4:6-9).

모세는 하나님 말씀대로 손을 품에 넣었다가 다시 뺐다. 그의 손에는 나병이 생겨 눈같이 희어졌다. 야곱 족속 70명은 이집트에서 수적으로는 큰 민족으로 번성했다. 그러나 그들은 이집트에 취해 하나님의 언약에 대한 감각을 잃어버렸다. 이스라엘 백성이 영적으로 나병에 걸린 상태였음을 상징적으로 보여 주신 것이다.

하나님은 모세에게 두 가지 표적과 말씀을 통해 뜻을 계시하셨다. 앞으로 일어날 출애굽을 위해 그가 가져야 할 태도와 알아야 할 사실이다. 첫째, 뱀의 꼬리를 잡았을 때 지팡이가 된 표적은 오직 믿음으로 하나님 말씀에 순종할 때 이집트 파라오를 꺾게 된다는 것이다. 둘째, 그의 손이 나병에 걸렸다가 치유받은 표적은 영적으로 나병 환자와도 같은 이스라엘 백성이 하나님의 은혜로 회복된다는 것이다. 셋째, 나일강 물이 피가 될 것이라는 말씀은 이집트가 하나님의 능력으로 심판받는다는 것이다.

> 모세가 여호와께 아뢰되 오 주여 나는 본래 말을 잘 하지 못하는 자니이다 주께서 주의 종에게 명령하신 후에도 역시 그러하니 나는 입이 뻣뻣하고 혀가 둔한 자니이다 여호와께서 그에게 이르시되 누가 사람의 입을 지었느냐 누가 말 못 하는 자나 못 듣는 자나 눈 밝은 자나 맹인이 되게 하였느냐 나 여호와가 아니냐 이제 가라 내가 네 입과 함께 있어서 할 말을 가르치리라 모세가 이르되 오 주여 보낼 만한 자를 보내소서 여호와께서 모세를 향하여 노하여 이르시되 레위 사람 네 형 아론이 있지 아니하냐 그가 말 잘 하는 것을 내가 아노라 그가 너를 만나러 나오나니 그가 너를 볼 때에 그의 마음에 기쁨이 있을 것이라 너는 그에게 말하고 그의 입에 할 말을 주라 내가 네 입과 그의 입에 함께 있어서 너희들이 행할 일을 가르치리라 그가 너를 대신하여 백성에게 말할 것이니 그는 네 입을 대신할 것이요 너는 그에게 하나님 같이 되리라 너는 이 지팡이를 손에 잡고 이것으로 이적을 행할지니라(출 4:10-17).

모세는 떨기나무에 붙은 하나님의 불과 두 표적을 본 후에도 이집트로 가라는 하나님의 보내심을 거부했다. 그것도 다섯 번이나 거절했다(출 3:11, 13, 4:1, 10, 13). 모세는 하나님께 자신은 "본래 말을 잘 하지 못하는 입이 뻣뻣하고, 혀가 둔한 자"라고 말했다. 이것은 모세의 변명이었다. 사도행전에서는 "모세가 애굽 사람의 모든 지혜를 배워 그의 말과 하는 일들이 능하더라"(행 7:22)고 기록하고 있다.

> 모세가 그의 장인 이드로에게로 돌아가서 그에게 이르되 내가 애굽에 있는 내 형제들에게로 돌아가서 그들이 아직 살아 있는지 알아보려 하오니 나로 가게 하소서 이드로가 모세에게 평안히 가라 하니라 여호와께서 미디안에서 모세에게 이르시되 애굽으로 돌아가라 네 목숨을 노리던 자가 다 죽었느니라 모세가 그의 아내와 아들들을 나귀에 태우고 애굽으로 돌아가는데 모세가 하나님의 지팡이를 손에 잡았더라 여호와께서 모세에게 이르시되 네가 애굽으로 돌아가거든 내가 네 손에 준 이적을 바로 앞에서 다 행하라 그러나 내가 그의 마음을 완악하게 한즉 그가 백성을 보내 주지 아니하리니 너는 바로에게 이르기를 여호와의 말씀에 이스라엘은 내 아들 내 장자라 내가 네게 이르기를 내 아들을 보내 주어 나를 섬기게 하라 하여도 네가 보내 주기를 거절하니 내가 네 아들 네 장자를 죽이리라 하셨다 하라 하시니라 모세가 길을 가다가 숙소에 있을 때에 여호와께서 그를 만나사 그를 죽이려 하신지라 십보라가 돌칼을 가져다가 그의 아들의 포피를 베어 그의 발에 갖다 대며 이르되 당신은 참으로 내게 피 남편이로다 하니 여호와께서 그를 놓아 주시니라 그 때에 십보라가 피 남편이라 함은 할례 때문이었더라(출 4:18-26).

하나님은 모세에게 이집트로 돌아가라고 명령하셨다. 모세가 아내와 두 아들을 나귀에 태우고 이집트로 돌아가던 중 여호와께서 그를 죽이려고 하셨다. 모세는 하나님 말씀에 순종해서 이집트로 돌아가는 중이었는데, 하나님께서 느닷없이 그를 죽이려고 한 것이다. 이해할 수 없는 상황이었다. 그때 십보라가 돌칼을 가져다가 두 아들의 포피를 베어내었다. 하나님께서 모세를 죽이려고 한 이유는 십보라가 두 아들의 포피를 베어내는 '할례'와 연관이 있었다. 십보라는 베어낸 포피를 그의 발에 갖다 대며 "당신은 참으로 내게 피 남편"이라고 했다.

모세는 이집트에서 태어나 어머니와 유아 시절을 보냈기 때문에 부모에게 할례를 받았다. 그러나 미디안 광야에서 얻은 두 아들에게는 할례를 행하지 못했다. 그의 아내 때문이었다. 그러나 모세가 하나님을 만난 후에는 생각이 달라졌다. 언약의 하나님을 믿는 언약의 백성이라면, 아브라함으로부터 시작된 할례를 두 아들에게 행하는 것은 당연했다. 할례는 하나님의 백성이 되었다는 것을 믿음으로 고백하는 의식이기 때문이다.

하나님께서 갑자기 모세의 생명을 취하려 하자, 십보라는 사태의 심각성을 직감하고 즉시 두 아들에게 할례를 행했다. 하나님은 모세를 죽이기 위해서가 아니라 십보라의 강한 고집을 꺾기 위해 그렇게 하신 것이다. 그래서 하나님은 모세에게 '언약'에 대한 개념을 더욱 분명하게 심어주셨다.

지팡이를 들고 모세는 이집트에 갔다. 40년 동안 사용한 지팡이는 양떼를 보호하고, 이리 떼를 물리칠 때 사용하던 것이다. 그가 이집트로 돌아가는 이유는 양떼를 치러가는 것이 아니다. 출애굽이라는 사명을 감당하기 위해서다. 그런데 왜 지팡이를 들고 갔을까?

지팡이는 모세가 하나님 말씀에 순종했을 때, 뱀으로도 변했고 다시 지팡이로도 변했다. 하나님의 권능이 지팡이를 통해 나타났다. 지팡이는 더 이상 모세의 것이 아니었다. 하나님의 지팡이였다(출 4:20). 하나님은 지팡이로 이스라엘이라는 양떼를 목양하실 것이다. 하나님의 지팡이가 바로 모세였다. 그를 통해 이스라엘이라는 양떼를 구원하시고, 파라오와 이리 떼 같은 이집트 군대를 심판하실 것이다.

> 여호와께서 아론에게 이르시되 광야에 가서 모세를 맞으라 하시매 그가 가서 하나님의 산에서 모세를 만나 그에게 입맞추니 모세가 여호와께서 자기에게 분부하여 보내신 모든 말씀과 여호와께서 자기에게 명령하신 모든 이적을 아론에게 알리니라 모세와 아론이 가서 이스라엘 자손의 모든 장로를 모으고 아론이 여호와께서 모세에게 이르신 모든 말씀을 전하고 그 백성 앞에서 이적을 행하니 백성이 믿으며 여호와께서 이스라엘 자손을 찾으시고 그들의 고난을 살피셨다 함을 듣고 머리 숙여 경배하였더라(출 4:27-31).

세상 모든 일은 '하나님의 언약'에 달려 있다. 하나님의 언약으로 시작되고 그 성취로 완성된다. 이스라엘은 파라오의 고역과 학대에 시달리며 하나님께 부르짖었다(출 2:13). 그러나 하나님은 그 부르짖음 이전에 그들을 구원해 낼 모세를 먼저 미디안 광야로 불러내셨다. 그곳에서 모세는 훈련받았고, 이스라엘의 출애굽을 진행해 가고 계셨다. 여호와 하나님은 '엘샤다이', 전능하신 하나님이셨고, '여호와 이레', 예비하시는 하나님이셨다.

모세는 이집트 왕궁에서 왕자로 40년을 살았다. 목자로 미디안 광야에서 40년을 살았고, 하나님께서 부르신 후에는 주의 종으로 40년을 살았다. 모세의 120년 인생, 파란만장한 세월은 언약을 이루시기 위한 하나님의 섭리였다. 하나님은 훈련을 통해 하나님의 사람을 예비하시고 세상의 것이 아닌 하나님의 것으로 변화시킨 후에 사용하신다. 우리는 언약의 하나님을 믿고, 언약대로 하는 하나님의 백성이 되어야 하겠다.

제2강

출애굽,
유월절 어린 양

출애굽기 5~14장

하나님은 모세를 이집트로 보내서 열 가지 재앙으로 이집트를 심판하시고, 이스라엘을 '출애굽' 시키셨다. 출애굽은 구약성경에서 끊임없이 언급되는 사건으로 시편에서만 80회 이상 언급되고 있다. 왜냐하면 출애굽은 역사적으로 이스라엘이라는 한 나라의 시작이고, 궁극적으로는 유월절 장자 재앙의 어린 양이 '예수 그리스도'를 예표하기 때문이다.

파라오와 대면하는 모세(출 5:1–23)

그 후에 모세와 아론이 바로에게 가서 이르되 이스라엘의 하나님 여호와께서 이렇게 말씀하시기를 내 백성을 보내라 그러면 그들이 광야에서 내 앞에 절기를 지킬 것이니라 하셨나이다 바로가 이르되 여호와가 누구이기에 내가 그의 목소리를 듣고 이스라엘을 보내겠느냐 나는 여호와를 알지 못하니 이스라엘을 보내지 아니하리라 그들이 이르되 히브리인의 하나님이 우리에게 나타나셨은즉 우리가 광야로 사흘길쯤 가서 우리 하나님 여호와께 제사를 드리려 하오니 가도록 허락하소서 여호와께서 전염병이나 칼로 우리를 치실까 두려워하나이다 애굽 왕이 그들에게 이르되 모세와 아론아 너희가 어찌하여 백성의 노역을 쉬게 하려느냐 가서 너희의 노역이나 하라 바로가 또 이르되 이제 이 땅의 백성이 많아졌거늘 너희가 그들로 노역을 쉬게 하는도다 하고 바로가 그 날에 백성의 감독들과 기록원들에게 명령하여 이르되 너희는 백성에게 다시는 벽돌에 쓸 짚을 전과 같이 주지 말고 그들이 가서 스스로 짚을 줍게 하라 또 그들이 전에 만든 벽돌 수효대로 그들에게 만들게 하고 감하지 말라 그들이 게으르므로 소리 질러 이르기를 우리가 가서 우리 하나님께 제사를 드리자 하나니 그 사람들의 노동을 무겁게 함으로 수고롭게 하여 그들로 거짓말을 듣지 않게 하라(출 5:1-9).

모세는 왕궁에서 파라오를 만났다. 둘은 미묘한 분위기에 휩싸였을 것이다. 모세는 40세가 될 때까지 그와 함께 형제로 자랐다. 40년 만의 재회는 모세는 하나님의 대리자로, 파라오는 태양신의 대리자로서의 만남이었다.

모세는 이스라엘 백성을 광야로 보내달라고 했다. 여호와 하나님께 절기를 지키기 위해서다. 그러나 파라오는 '여호와를 알지 못하니' 이스라엘을 보낼 수 없다고 했다. 당연한 말이다. 이집트 신들 이름 중에 '여호와'는 없기 때문이다.

파라오는 모세의 말에 이스라엘 백성을 더욱 학대했다. 이스라엘 백성은 파라오를 위해 국가의 물품을 비축하는 국고성 비돔과 라암셋을 건축하고 있었다(출 1:11). 그뿐만 아니라 왕의 무덤인 피라미드와 머리는 사람이고 몸은 사자인 스핑크스도 짓고 있었다. 분노한 파라오는 이스라엘 백성에게 벽돌 만드는 데 사용되는 짚을 주지 않고, 직접 짚을 주워서 이전과 같은 수량을 만들라고 했다. 갑자기 노역이 늘어난 이스라엘 백성은 짚을 주워 수량을 맞추기 위해 더 많은 수고를 해야 했다. 그러나 이것은 처음부터 불가능한 요구였다. 고역과 학대는 점점 더 심해졌고, 이 사태를 초래한 모세에 대한 이스라엘 백성의 원망은 점점 더 커졌다.

여호와임을 천명하시는 하나님(출 6:1-30)

> 여호와께서 모세에게 이르시되 이제 내가 바로에게 하는 일을 네가 보리라 강한 손으로 말미암아 바로가 그들을 보내리라 강한 손으로 말미암아 바로가 그들을 그의 땅에서 쫓아내리라 하나님이 모세에게 말씀하여 이르시되 나는 여호와이니라 내가 아브라함과 이삭과 야곱에게 전능의 하나님으로 나타났으나 나의 이름을 여호와로는 그들에게 알리지 아니하였고 가나안 땅 곧 그들이 거류하는 땅을 그들에게 주기로 그들과 언약하였더니 이제 애굽 사람이 종으로 삼은 이스라엘 자손의 신음 소리를 내가 듣고 나의 언약을 기억하노라 그러므로 이스라엘 자손에게 말하기를 나는 여호와라 내가 애굽 사람의 무거운 짐 밑에서 너희를 빼내며 그들의 노역에서 너희를 건지며 편 팔과

여러 큰 심판들로써 너희를 속량하여 너희를 내 백성으로 삼고 나는 너희의 하나님이 되리니 나는 애굽 사람의 무거운 짐 밑에서 너희를 빼낸 너희의 하나님 여호와인 줄 너희가 알지라 내가 아브라함과 이삭과 야곱에게 주기로 맹세한 땅으로 너희를 인도하고 그 땅을 너희에게 주어 기업을 삼게 하리라 나는 여호와라 하셨다 하라(출 6:1-8).

창세기에서 하나님은 아브라함과 이삭과 야곱에게 '엘샤다이', 전능하신 하나님으로 나타나셨다. 아브라함에게는 사라의 생리가 끊어진 후에 이삭을 주셨다. 이삭에게는 흉년 속에서도 100배의 수확을 얻게 하셨다. 야곱에게는 라반의 박해 속에서도 열두 아들과 수많은 재물을 얻게 하셨다. 하나님은 이들에게 전능하신 신성을 드러내셨다. 그러나 하나님의 이름을 알려주지는 않으셨다. 실제로 야곱이 얍복 강가의 씨름 중에 하나님의 이름을 알려달라고 청했지만, 축복만 해주셨을 뿐 알려 주지 않으셨다(창 32:29).

하지만 출애굽기부터는 다르다. 하나님의 이름 '여호와'를 호렙산에서 최초로 모세에게 알려 주셨고, 이스라엘 백성에게도 알게 하셨다. 하나님은 모든 것을 하실 수 있는 엘샤다이 하나님일 뿐만 아니라, 어떤 조건의 영향을 받지 않으시는 스스로 계신 여호와 하나님이심을 천명하셨다.

아브라함과 이삭과 야곱에게 나타났던 엘샤다이 하나님의 능력은 큰 민족을 이루시겠다는 언약을 성취하기 위해 그 과정을 이어갔다. 아브라함이 이삭을 낳고, 이삭이 에서와 야곱을 낳고, 야곱이 열두 아들을 낳아서 야곱 족속 70명을 이루었다.

그런데 출애굽기부터는 활동무대가 개인을 넘어서 민족과 온 세계로 확장되었고, 하나님께서 온 세계를 다스리시는 여호와로 천명되었다. 창세기에서는 아들을 낳지 못하는 아브라함으로부터 야곱 족속 70명으로 번성하는 정도였지만, 출애굽기에서는 그들이 이스라엘이라는 큰 민족으로 일만 배나 번성했다.

여호와 하나님은 가장 작은 민족 이스라엘로, 세계 최강 이집트 파라오를 꺾게 하셨다. 온 세계를 다스리는 경이로운 여호와 하나님이심을 드러내기 시작하셨다. 그 구체적인 역사가 이집트에 내려졌던 '열 가지 재앙'이다.

나일강, 개구리, 이 재앙(출 7:1~8:19)

> 여호와께서 모세에게 이르시되 볼지어다 내가 너를 바로에게 신 같이 되게 하였은즉 네 형 아론은 네 대언자가 되리니 내가 네게 명령한 바를 너는 네 형 아론에게 말하고 그는 바로에게 말하여 그에게 이스라엘 자손을 그 땅에서 내보내게 할지니라 내가 바로의 마음을 완악하게 하고 내 표징과 내 이적을 애굽 땅에서 많이 행할 것이나 바로가 너희의 말을 듣지 아니할 터인즉 내가 내 손을 애굽에 뻗쳐 여러 큰 심판을 내리고 내 군대, 내 백성 이스라엘 자손을 그 땅에서 인도하여 낼지라(출 7:1-3).

파라오는 당시 이집트의 절대 군주이고, 모세는 40년 전 그를 피해 도주했던 살인자였다. 파라오는 왜 즉시 모세를 죽이지 않았을까? 하나님께서 모세를 파라오에게 '신' 같이 되게 하셨기 때문이다. 모세는 하나님께서 파라오에게 내세운 '신의 아들'이고, 그는 파라오라는 칭호의 의미처럼 '태양신의 아들'이었다. 모세와 그의 한판 대결은 신들의 전쟁이었다.

출애굽기에는 "하나님께서 바로를 완악하게 하셨다"는 표현이 열 번이나 언급되고, "바로의 마음이 완악하여"라는 표현도 열 번이나 언급된다. 하나님께서 파라오의 마음을 완악하게 만드셨기 때문에 그에게는 책임이 없는 것일까? 하나님은 파라오의 교만함과 사악함을 드러나게 하셨고 내버려 두셨다(롬 1:24). 그가 심판받는 것이 하나님의 공의에 의한 정당한 것임을 드러내신 것이다.

> 여호와께서 모세에게 이르시되 바로의 마음이 완강하여 백성 보내기를 거절하는도다 아침에 너는 바로에게로 가라 보라 그가 물 있는 곳으로 나오리니 너는 나일 강 가에 서서 그를 맞으며 그 뱀 되었던 지팡이를 손에 잡고 그에게 이르기를 히브리 사람의 하나님 여호와께서 나를 왕에게 보내어 이르시되 내 백성을 보내라 그러면 그들이 광야에서 나를 섬길 것이니라 하였으나 이제까지 네가 듣지 아니하도다 여호와가 이같이 이르노니 네가 이로 말미암아 나를 여호와인 줄 알리라 볼지어다 내가 내 손의 지팡이로 나일 강을 치면 그것이 피로 변하고(출 7:14-17).

이집트 사람들은 나일강을 하피(Hapi) 신으로 숭배했다. 우리나라는 여름에 폭우가 내리면 하룻밤 사이에 500밀리리터가 내리기도 한다. 하지만 이집트는 연간 강우량이 20밀리리터에 불과하다. 일 년에 단 일주일만 비가 오는 나라다. 당시는 국토의 97퍼센트가 경작이 불가능한 사막지대였고, 3퍼센트만 농작물을 경작할 수 있었다. 그 3퍼센트는 나일강 주변에 몰려 있었다. 나일강은 그들에게 유일한 식수였고 유일한 농업용수였다. 나일강은 이집트 사람에게 생명의 젖줄이었다. 그래서 파라오와 이집트 사람들은 아침마다 나일강에서 제사를 드렸다(출 7:15, 8:20).

하나님은 이집트에 재앙을 일으키기 전에 "네가 이로 인하여 나를 여호와인줄 알리라"(출 7:17, 8:10, 22, 9:14)고 말씀하셨다. 열 가지 재앙은 단순히 이집트 사람에 대한 심판만은 아니었다. 하나님을 알리는 '계시'의 과정이기도 했다. 모세가 지팡이를 들어 나일강을 치자 강물이 피로 변했다. 생명의 젖줄 나일강이 사망의 젖줄이 되었다. 나일강은 생명의 젖줄도 신도 아님이 드러났고, 하나님의 다스림을 받는 피조물 중 하나임이 드러났다. 피로 물든 나일강은 히브리 아기들을 던져 죽였던 그들의 악행을 상기시켰다.

> 여호와께서 모세에게 이르시되 너는 바로에게 가서 그에게 이르기를 여호와의 말씀에 내 백성을 보내라 그들이 나를 섬길 것이니라 네가 만일 보내기를 거절하면 내가 개구리로 너의 온 땅을 치리라 개구리가 나일 강에서 무수히 생기고 올라와서 네 궁과 네 침실과 네 침상 위와 네 신하의 집과 네 백성과 네 화덕과 네 떡 반죽 그릇에 들어갈

강독 가이드

나일강은 아마존강 다음으로 세계에서 두 번째로 긴 강이다. 길이는 약 667킬로미터로 우리나라 한강의 13배에 달한다. 일반적으로 강은 북쪽에서 남쪽으로 흐르기 마련인데, 나일강은 남쪽에서 북쪽 지중해를 향해 흐르는 것으로도 유명하다. 매년 발생하는 홍수의 범람은 땅을 비옥하게 만들고, 이집트 사람들은 나일강 물을 신이 흘리는 눈물이라고 여기고 신성시한다.

것이며 개구리가 너와 네 백성과 네 모든 신하에게 기어오르리라 하셨다 하라(출 8:1-4).

이집트 사람들은 개구리를 헤켓(Heket) 신으로 숭배했다. 개구리의 왕성한 번식력과 매끈한 피부를 보고 생명과 정결의 신으로 여겼다. 아론이 이집트 물들 위에 손을 내밀자, 엄청난 개구리가 올라와 이집트 온 땅을 덮었다(출 8:6). 너무나 많아서 생활할 수 없을 정도였다.

파라오가 모세에게 개구리를 떠나게 해달라고 요청하자, 모세는 개구리들이 물러갈 시기를 정하라고 했다. 개구리 재앙은 우연이 아니라, 하나님의 능력으로 일어난 것임을 증명하기 위해서였다. 개구리가 온 이집트 땅에 차고 넘치자, 조금만 움직여도 개구리가 발에 밟혀 죽었다. 생명과 정결의 신을 밟아 죽였으니 큰 저주가 임할 것으로 생각했다. 그러나 개구리만 죽었을 뿐 아무 일도 일어나지 않았다.

수많은 개구리 사체가 넘쳐났고, 사람들은 사체들을 모아 무더기로 쌓았다. 사체 무더기에서 풍기는 악취는 이루 말을 할 수 없었다. 이집트 사람들은 개구리를 생명의 신으로 섬겼는데 개구리는 사체로 변했다. 개구리를 정결의 신으로 여겼는데 사체는 악취만 풍겼다. 사체와 악취는 개구리가 신이 아니라, 하나님의 피조물 중 하나일 뿐임을 보여 주었다.

여호와께서 모세에게 이르시되 아론에게 명령하기를 네 지팡이를 들어 땅의 티끌을 치라 하라 그것이 애굽 온 땅에서 이가 되리라 그들이 그대로 행할새 아론이 지팡이를 잡고 손을 들어 땅의 티끌을 치매 애굽 온 땅의 티끌이 다 이가 되어 사람과 가축에게 오르니 요술사들도 자기 요술로 그같이 행하여 이를 생기게 하려 하였으나 못 하였고 이가 사람과 가축에게 생긴지라 요술사가 바로에게 말하되 이는 하나님의 권능이니이다 하였으나 바로의 마음이 완악하게 되어 그들의 말을 듣지 아니하였으니 여호와의 말씀과 같더라(출 8:16-19).

아론이 지팡이로 땅의 티끌을 치자, 온 이집트의 티끌이 이로 변했다. 이라는 히브리어 '키남'은 어떤 생물을 가리키는지 정확히 알 수는 없다. 성경학자들은 모기와 비슷한 곤충 정도로 추정할 뿐이다. 이집트의 마술사들은 모세를 대적하며 둘째 개구리 재앙까지는 따라 할 수 있었다. 그러나 셋째 이 재앙부터는 따라하지 못했다. 따라했던 두 재앙도 반쪽짜리였다. 나일강을 피로는 만들었지만, 다시 물로는 만들지 못했고, 개구리를 올라오게는 했지만 떠나가게는 못했다. 하나님은 열 가지 재앙으로 이스라엘과 이집트 사람들의 세계관을 바꾸셨고, 이집트의 우상들도 심판하신 것이다.

강독 가이드

이집트 고대 문명 유물 전시회에서 상아를 깎아 만든 여러 곤충의 조각품을 볼 수 있다. 말똥구리 모양으로 깎아 만든 목걸이는 여인들의 장신구이기도 하고, 그들의 신이기도 했다. 그들은 말똥구리가 말똥을 굴리는 모습을 보고, 말똥처럼 둥근 태양도 말똥구리 신이 하늘 동쪽에서 서쪽으로 굴린다고 생각했다.

파리, 짐승, 사람을 심판하는 재앙(출 8:20~9:12)

여호와께서 모세에게 이르시되 아침에 일찍이 일어나 바로 앞에 서라 그가 물 있는 곳으로 나오리니 그에게 이르기를 여호와께서 이와 같이 말씀하시기를 내 백성을 보내라 그러면 그들이 나를 섬길 것이니라 네가 만일 내 백성을 보내지 아니하면 내가 너와 네 신하와 네 백성과 네 집들에 파리 떼를 보내리니 애굽 사람의 집집에 파리 떼가 가득할 것이며 그들이 사는 땅에도 그러하리라 그 날에 나는 내 백성이 거주하는 고센 땅을 구별하여 그 곳에는 파리가 없게 하리니 이로 말미암아 이 땅에서 내가 여호와인 줄을 네가 알게 될 것이라(출 8:20-22).

이집트 사람은 파리를 신으로 숭배했다. 그 영향으로 북이스라엘 8대 왕 아하시야는 바알세붑을 찾아가 물을 정도였고, 예수님 당시 바리새인은 귀신의 왕 바알세불을 거론하기도 했다. '바알'은 주님이고, '세붑'이나 '세불'은 파리라는 뜻이다.

열 가지 재앙 중 먼저 세 가지 재앙은 이스라엘 백성과 이집트 사람이 함께 받았다. 그러나 넷째 파리 재앙부터는 이집트 사람만 받았다. 종말 때 일곱 인의 재앙과 일곱 나팔의 재앙과 일곱 대접의 재앙도 마찬가지다. 일곱 인의 재앙과 일곱 나팔의 재앙은 성도와 불신자가 함께 받는다. 하지만 마지막 일곱 대접의 재앙은 오직 불신자들만 받을 것이다.

바로가 모세와 아론을 불러 이르되 너희는 가서 이 땅에서 너희 하나님께 제사를 드리라 모세가 이르되 그리함은 부당하니이다 우리가 우리 하나님 여호와께 제사를 드리는 것은 애굽 사람이 싫어하는 바인즉 우리가 만일 애굽 사람의 목전에서 제사를 드리면 그들이 그것을 미워하여 우리를 돌로 치지 아니하리이까 우리가 사흘길쯤 광야로 들어가서 우리 하나님 여호와께 제사를 드리되 우리에게 명령하시는 대로 하려 하나이다(출 8:25-27).

들끓는 파리 재앙을 견딜 수 없었던 파라오는 이집트 땅에서 하나님께 제사를 드리라고 했다. 사탄이 성도에게 내미는 첫 번째 타협안이다. 모세는 그럴 수 없다고 했다. 왜냐하면 이집트 사람은 하나님께 제사 드리는 것을 싫어했기 때문이다. 만일 이스라엘 백성이 이집트 사람 앞에서 제사를 드리면, 그들이 이스라엘 백성을 돌로 칠 정도였다. 이집트 사람은 하나님께 제사 드리는 것을 왜 싫어했을까?

바로가 이르되 내가 너희를 보내리니 너희가 너희의 하나님 여호와께 광야에서 제사를 드릴 것이나 너무 멀리 가지는 말라 그런즉 너희는 나를 위하여 간구하라 모세가 이르되 내가 왕을 떠나가서 여호와께 간구하리니 내일이면 파리 떼가 바로와 바로의 신하와 바로의 백성을 떠나려니와 바로는 이 백성을 보내어 여호와께 제사를 드리는 일에 다시 거짓을 행하지 마소서 하고 모세가 바로를 떠나 나와서 여호와께 간구하니 여호와께서 모세의 말대로 하시니 그 파리 떼가 바로와 그의 신하와 그의 백성에게서 떠나니 하나도 남지 아니하였더라 그러나 바로가 이 때에도 그의 마음을 완강하게 하여 그 백성을 보내지 아니하였더라(출 8:28-32).

모세의 말에 수긍한 파라오는 광야에서 하나님께 제사를 드리되 너무 멀리는 가지 말라고 했다. 사탄이 성도에게 내미는 두 번째 타협안이다. 그러나 파라오는 이내 마음이 완악해져서 그들을 광야로 보내지 않았다.

여호와께서 모세에게 이르시되 바로에게 들어가서 그에게 이르라 히브리 사람의 하나님 여호와께서 말씀하시기를 내 백성을 보내라 그들이 나를 섬길 것이니라 네가 만일 보내기를 거절하고 억지로 잡아두면 여호와의 손이 들에 있는 네 가축 곧 말과 나귀와 낙타와 소와 양에게 더하리니 심한 돌림병이 있을 것이며 여호와가 이스라엘의 가축과 애굽의 가축을 구별하리니 이스라엘 자손에게 속한 것은 하나도 죽지 아니하리라 하셨다 하라 하시고 여호와께서 기한을 정하여 이르시되 여호와가 내일 이 땅에서 이 일을 행하리라 하시더니 이튿날에 여호와께서 이 일을 행하시니 애굽의 모든 가축은 죽었으나 이스라엘 자손의 가축은 하나도 죽지 아니한지라 바로가 사람을 보내어 본즉 이스라엘의 가축은 하나도 죽지 아니하였더라 그러나 바로의 마음이 완강하여 백성을 보내지 아니하니라(출 9:1-7).

다섯째 재앙은 가축들에게 내려진 전염병이었다. 이집트 땅의 말과 나귀와 낙타와 소와 양이 전염병에 걸려 죽어갔다. 그러나 이스라엘 백성이 거하는 고센은 하나님께서 보호하셔서 어떤 피해도 없었다. 하나님은 왜 이집트 땅의 말과 나귀와 낙타와 소와 양에게 전염병을 내리셨을까?

당신들은 이르기를 주의 종들은 어렸을 때부터 지금까지 목축하는 자들이온데 우리와 우리 선조가 다 그러하니이다 하소서 애굽 사람은 다 목축을 가증히 여기나니 당신들이 고센 땅에 살게 되리이다(창

46:34).

이집트 사람은 소나 양을 치는 목축을 가증하게 여겼다. 그들에게 소나 양은 단순한 짐승이 아니라, 숭배하는 '신'이었다. 신으로 믿는 소나 양을 기르는 것과 멍에를 지워 농사 같은 일에 사용하는 것을 그들로서는 용납할 수 없었다. 게다가 잘 기른 후에 잡아먹는다는 것은 상상조차 할 수 없었다. 하나님께 드리는 제사도 마찬가지였다. 소나 양을 잡아서 가죽을 벗기고 각을 떠서 불로 태워 하나님께 드리기 때문이다. 갑(甲)이라고 할 수 있는 이집트 사람이 섬기는 신들을 을(乙)인 이스라엘 백성이 섬기는 하나님께 제물로 드리는 것을 용납할 수 없었다.

여호와께서 모세와 아론에게 이르시되 너희는 화덕의 재 두 움큼을 가지고 모세가 바로의 목전에서 하늘을 향하여 날리라 그 재가 애굽 온 땅의 티끌이 되어 애굽 온 땅의 사람과 짐승에게 붙어서 악성 종기가 생기리라 그들이 화덕의 재를 가지고 바로 앞에 서서 모세가 하늘을 향하여 날리니 사람과 짐승에게 붙어 악성 종기가 생기고 요술사들도 악성 종기로 말미암아 모세 앞에 서지 못하니 악성 종기가 요술사들로부터 애굽 모든 사람에게 생겼음이라 그러나 여호와께서 바로의 마음을 완악하게 하셨으므로 그들의 말을 듣지 아니하였으니 여호와께서 모세에게 말씀하심과 같더라(출 9:8-12).

모세가 화덕의 재를 하늘을 향해 날리자, 사람과 짐승에게 붙어 악성 종기가 생겼다. 요술사들에게도 악성 종기가 생겨 더는 모세 앞에 설 수도 없었다. 이집트 사람은 사람도 신격화하여 우상으로 숭배했다.

구름, 메뚜기, 태양을 심판하는 재앙(출 9:13~11:10)

> 여호와께서 모세에게 이르시되 아침에 일찍이 일어나 바로 앞에 서서 그에게 이르기를 히브리 사람의 하나님 여호와의 말씀에 내 백성을 보내라 그들이 나를 섬길 것이니라 내가 이번에는 모든 재앙을 너와 네 신하와 네 백성에게 내려 온 천하에 나와 같은 자가 없음을 네가 알게 하리라 내가 손을 펴서 돌림병으로 너와 네 백성을 쳤더라면 네가 세상에서 끊어졌을 것이나 내가 너를 세웠음은 나의 능력을 네게 보이고 내 이름이 온 천하에 전파되게 하려 하였음이니라 네가 여전히 내 백성 앞에 교만하여 그들을 보내지 아니하느냐 내일 이맘때면 내가 무거운 우박을 내리리니 애굽 나라가 세워진 그 날로부터 지금까지 그와 같은 일이 없었더라(출 9:13-18).

하나님은 진작 파라오와 이집트 사람을 전염병으로 세상에서 끊어버릴 수도 있었다. 그러나 그렇게 하시지 않았다. 파라오는 유월절 재앙을 겪은 후에 이스라엘 백성을 놓아주었고, 홍해에서 수장되어 죽었다. 파라오가 아홉째 재앙까지 버티다가 열째 재앙에서 항복한 것은 아니다. 하나님은 단번에 해결하실 수 있지만, 모세에게 하나님의 권능을 보이고, 여호와라는 하나님의 이름이 온 천하에 천명되도록 그렇게 하신 것이다. 궁극적으로 어린 양의 피로 구원받는 '하나님의 복음'이 계시되어야만 했기 때문이다.

모세는 파라오에게 내일 이맘때에 무거운 우박이 쏟아질 것이라고 예언했다. 사람과 짐승을 막론하고 밭에 있는 채소와 들에 있는 나무를 모조리 칠 우박은 이집트 건국 이래 전무후무한 자연 재앙이 될 것이다. 그러나 파라오는 모세의 예언을 믿지 않았다. 비도 잘 내리지 않는 이집트 사막이기 때문이었다.

> 여호와께서 모세에게 이르시되 바로에게로 들어가라 내가 그의 마음과 그의 신하들의 마음을 완강하게 함은 나의 표징을 그들 중에 보이기 위함이며 네게 내가 애굽에서 행한 일들 곧 내가 그들 가운데에서 행한 표징을 네 아들과 네 자손의 귀에 전하기 위함이라 너희는 내가 여호와인 줄을 알리라 모세와 아론이 바로에게 들어가서 그에게 이르되 히브리 사람의 하나님 여호와께서 말씀하시기를 네가 어느 때까지 내 앞에 겸비하지 아니하겠느냐 내 백성을 보내라 그들이 나를 섬길 것이라 네가 만일 내 백성 보내기를 거절하면 내일 내가 메뚜기를 네 경내에 들어가게 하리니 메뚜기가 지면을 덮어서 사람이 땅을 볼 수 없을 것이라 메뚜기가 네게 남은 그것 곧 우박을 면하고 남은 것을 먹으며 너희를 위하여 들에서 자라나는 모든 나무를 먹을 것이며 또 네 집들과 네 모든 신하의 집들과 모든 애굽 사람의 집들에 가득하리니 이는 네 아버지와 네 조상이 이 땅에 있었던 그 날로부터 오늘까지 보지 못하였던 것이리라 하셨다 하고 돌이켜 바로에게서 나오니(출 10:1-6).

지금도 가끔 세계 곳곳에서 엄청난 메뚜기 떼가 출몰한다. 메뚜기 떼의 공격을 받으면 심각한 농작물 피해를 본다. 이집트에 내려진 메뚜기 재앙은 어느 지역에만 국한된 것이 아니라, 온 이집트 땅을 뒤덮어 땅을 볼 수 없을 정도였다. 메뚜기는 매일 자기 몸무게의 1~1.5배의 먹이를 먹어치운다고 한다. 메뚜기 떼가 지나가면 밭의 채소와 들의 나무까지 흔적도 없이 사라져 버린다.

바로의 신하들이 그에게 말하되 어느 때까지 이 사람이 우리의 함정이 되리이까 그 사람들을 보내어 그들의 하나님 여호와를 섬기게 하소서 왕은 아직도 애굽이 망한 줄을 알지 못하시나이까 하고 모세와 아론을 바로에게로 다시 데려오니 바로가 그들에게 이르되 가서 너희의 하나님 여호와를 섬기라 갈 자는 누구 누구냐 모세가 이르되 우리가 여호와 앞에 절기를 지킬 것인즉 우리가 남녀 노소와 양과 소를 데리고 가겠나이다 바로가 그들에게 이르되 내가 너희와 너희의 어린 아이들을 보내면 여호와가 너희와 함께 함과 같으니라 보라 그것이 너희에게는 나쁜 것이니라 그렇게 하지 말고 너희 장정만 가서 여호와를 섬기라 이것이 너희가 구하는 바니라 이에 그들이 바로 앞에서 쫓겨나니라(출 10:7-11).

파라오는 어린아이들을 이집트에 두고, 장정들만 광야에 가서 하나님께 제사 드리라고 했다. 사탄이 성도에게 내미는 세 번째 타협안이다. 이스라엘의 꿈나무들을 볼모로 잡은 것이다.

여호와께서 모세에게 이르시되 하늘을 향하여 네 손을 내밀어 애굽 땅 위에 흑암이 있게 하라 곧 더듬을 만한 흑암이리라 모세가 하늘을 향하여 손을 내밀매 캄캄한 흑암이 삼 일 동안 애굽 온 땅에 있어서 그 동안은 사람들이 서로 볼 수 없으며 자기 처소에서 일어나는 자가 없으되 온 이스라엘 자손들이 거주하는 곳에는 빛이 있었더라 바로가 모세를 불러서 이르되 너희는 가서 여호와를 섬기되 너희의 양과 소는 머물러 두고 너희 어린 것들은 너희와 함께 갈지니라(출 10:21-24).

이집트 사람들은 태양을 '라'(Re) 신으로 숭배했다. 이집트 왕의 칭호인 파라오의 '파'는 아들, '라'는 태양이라는 의미로 태양의 아들이라는 뜻이다. 파라오는 이집트에서 태양신으로 숭배되었다. 에스겔 선지자는 파라오가 자신을 위해 나일강을 '창조'했다는 말을 언급했다(겔 29:3). 동서고금을 불문하고 많은 나라에서 태양은 신으로 숭배되었다. 로마 황제도 태양신으로 숭배되었고, 북한의 김일성도 태양신으로 숭배되었다.

파라오는 양과 소는 이집트에 두고, 이스라엘의 어린아이들까지 광야로 가서 하나님께 제사 드리라고 했다. 사탄이 성도에게 내미는 네 번째 타협안이다. 파라오가 마지막까지 움켜쥐고 싶은 것은 재물이다. 성부 하나님은 십계명으로 명령하셨다. "네 이웃의 집을 탐내지 말라"(출 20:17). 성자 하나님은 산상보훈으로 교훈하셨다. "너희가 하나님과 재물을 겸하여 섬기지 못하느니라"(마 6:24). 성령 하나님은 바울 사도를 통해 확정하셨다. "탐심은 우상 숭배니라"(골 3:5).

장자 재앙을 제외한 아홉 재앙은, 그 출처에 따라 세 가지로 구분된다. 물속에 있는 것들과 땅에 있는 것들과 하늘에 있는 것들이다(출 20:4). 이 재앙들은 각각 세 가지씩 한 그룹을 이루고 있다. 각 그룹의 첫째와 둘째 재앙에는 경고가 언급되지만, 셋째 재앙에는 경고가 없다. 또 각 그룹의 첫째 재앙에는 '아침에'라는 말이 언급되지만, 둘째와 셋째 재앙에는 없다. 이 재앙들은 여호와 하나님만이 천지를 창조하신 창조자, 우주를 다스리시는 통치자, 역사의 심판자이심을 드러내는 계시의 과정이었다. 아홉 재앙은 마지막 유월절 장자 재앙을 위한 서곡이었다.

유월절 장자 재앙(출 12:1–51)

> 여호와께서 애굽 땅에서 모세와 아론에게 일러 말씀하시되 이 달을 너희에게 달의 시작 곧 해의 첫 달이 되게 하고 너희는 이스라엘 온 회중에게 말하여 이르라 이 달 열흘에 너희 각자가 어린 양을 잡을지니 각 가족대로 그 식구를 위하여 어린 양을 취하되 그 어린 양에 대하여 식구가 너무 적으면 그 집의 이웃과 함께 사람 수를 따라서 하나를 잡고 각 사람이 먹을 수 있는 분량에 따라서 너희 어린 양을 계산할 것이며 너희 어린 양은 흠 없고 일 년 된 수컷으로 하되 양이나 염소 중에서 취하고(출 12:1–5).

당시 이집트에서 유월절은 7월에 있었다. 하나님은 이스라엘 백성에게 유월절이 있는 달을 한 해의 정월로 삼으라고 명령하셨다. 창세기에도 살아온 연수를 기록한 족보와 그렇지 않은 족보가 있다. 하나님께서 인생에 가치를 두는 족보와 그렇지 않은 족보다. 유월절이 있는 그 달을 정월로 삼으라고 명령하신 것은, 하나님께 구원받을 때부터 인생에 가치가 부여되고 진정한 인생이 시작된다는 의미다. 유월절 은혜를 깨닫지 못한 이전 것은 모두 지나갔고(고후 5:17), 유월절 은혜를 깨닫지 못한 인생은 하나님 앞에서 인생일 수 없다는 것이다(엡 2:1). 산 자와 죽은 자는 이렇게 나누어지는 것이다.

그 달은 아빕월이었다. 히브리어 '아비브'는 봄이라는 의미다. 고된 노역과 학대에 시달리던 엄동설한이 지나가고 이제 해방의 봄이 올 것이다. 숫양은 생후 만 일 년 되기까지 교배를 시키지 않는다. 아직 어리기 때문이다. 만 일 년 된 숫양은 하나님께 제물로 드리기에 최고의 상태였다. 숫양은 예수 그리스도를 예표한다. 예수님은 죄도 없으시고 혼인도 하지 않으셨다. 죄인을 위해 출애굽의 어린 양처럼, 유월절에 십자가에서 흠 없는 제물로 돌아가셨다(요 1:29).

> 이 달 열나흗날까지 간직하였다가 해 질 때에 이스라엘 회중이 그 양을 잡고 그 피를 양을 먹을 집 좌우 문설주와 인방에 바르고 그 밤에 그 고기를 불에 구워 무교병과 쓴 나물과 아울러 먹되 날것으로나 물에 삶아서 먹지 말고 머리와 다리와 내장을 다 불에 구워 먹고 아침까지 남겨두지 말며 아침까지 남은 것은 곧 불사르라 너희는 그것을 이렇게 먹을지니 허리에 띠를 띠고 발에 신을 신고 손에 지팡이를 잡고 급히 먹으라 이것이 여호와의 유월절이니라(출 12:6-11).

유월절 어린 양은 해가 지는 시간에 잡는다. 해가 진 오후 6시에는 어두워서 양을 잡을 수 없기 때문에 오후 3시 정도에 잡아야만 했다. 예수님은 십자가에서 '제구시'에 숨을 거두셨다. 제구시가 이집트에서 유월절 어린 양을 잡았던 오후 3시다.

유월절 어린 양 고기는 무교병과 쓴 나물과 함께 먹는다. 무교병은 누룩을 넣지 않은 빵이다. 영적으로 누룩의 의미는 아브라함이 떠나야 했던 아버지의 집, 세상의 사고방식과 세계관이며 예수님께서 말씀하신 '세상적인 교훈'(마 16:12)이다. 평소에 먹었던 누룩 있는 유교병 대신, 누룩 없는 무교병으로 바꾸라고 하셨다. 이스라엘 백성은 파라오의 명령에 순종해야 하는 노예이지만, 하나님 말씀에 순종하는 거룩한 백성으로 신분이 바뀐다는 의미다. 쓴 나물은 이집트에서 겪은 쓰디쓴 노예 생활을 절대 잊지 말라는 것이다.

일반적으로 식사할 때는 허리띠도 풀고, 신도 벗고, 손에 잡았던 지팡이도 내려놓고 편안하게 먹는다. 그러나 유월절 저녁 만찬은 허리에 띠를 띠고, 발에 신을 신고, 손에 지팡이를 잡고 먹어야만 했다. 믿음의 조상 아브라함처럼 하나님께서 떠나라고 명령하시면 즉시 떠날 수 있는 준비를 한 것이다.

하나님은 유월절 어린 양의 뼈를 꺾지 말라고 말씀하셨다(출 12:46). 유월절 어린 양이 예수 그리스도를 예표하고 있음을 드러내기 위해서였다. 예수님도 마찬가지였다. 로마 군인들은 혹시라도 십자가에 못 박혔던 사형수에게 숨이 붙어 있을 것을 염려해 두 다리를 꺾었다. 더는 두 다리로 지탱할 수 없는 사형수에게 더 많은 압박이 가슴과 두 팔에 가해졌다. 그런데 공교롭게도 로마 군인들은 예수님의 다리를 꺾지 않았다(요 19:31-33).

> 내가 그 밤에 애굽 땅에 두루 다니며 사람이나 짐승을 막론하고 애굽 땅에 있는 모든 처음 난 것을 다 치고 애굽의 모든 신을 내가 심판하리라 나는 여호와라 내가 애굽 땅을 칠 때에 그 피가 너희가 사는 집에 있어서 너희를 위하여 표적이 될지라 내가 피를 볼 때에 너희를 넘어가리니 재앙이 너희에게 내려 멸하지 아니하리라 너희는 이 날을 기념하여 여호와의 절기를 삼아 영원한 규례로 대대로 지킬지니라(출 12:12-14).

유월절 어린 양의 피를 바른 이스라엘 집과는 달리, 피를 바르지 않은 이집트 사람의 집에는 처음 난 모든 것이 죽었다. 하나님 말씀대로 이루어졌다. 하나님의 뜻대로 구원하시고, 심판하신다는 분명한 '표적'(출 12:13)이 되었다. 한자로 유월은 '넘을 踰(유)'와 '넘을 越(월)'이다. 넘어가고 넘어간다는 뜻이다. 하나님께서 보내신 죽음의 사자가 어린 양의 피를 보고 그 집을 넘어간다는 것이다.

> 밤중에 여호와께서 애굽 땅에서 모든 처음 난 것 곧 왕위에 앉은 바로의 장자로부터 옥에 갇힌 사람의 장자까지와 가축의 처음 난 것을 다 치시매 그 밤에 바로와 그 모든 신하와 모든 애굽 사람이 일어나고 애굽에 큰 부르짖음이 있었으니 이는 그 나라에 죽임을 당하지 아니한 집이 하나도 없었음이었더라 밤에 바로가 모세와 아론을 불러서 이르되 너희와 이스라엘 자손은 일어나 내 백성 가운데에서 떠나 너희의 말대로 가서 여호와를 섬기며 너희가 말한 대로 너희 양과 너희 소도 몰아가고 나를 위하여 축복하라 하며(출 12:29-32).

하나님의 죽음의 사자는 이집트 땅의 처음 난 모든 것을 죽였다. 모든 집의 장자와 가축의 처음 난 것들이 죽었다. 쌍둥이 중에서도 먼저 태어난 남자아이가 죽었다. 파라오의 장자부터 짐승의 첫 새끼까지 모두 죽었다. 십일조는 10분의 1만을 말하는 것이 아니라, 전체를 아우르는 대표를 의미한다. 이처럼 장자는 가문의 대표이므로 사실상 가문 전체를 치신 것이나 마찬가지다.

성경에서 말하는 믿음은 무엇일까? 하나님은 유월절 날 이스라엘 백성에게 집 좌우 문설주와 인방에 양의 피를 바르라고 말씀하셨다. 성경에서 말하는 믿음은 자신의 느낌과 생각이 아니라, 하나님 말씀을 믿는 것이다. 하나님 말씀에 순종하는 것이 믿음이다.

하룻밤에 장자를 잃은 파라오는 그때야 현실을 직시하게 되었다. 하나님께 죄를 범했음을 시인하고, 여호와는 의롭고 자신과 백성은 악하다고 고백했다. 모세의 요구대로 마지막까지 움켜쥐고 있었던 모든 가축까지 몰고 나가라고 했다. 심지어 자신을 위해 복을 빌어 달라고까지 했다. 파라오는 신이 아니었다. 하나님께 복을 받아야 하는 하나님의 피조물이었다. 하나님의 열 가지 재앙은 나일강의 피로 시작하여 어린 양의 피로 종결되었다.

> 애굽 사람들은 말하기를 우리가 다 죽은 자가 되도다 하고 그 백성을 재촉하여 그 땅에서 속히 내보내려 하므로 그 백성이 발교되지 못한 반죽 담은 그릇을 옷에 싸서 어깨에 메니라 이스라엘 자손이 모세의 말대로 하여 애굽 사람에게 은금 패물과 의복을 구하매 여호와께서 애굽 사람들에게 이스라엘 백성에게 은혜를 입히게 하사 그들이 구하는 대로 주게 하시므로 그들이 애굽 사람의 물품을 취하였더라 이스라엘 자손이 라암셋을 떠나서 숙곳에 이르니 유아 외에 보행하는 장정이 육십만 가량이요 수많은 잡족과 양과 소와 심히 많은 가축이 그들과 함께 하였으며(출 12:33-38).

이집트는 초토화되었다. 이스라엘 백성이 이집트 사람들에게 은금 패물과 의복을 구하자, 그들의 요구대로 순순히 내어주었다. 이것은 이집트에 내려진 열한 번째 재앙이라고 할 수 있다. 하나님은 이스라엘 백성의 오랜 세월 동안의 고된 노예살이에 대한 대가도 잊지 않으셨다. 야곱이 외삼촌 라반의 착취에도 불구하고 결코 손해 보지 않았던 것도 하나님의 기억하심 때문이다. 이 모든 것은 약 400년 전에 하나님께서 아브라함에게 말씀하신 약속대로였다(창 15:13-16).

기억하자. 하나님의 백성은 절대로 손해 보지 않는다. 지금도 살아 계신 하나님이시다. 이집트에 내려진 열 가지 재앙은 약 1년에 걸쳐서 내려졌고, 출애굽은 주전 1450년경에 일어났다. 하나님은 아브라함과의 약속대로 전 역사를 다스리셨다. 하나님은 살아 계신 여호와 하나님이시다.

구름 기둥과 불 기둥으로 인도하시는 하나님(출 13:1~14:31)

바로가 백성을 보낸 후에 블레셋 사람의 땅의 길은 가까울지라도 하나님이 그들을 그 길로 인도하지 아니하셨으니 이는 하나님이 말씀하시기를 이 백성이 전쟁을 하게 되면 마음을 돌이켜 애굽으로 돌아갈까 하셨음이라 그러므로 하나님이 홍해의 광야 길로 돌려 백성을 인도하시매 이스라엘 자손이 애굽 땅에서 대열을 지어 나올 때에 모

강독 가이드

열 가지 재앙의 의미

열 가지 재앙은 이집트가 하나님처럼 여겼던 것들에 대한 심판이다. 하나님은 이 재앙들을 통해 여호와 하나님만이 유일하신 참된 하나님이라는 사실을 선포하셨다.

재앙	이집트의 신	담당하는 일
나일강 재앙	하피	나일강의 신으로 풍요를 상징
개구리 재앙	헥트	개구리 모양의 여신으로 다산을 상징
이 재앙	세트	사막의 신으로 생명과 건강을 상징
파리 재앙	케페르	전갈 모습의 신으로 생명과 건강을 상징
가축의 죽음 재앙	아피스	황소의 신으로 풍요와 축복을 상징
독종 재앙	수누	병을 치료하는 신
우박 재앙	누트	하늘의 신
메뚜기 재앙	세라피아	메뚜기로부터 곡식을 지켜주는 신
흑암 재앙	라	태양의 신
장자의 죽음 재앙	타우르트	가정의 수호신

세가 요셉의 유골을 가졌으니 이는 요셉이 이스라엘 자손으로 단단히 맹세하게 하여 이르기를 하나님이 반드시 너희를 찾아오시리니 너희는 내 유골을 여기서 가지고 나가라 하였음이더라 그들이 숙곳을 떠나서 광야 끝 에담에 장막을 치니 여호와께서 그들 앞에서 가시며 낮에는 구름 기둥으로 그들의 길을 인도하시고 밤에는 불 기둥을 그들에게 비추사 낮이나 밤이나 진행하게 하시니 낮에는 구름 기둥, 밤에는 불 기둥이 백성 앞에서 떠나지 아니하니라(출 13:17-22).

이집트 고센에서 가나안으로 들어가는 북동쪽 해안은 블레셋 사람의 땅이다. 고센에서 가나안까지는 약 25킬로미터이고, 5일 정도가 소요되는 가깝고 잘 알려진 길이었다. 하나님은 이스라엘 백성이 출애굽 하여 가나안에 들어갈 것을 감안해, 400년 전 야곱 족속 70명을 이집트 북쪽에 위치한 고센 땅으로 이주하게 하셨다.

그러나 하나님은 이스라엘 백성을 그 길로 인도하지 않았다. 북상이 아니라 남하하게 하셨다. 남동쪽 방향 홍해의 광야 길로 인도하셨다. 가까운 길이 아니라, 먼 길로 돌아가게 하셨다. 하나님의 인도에는 이유가 있었다. 첫째 이유는 이스라엘 백성이 북동쪽 길을 통해 가나안에 들어가서 그 땅 족속들과 전쟁을 하게 되면 마음을 돌이켜 이집트로 돌아갈 수 있기 때문이다. 가나안에 쉽게 들어갈 수 있는 길이면 이집트로 쉽게 돌아올 수도 있는 길이다. 약속의 땅에서 쉽게 돌아 나올 수도 있다. 하나님은 이스라엘 백성이 그들을 두려워하여 이집트로 돌아갈 것을 너무나도 잘 알고 계셨다. 하나님은 50도까지 올라가는 더운 낮에는 구름 기둥으로 냉방을, 10도 이하로 떨어지는 추운 밤에는 불 기둥의 열기로 난방과 깜깜한 밤을 환하게 밝혀주셨다. 그래서 이스라엘 백성은 24시간 내내 언제든지 이동할 수 있었다. 하나님은 이스라엘 백성과 항상 함께하시며 진리로 인도해 주셨다(요 16:13).

여호와께서 모세에게 말씀하여 이르시되 이스라엘 자손에게 명령하여 돌이켜 바다와 믹돌 사이의 비하히롯 앞 곧 바알스본 맞은편 바닷

가나안 여정 지도

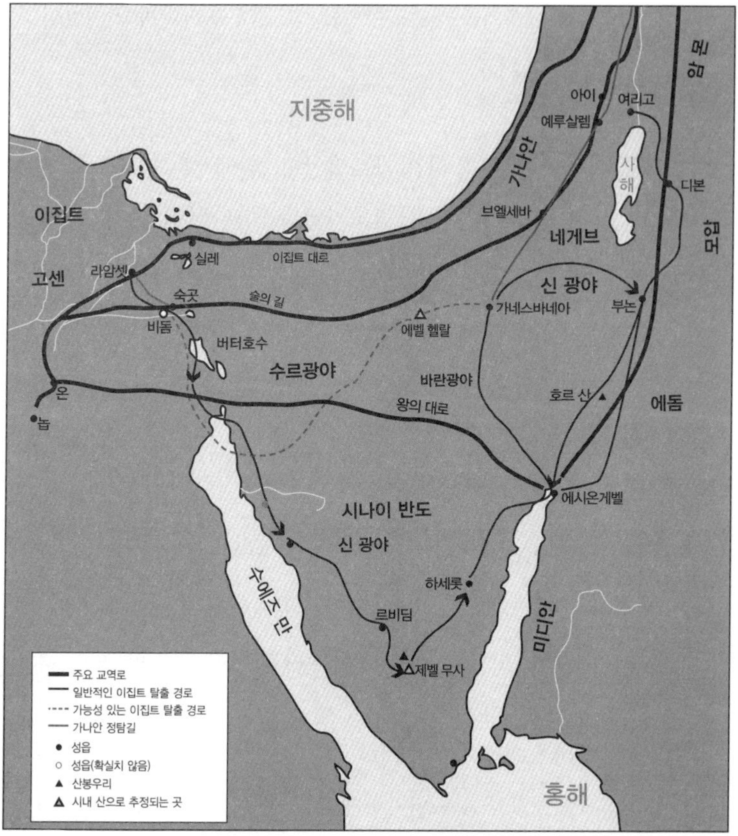

가에 장막을 치게 하라 바로가 이스라엘 자손에 대하여 말하기를 그들이 그 땅에서 멀리 떠나 광야에 갇힌 바 되었다 하리라 내가 바로의 마음을 완악하게 한즉 바로가 그들의 뒤를 따르리니 내가 그와 그의 온 군대로 말미암아 영광을 얻어 애굽 사람들이 나를 여호와인 줄 알게 하리라 하시매 무리가 그대로 행하니라 … 애굽 사람들과 바로의 말들, 병거들과 그 마병과 그 군대가 그들의 뒤를 따라 바알스본 맞은편 비하히롯 곁 해변 그들이 장막 친 데에 미치니라 바로가 가까이 올 때에 이스라엘 자손이 가나안 여정 지도눈을 들어 본즉 애굽 사람들이 자기들 뒤에 이른지라 이스라엘 자손이 심히 두려워하여 여호와께 부르짖고(출 14:1-10).

이스라엘 백성의 앞은 홍해가 가로막았고, 뒤에서는 파라오의 군대가 추격해 왔다. 진퇴양난에 사면초가였다. 하나님께서 이스라엘을 파라오로부터 구원하시고 바닷가에 장막을 치라고 하셨으면, 파라오의 마음을 완강하게 만들지 마시든지, 그의 군대의 추격을 막아 주셔야 하는데 그 어느 것도 아니었다.

모세가 백성에게 이르되 너희는 두려워하지 말고 가만히 서서 여호와께서 오늘 너희를 위하여 행하시는 구원을 보라 너희가 오늘 본 애굽 사람을 영원히 다시 보지 아니하리라 여호와께서 너희를 위하여 싸우시리니 너희는 가만히 있을지니라 여호와께서 모세에게 이르시되 너는 어찌하여 내게 부르짖느냐 이스라엘 자손에게 명령하여 앞으로 나아가게 하고 지팡이를 들고 손을 바다 위로 내밀어 그것이 갈라지게 하라 이스라엘 자손이 바다 가운데서 마른 땅으로 행하리라 내가 애굽 사람들의 마음을 완악하게 할 것인즉 그들이 그 뒤를 따라

> 들어갈 것이라 내가 바로와 그의 모든 군대와 그의 병거와 마병으로 말미암아 영광을 얻으리니 내가 바로와 그의 병거와 마병으로 말미암아 영광을 얻을 때에야 애굽 사람들이 나를 여호와인 줄 알리라 하시더니(출 14:13-18).

"가만히 있을지니라." 가만히 있을 수 없는 상황이었다. 가만히 있으라는 말은 아무것도 하지 말라는 것이 아니라, 구원하실 하나님을 바라보라는 것이다. 하나님의 역사에 집중하라는 것이다. 이스라엘은 파라오의 군대를 이길 수도, 홍해를 가를 수도 없다. 가만히 있으라는 말은 어떤 조건에도 영향을 받지 않으시는 여호와 하나님을 전적으로 신뢰하라는 것이다. 믿음이 있어야 가만히 있을 수 있는 상황이다.

> 이스라엘 진 앞에 가던 하나님의 사자가 그들의 뒤로 옮겨 가매 구름 기둥도 앞에서 그 뒤로 옮겨 애굽 진과 이스라엘 진 사이에 이르러 서니 저쪽에는 구름과 흑암이 있고 이쪽에는 밤이 밝으므로 밤새도록 저쪽이 이쪽에 가까이 못하였더라 모세가 바다 위로 손을 내밀매 여호와께서 큰 동풍이 밤새도록 바닷물을 물러가게 하시니 물이 갈라져 바다가 마른 땅이 된지라 이스라엘 자손이 바다 가운데를 육지로 걸어가고 물은 그들의 좌우에 벽이 되니(출 14:19-22).

시간은 밤이다. 하지만 이집트 진영은 밤이 아니라, 빛 자체가 없는 흑암이다. 이스라엘 진영도 낮은 아니었다. 밤이기 때문에 해가 뜨지는 않았지만, 하나님의 빛 때문에 광명한 상태였다. 하나님께서 천지를 창조하셨을 때, 해가 창조되기 전에 빛이 먼저 창조되어 홀로 빛만 존재했다.

모세가 지팡이로 바다를 내려쳤을 때, 홍해가 쫙 갈라졌다? 이건 영화 속 이야기다. 모세가 바다 위로 손을 내밀었을 때, 홍해가 단번에 갈라진 것은 아니다. 큰 동풍이 밤새도록 불어서 바닷물이 서서히 물러갔다. 동풍은 동쪽 사막지대에서 불어오는 뜨겁고 건조한 바람이다. 홍해는 서서히 마른 땅이 되었다. 이집트 군대가 추격해 오는 급박한 상황에서 아주 서서히 홍해의 물이 물러가는 것을 지켜보는 이스라엘 백성은 피가 마르는 심정이었을 것이다. 하나님의 보호하심이 그들을 둘러쌌고, 그들의 구원을 위한 하나님의 역사는 계속되고 있었다.

둘째 이유는 이스라엘 백성이 하나님의 구름 기둥 인도를 온전히 신뢰하는 것이다. 구름 기둥은 이스라엘 백성에게는 태어나서 처음 보는 내비게이션이다. 구름 기둥이 자신들을 제대로 인도할지 의문이었을 것이다. 구름 기둥은 그들에게 어떤 길을 찾아서 소개하는 수준이 아니라, 길이 없는 홍해에서 길을 만들어 인도했다. 이스라엘이 하나님의 인도를 신뢰할 수밖에 없게 했다.

이스라엘은 홍해를 가르고 마른 땅을 밟고 바다를 건넜다. 그러나 예수 그리스도는 물을 가르시는 정도가 아니라, 바다 위를 걸었다(요 6:19). 주님께서 내딛는 곳이 길이 되었다. 주님은 자신이 길이고 진리이고 생명이라고 말씀하셨다. 주님은 우리에게 어떤 길을 가라고 가르쳐 주시지 않고, 주님이 '길'이라고 가르쳐 주셨다. 예수 그리스도가 우리의 길이다. 예수 그리스도가 우리의 방법이다. 예수 그리스도가 우리의 답이다.

> 하나님이 이르시되 물 가운데에 궁창이 있어 물과 물로 나뉘라 하시고 하나님이 궁창을 만드사 궁창 아래의 물과 궁창 위의 물로 나뉘게

하시니 그대로 되니라(창 1;6-7).

홍해 앞에서 이집트 쪽에는 흑암이 있고, 이스라엘 쪽에는 광명이 있다. 홍해가 갈라지면서 물과 물이 좌우로 나누어지고 물 사이에는 공간이 생겼다. 그리고 물속의 땅이 드러났다. 흑암과 광명이 교차하고, 물과 물이 둘로 나누어져 물 사이에 공간이 생기며 물속에서 땅이 드러나는 것은 하나님께서 천지창조를 행하셨을 때와 같은 상황이다.

하나님께서 창조 첫째 날에 빛을 창조하심으로 흑암과 빛이 교차하였다. 둘째 날에 물과 물을 상하로 나누심으로 물 사이에 궁창이 생겼다. 셋째 날에 천하의 물을 한 곳으로 모으심으로 물속에서 땅이 드러났다. 이스라엘 백성이 받은 구원은 하나님의 새로운 창조의 역사였다. "하나님이 이르시되 … 그대로 되니라. 보시기에 심히 좋았더라." 따라서 예수 그리스도를 믿는 모든 사람은 심히 좋은 새로운 피조물이 되는 것이다.

애굽 사람들과 바로의 말들, 병거들과 그 마병들이 다 그들의 뒤를 추격하여 바다 가운데로 들어오는지라 새벽에 여호와께서 불과 구름 기둥 가운데서 애굽 군대를 보시고 애굽 군대를 어지럽게 하시며 그들의 병거 바퀴를 벗겨서 달리기가 어렵게 하시니 애굽 사람들이 이르되 이스라엘 앞에서 우리가 도망하자 여호와가 그들을 위하여 싸워 애굽 사람들을 치는도다 여호와께서 모세에게 이르시되 네 손을 바다 위로 내밀어 물이 애굽 사람들과 그들의 병거들과 마병들 위에 다시 흐르게 하라 하시니 모세가 곧 손을 바다 위로 내밀매 새벽이 되어 바다의 힘이 회복된지라 애굽 사람들이 물을 거슬러 도망하나 여호와께서 애굽 사람들을 바다 가운데 엎으시니 물이 다시 흘러 병거

> 들과 기병들을 덮되 그들의 뒤를 따라 바다에 들어간 바로의 군대를 다 덮으니 하나도 남지 아니하였더라(출 14:23-28).

셋째 이유는 이스라엘 백성이 이집트를 빠져나올 때부터 자꾸 뒤를 돌아보았기 때문이다. 출애굽은 했지만, 이집트의 파라오는 여전히 살아 있었다. 이스라엘 백성은 다시 이집트로 끌려갈 것 같은 마음에 불안했다. 그래서 하나님은 이스라엘 백성이 파라오와 그의 군대가 홍해에 수장되는 것을 직접 보게 하신 것이다.

나누어졌던 두 물이 다시 합쳐져서 하나가 되었다. 파라오와 그의 군대는 공허하고 혼돈하며 흑암이 가득한, "창조 이전의 세계"(창 1:2)로 사라져 버렸다. 그 코에 생명의 숨이 있는 것들은 모조리 심판의 물(창 7:22)로 뒤덮여 버렸다. 하나님은 이스라엘 백성의 모든 불안을 떨쳐버리게 하셨고 평안을 주셨다.

> 그러나 이스라엘 자손은 바다 가운데를 육지로 행하였고 물이 좌우에 벽이 되었더라 … 그 날에 여호와께서 이같이 이스라엘을 애굽 사람의 손에서 구원하시매 이스라엘이 바닷가에서 애굽 사람들이 죽어 있는 것을 보았더라 이스라엘이 여호와께서 애굽 사람들에게 행하신 그 큰 능력을 보았으므로 백성이 여호와를 경외하며 여호와와 그의 종 모세를 믿었더라(출 14:9-31).

가장 궁극적인 넷째 이유는 이스라엘을 이집트로부터 완전히 분리하기 위해서다. "영원히 보지 아니하리라"(출 14:13). 이집트 사람을 영원히 보지 않게 하기 위해서다. 이스라엘 백성은 자신들과 이집트를 가로막고 있는 홍해로 인해 다시는 이집트로 돌아갈 수 없게 되었다.

이것은 출애굽의 완성이며 하나님의 완전한 구원이다.

홍해를 건넌 이스라엘 백성은 이집트로 절대로 돌아갈 수 없었다. 이집트에 마음을 두어서도 안 되었다. 하나님의 백성은 절대로 세상에 마음을 주어서는 안 된다. 오직 하나님 말씀만 바라보고 그분의 인도를 받아야 한다. 구름 기둥이 홍해를 가르면서까지 광야로 인도한 것은 그들이 통과해야 할 광야에는 길이 없기 때문이다. 인생에서 무엇이 길이고, 무엇이 방법이며, 무엇이 답인지를 여호와 하나님은 온 세계에 천명하신 것이다.

> 이 때에 모세와 이스라엘 자손이 이 노래로 여호와께 노래하니 일렀으되 내가 여호와를 찬송하리니 그는 높고 영화로우심이요 말과 그 탄 자를 바다에 던지셨음이로다 여호와는 나의 힘이요 노래시며 나의 구원이시로다 그는 나의 하나님이시니 내가 그를 찬송할 것이요 내 아버지의 하나님이시니 내가 그를 높이리로다 여호와는 용사시니 여호와는 그의 이름이시로다 그가 바로의 병거와 그의 군대를 바다에 던지시니 최고의 지휘관들이 홍해에 잠겼고 깊은 물이 그들을 덮으니 그들이 돌처럼 깊음 속에 가라앉았도다 여호와여 주의 오른손이 권능으로 영광을 나타내시니이다 여호와여 주의 오른손이 원수를 부수시니이다(출 15:1-6).

성경에 등장하는 제대로 된 첫 번째 시편이다. 이스라엘은 하나님을 찬양했다.

"여호와는 나의 힘이시고, 여호와는 나의 노래이시며, 여호와는 나의 구원이시고, 여호와는 나의 하나님이시다."

그들의 부르짖음이 찬송으로 바뀌었다. 그리고 두 눈으로 파라오의 파멸을 똑똑히 보았고, 구원의 확신을 가졌을 것이다. 하나님께서 오른손으로 파라오의 병거와 그의 군대를 바다에 '던지셨다'고 찬송했다(출 15:1, 4, 21). 하나님께서 그들의 원한을 갚아주셨다. 파라오가 아들이 태어나면 나일강에 '던지라'고 이스라엘 백성에게 명령했기 때문이다. 파라오는 히브리 아기들을 나일강에 수장시켰지만, 하나님은 그들을 홍해에 수장시키셨다. 나일강에서 모세를 건져주신 하나님은 홍해에서 이스라엘을 건져주셨다. 여호와 하나님은 천지창조와 홍수 심판의 권능으로 그들과 함께하셨다. 오늘도 하나님은 우리를 성령으로 인도하신다. 그 역사를 믿고 의지하여 세상과 구분된 거룩한 하나님의 백성으로 살아가야 하겠다.

제3강

시내산 언약, 계명과 율법

출애굽기 15~24장

이스라엘은 유월절 어린 양의 피로 출애굽을 했다. 구름 기둥의 인도로 홍해도 건넜다. 그들은 홍해를 건너므로 새로운 국면에 접어들었다. 구원을 위한 하나님의 은혜에 이어, 성화를 위한 하나님의 율법이 선포된 것이다. 하나님의 율법은 이집트에서의 세계관과 생활 습관을 모두 버리라는 명령이었다. 하나님 나라의 세계관과 생활 습관으로 새롭게 바꾸라는 거룩한 명령이었다. 율법은 하나님의 백성답게 살게 하는 신앙생활의 원리로, 여호와 하나님의 거룩한 신성을 닮게 하는 생활양식법이다.

쓴 물을 단 물로 변화시킨 여호와 하나님(출 15:22-27)

> 모세가 홍해에서 이스라엘을 인도하매 그들이 나와서 수르 광야로 들어가서 거기서 사흘길을 걸었으나 물을 얻지 못하고 마라에 이르렀더니 그 곳 물이 써서 마시지 못하겠으므로 그 이름을 마라라 하였더라 백성이 모세에게 원망하여 이르되 우리가 무엇을 마실까 하매 모세가 여호와께 부르짖었더니 여호와께서 그에게 한 나무를 가리키시니 그가 물에 던지니 물이 달게 되었더라(출 15:22-25).

이스라엘 백성은 홍해를 건너 수르 광야로 들어가 사흘 길을 걸었다. 하지만 물을 얻지 못하고 마라에 이르렀다. 그곳의 물은 써서 마실 수가 없었다. 그들은 모세에게 불평을 쏟아냈다. 모세는 하나님께 부르짖었다. 40년 동안 장인의 양떼를 친 훈련의 결과였다. 자신의 생각이 아닌 하나님 말씀을 기다렸다. 하나님은 한 나무를 가리키시며 쓴 물에 던져 넣으라고 말씀하셨다. 순간 마실 수 없는 쓴 물이 단 물로 변했다. 어떻게 쓴 물이 단 물이 되었을까?

하나님께서 모세에게 주신 것은 나무가 아니었다. 나무를 던져 넣으라는 하나님의 '말씀'이었다. 하나님 말씀에 대한 모세의 순종이 쓴 물을 달게 만든 것이다. 하나님께서 이스라엘에 바라신 것은 오직 순종으로 나타나는 믿음뿐이다.

> 말씀을 마치시고 시몬에게 이르시되 깊은 데로 가서 그물을 내려 고기를 잡으라 시몬이 대답하여 이르되 선생님 우리들이 밤이 새도록 수고하였으되 잡은 것이 없지마는 말씀에 의지하여 내가 그물을 내리리이다 하고(눅 5:4-5).

때는 이른 아침이었다. 시몬 베드로는 예수님 말씀대로 깊은 데에 가서 그물을 내렸다. 물고기를 너무 많이 잡아 그물이 찢어질 정도였다. '깊은 데'가 중요한 것이 아니다. 깊은 데에 가서 그물을 내리라는 예수님 '말씀'이 중요하다. 베드로는 말씀에 의지하여 그물을 내리겠다고 했다.

게네사렛 호수에서 물고기가 있는 곳은 어부인 베드로가 더 잘 알고 있었을 것이다. 주님의 말씀은 합리적이지 않았다. 이른 아침 깊은 곳은 물고기가 모여들지도 모여드는 곳도 아니기 때문이다. 하지만 베드로는 주님의 말씀에 '절대적'으로 의지하며 순종했다. 그리고 엄청난 물고기를 잡았다. 물고기가 많은 깊은 곳에 그물을 던진 것이 아니라 말씀에 순종하여 던지자, 물고기가 깊은 데로 모여들었다. 이른 아침이었고 게네사렛 깊은 데였다. 예수님은 상황과 환경의 영향을 받지 않으시는 '초월자' 하나님이셨다.

> 이르시되 너희가 너희 하나님 나 여호와의 말을 들어 순종하고 내가 보기에 의를 행하며 내 계명에 귀를 기울이며 내 모든 규례를 지키면 내가 애굽 사람에게 내린 모든 질병 중 하나도 너희에게 내리지 아니하리니 나는 너희를 치료하는 여호와임이라 그들이 엘림에 이르니 거기에 물 샘 열둘과 종려나무 일흔 그루가 있는지라 거기서 그들이 그 물 곁에 장막을 치니라(출 15:26-27).

하나님은 이스라엘 백성에게 자신을 '여호와 라파' 치료하는 여호와라고 선포하셨다. 하나님은 이스라엘 백성에게 말씀에 순종하여, 계명과 모든 규례를 지켜 의를 행하라고 말씀하셨다. 그러면 이집트에 내린 어떤 질병도 내리지 않겠다고 하셨다.

하나님께서 이집트 사람들에게 질병을 내리신 이유는, 그들이 하나님 말씀에 순종하지 않고, 계명과 모든 규례를 지키지 않고 의를 행하지 않았기 때문이다. 하나님 말씀에 순종하여 계명과 모든 규례를 지켜 의를 행하면, 하나님은 질병을 내리지 않으시고 병든 사람도 치료해 주실 것이다. 마라처럼 '초월적 말씀'으로 치료해 주실 뿐 아니라, 일상생활에서도 치료받는 '원리적 말씀'을 주신다는 것이다. 하나님 말씀과 계명과 규례에는 질병에 걸리지 않는 길이 있고, 나을 방법이 있으며 건강하게 살 수 있는 답이 있다.

쓴 물 마라는 이스라엘 백성의 병든 영혼과 육체를 상징한다. 그들은 살아 있었지만 마치 쓴 물처럼 건강하지 않았다. 그들은 이집트를 떠났지만, 이집트의 세계관과 생활 습관에서는 떠나지 못했다. 여전히 노예 근성에 찌들어 있었다. 모세가 하나님 말씀에 순종했을 때, 쓴 물이 단 물이 되었다. 이처럼 이스라엘 백성의 병든 인생도 하나님 말씀에 순종하고 계명과 율법을 지키면 치유받는다.

이집트 탈출부터 홍해 도하까지는 이스라엘 백성이 어떻게 구원받았는지를 증거한다. 그 이후부터는 구원받은 그들이 어떻게 살아야 할지를 증거한다. 이스라엘 백성이 홍해를 건너자 '하나님의 율법'이 선포되기 시작했다. 십계명을 비롯한 613조의 율법이 쏟아졌다. 구원받을 때는 계명과 율법이 필요 없다. 행위가 아니라 은혜로만 받을 수 있기 때문이다. 그러나 구원받은 후에는 계명과 율법이 반드시 필요하다. 하나님은 그분의 백성에게 거룩한 행함을 요구하시기 때문이다.

하나님 말씀은 크게 두 가지로 나눌 수 있다. 피조물의 이치를 넘어서서 하나님의 권능을 계시하시는 '초월적 말씀'과 피조물의 이치를 드러내는 '원리적 말씀'이다.

초월적 말씀은 '묻지 마' 순종을 요구하시는 하나님 말씀이다. 왜 그렇게 되었는지 이유를 물어서는 안 된다. 피조물에 불과한 우리는 아무리 설명을 들어도, 3차원을 넘어서는 초월적인 현상을 이해할 수가 없다. 모세가 나무를 마라에 던져 넣었을 때 왜 쓴 물이 단 물이 되었는지, 베드로가 깊은 곳에 그물을 던졌을 때 왜 많은 물고기가 잡혔는지는 순전히 하나님의 초월적 능력이다.

초월적 말씀은 '그에게만', '그때에만', '그곳에서만' 해당하는 특별법과도 같다. 우리가 이른 아침에 게네사렛 호수 깊은 곳에 그물을 내려도 베드로처럼 물고기를 잡을 수는 없다. 베드로에게도 예수님 말씀이 다시 선포되지 않는 한, 그런 일은 다시 일어나지 않을 것이다. 이것은 어떤 조건에서도 초월자 하나님 말씀에 순종해야 한다는 것을 교훈하는 것이다.

'원리적 말씀'인 십계명과 율법은 다르다. 원리적 말씀은 하나님께서 피조물에게 부여하신 '창조의 질서'를 드러내는 계시다. 하나님의 계명과 율법은 이유가 있는 원리적 말씀이다. 가령 레위기에 나오는 위생법이나 음식법은 사람의 몸을 건강하게 만들고 합리적인 이유가 있다. 그래서 율법을 지키면 하나님의 치료를 받게 된다. 율법은 하나님의 과학이며 창조의 원리이기 때문이다.

십계명과 율법은 초월적 말씀과는 달리, 특정한 사람과 때와 장소라는 전제가 없다. 하나님의 백성에게 언제 어디에서도 지키라고 주시는 말씀이다. 마라나 게네사렛에서 선포된 하나님 말씀은 '그에게만', '그때에만', '그곳에서만' 해당하는 초월적 말씀이다. 그러나 원리적 말씀은 모세나 베드로뿐 아니라, 모든 하나님의 백성이 일상 속에서 항상 지켜야 하는 일반법이다. 하나님의 백성이 이 땅에 사는 동안에 생활방식으로 삼아야 하는 '생활양식법'인 것이다.

하나님의 율법에 대한 많은 오해들이 있다. 유대인의 오해는 율법을 지킴으로 구원받는다는 착각이다. 율법은 구원받는 법이 아니다. 이 땅에서 지켜야 하는 일상생활법이다.

그리스도인도 다르지 않다. 율법은 하나님께서 모든 백성에게 보편적으로 주신 일상생활법이다. 그리스도인이 정말 하나님의 백성이라면 당연히 하나님의 율법을 받고 지켜야 한다. 율법은 유대인에게만 주신 것이 아니다. 예수님은 율법과 율법준수를 부정적으로 말씀하신 적도, 금지하신 적도 없다. 사복음서에는 그런 내용이 단 한 구절도 없다. 예수님께서 책망하신 것은 율법을 지키는 바리새인의 잘못된 태도였다. 일상생활법으로 주셨을 뿐인데 그들은 율법을 지켜 구원받으려 했기 때문이다. 주님은 율법주의를 책망하신 것이다.

유대인이 모여 사는 아파트에는 특별한 승강기가 있다. 일반 승강기와는 달리 안식일에만 사용하는 승강기다. 일명 '안식일 승강기'는 층마다 저절로 서고 저절로 문이 열린다. 버튼을 누르지 않고도 이동할 수 있도록 설계된 것이다. 안식일에는 불도 피우지 말라는 율법(출 35:3)과 이동 거리를 제한하는 율법 때문이다(행 1:12). 유대인은 안식일에 일정 거리 이상을 이동하지 않는다.

안식일에 불을 피우지 말라는 율법은 먹고 살기 위해 불로 음식을 조리하지 말라는 의미다. 전날 거둔 두 배의 만나로 안식일에 먹을 음식까지 만들어 온전하게 안식하라는 것이다. 하나님의 백성은 전적으로 하나님께서 책임지신다. 이것을 믿는다는 고백이 안식일 준수다. 안식일 하루만큼은 먹고 사는 문제로, 어떤 일도 하지 말라는 하나님의 명령이었다.

강독 가이드

율법에 대한 오해

> 그러므로 율법의 행위로 그의 앞에 의롭다 하심을 얻을 육체가 없나니 율법으로는 죄를 깨달음이니라(롬 3:20).

오해 하나, '율법은 오직 죄를 깨닫게만 한다?' 결과 면에서는 그렇다. 율법을 완벽히 지킬 수 있는 사람은 아무도 없기 때문이다. "부모를 공경하라"는 제5계명을 듣고, 불효의 죄를 깨달아 회개만 하면 되는가? 부모 공경은 하지 않아도 괜찮은가? 아니다. 율법은 부모 공경이 '선'이라는 것과 지키라는 하나님의 명령이다.

오해 둘, '율법은 어차피 다 지킬 수 없으니, 지키지 않아도 된다?' 우리나라 국민 중에서 모든 법을 다 지키는 사람은 한 사람도 없을 것이다. 그렇다고 법을 지키지 않아도 된다고 하지는 않는다. 우리는 모두 법을 준수해야 한다.

> 내가 율법이나 선지자를 폐하러 온 줄로 생각하지 말라 폐하러 온 것이 아니요 완전하게 하려 함이라(마 5:17).

오해 셋. '예수님께서 율법을 완전하게 하셨으므로 우리는 율법을 지키지 않아도 된다?' 예수님은 율법을 폐하러 오신 것이 아니다. 율법을 완전하게 하시기 위해 오셨다. 완전하게 하신다는 말씀은 구약의 모든 율법이 예수님을 예표하고 있음을 온전히 드러내셨다는 것이다. 율법의 모든 저주를 받으시고 구약시대 성도의 죄까지도 모두 사하셨다는 것이다. 그리고 미래의 저주까지도 다 받으셔서 하나님의 백성을 율법에서 자유롭게 하셨다는 의미다.

법조문으로 된 계명의 율법을 폐하셨으니(엡 2:15).

오해 넷. '신약시대에는 율법이 폐하여졌다?' 예수님은 율법을 폐하러 온 것이 아니라고 분명히 말씀하셨다. 그렇다면 폐하여졌다는 바울 사도의 언급은 무엇이며, 예수님 말씀은 무엇인가? 바울 사도의 언급처럼 폐해진 것이 있고, 예수님 말씀처럼 폐하지 않은 것이 있다.

예수 그리스도를 예표한 제사법과 절기법과 의식법 등은 십자가로 말미암아 의미가 완전해졌기 때문에 폐해졌다. 그러나 윤리법, 음식법, 위생법 등의 일상생활법은 폐해진 것이 아니다. 오른편 뺨을 치거든 왼편도 돌려 대고, 미워해서도 안 되며, 원수까지 사랑하라고 오히려 강화되었다. 율법의 의무는 폐해지지 않았다. 단지 율법의 책임이 폐해져서 자유로워진 것이다. 그리스도 예수 안에 있는 자에게는 결코 정죄함이 없기 때문이다(롬 8:1).

그리스도는 모든 믿는 자에게 의를 이루기 위하여 율법의 마침이 되시니라(롬 10:4).

오해 다섯. '그리스도는 율법의 마침이 되셨다?' 율법의 마침으로도 번역될 수도 있지만, 마침에 해당하는 헬라어 '텔로스'는 완성이라는 뜻도 있다. 율법의 완성이라는 번역이 더욱 적절하다.

내가 아데마나 두기고를 네게 보내리니 그 때에 네가 급히 니고볼리로 내게 오라 내가 거기서 겨울을 지내기로 작정하였노라 율법교사 세나와 및 아볼로를 급히 먼저 보내어 그들로 부족함이 없게 하고(딛 3:12-13).

만약 율법이 폐해졌다면 율법교사라는 직분이 필요했을까? 왜 바울 사도는 율법교사 세나를 먼저 보내라고 했을까? 그들에게는 부족한 부분이 있었고 율법교사가 가서 부족함을 채울 수 있다면, 그 부족함은 도대체 무엇이었을까? 바울 사도는 "율법은 거룩하고 계명도 거룩하고 의로우며 선하다"(롬 7:12)라고 선포했다. 하나님은 거룩하고 의롭고 선한 것을 폐하시는 분이신가? 예수님은 성경은 폐하지 못한다고 말씀하셨다(요 10:35). 예수님께서 언급하신 성경은 구약이다.

> 그런즉 우리가 믿음으로 말미암아 율법을 파기하느냐 그럴 수 없느니라 도리어 율법을 굳게 세우느니라(롬 3:31).

바울 사도는 믿음으로 말미암아 율법을 파기할 수 없고, 오히려 굳게 세운다고 선언했다. 율법은 믿음으로 사는 것이 무엇인지를 구체적으로 가르쳐 주는 생활양식법이기 때문이다. 그래야 거룩한 삶을 살 수 있기 때문이다.
신약성경에는 왜 율법에 대한 언급이 없을까? 하나님 나라의 확장을 위해서다. 하나님은 "돼지고기를 먹지 말라"(레 11:7)고 명령하셨다. 이 율법은 하나님의 '원리적 말씀'이다. 조상 대대로 돼지고기를 먹었던 이방인에게 먹지 말라고 하면, 교회에 오기가 쉽지 않을 것이다. 몇 천 년 동안 이어져 온 문화를 한순간에 깨트리는 것은 복음 전파에 장애가 될 것이다. 이는 생활의 문제일 뿐 생명과는 아무 상관 없다. 그들의 영혼 구원을 위해 언급하지 않았을 뿐이다.

안식일을 처방하시는 여호와(출 16:1-36)

> 이스라엘 자손의 온 회중이 엘림에서 떠나 엘림과 시내 산 사이에 있는 신 광야에 이르니 애굽에서 나온 후 둘째 달 십오일이라 이스라엘 자손 온 회중이 그 광야에서 모세와 아론을 원망하여 이스라엘 자손이 그들에게 이르되 우리가 애굽 땅에서 고기 가마 곁에 앉아 있던 때와 떡을 배불리 먹던 때에 여호와의 손에 죽었더라면 좋았을 것을 너희가 이 광야로 우리를 인도해 내어 이 온 회중이 주려 죽게 하는도다 그 때에 여호와께서 모세에게 이르시되 보라 내가 너희를 위하여 하늘에서 양식을 비 같이 내리리니 백성이 나가서 일용할 것을 날마다 거둘 것이라 이같이 하여 그들이 내 율법을 준행하나 아니하나 내가 시험하리라 여섯째 날에는 그들이 그 거둔 것을 준비할지니 날마다 거두던 것의 갑절이 되리라 … 그 이슬이 마른 후에 광야 지면에 작고 둥글며 서리 같이 가는 것이 있는지라 이스라엘 자손이 보고 그것이 무엇인지 알지 못하여 서로 이르되 이것이 무엇이냐 하니 모세가 그들에게 이르되 이는 여호와께서 너희에게 주어 먹게 하신 양식이라 (출 16:1-15).

하나님은 '여호와 라파' 치료하시는 하나님이시다. 전지전능한 의사께서 마라 같은 이스라엘 백성에게 처방을 내리셨다. 그들을 건강하게 만들 첫 번째 처방전은 '안식일 준수'다. 이스라엘 백성은 이집트에서 국고성 비돔과 라암셋을 건축하는 중노동을 했다. 이 건축물은 파라오가 이스라엘 백성을 학대하기 위한 것이었다. 고역으로 그들을 괴롭게 하는 것이 목적이었다. 이스라엘 백성에게는 안식할 틈을 주지 않았고, 그들의 영혼은 피폐해져 있었다.

하나님은 이스라엘 백성에게 "엿새 동안은 일하고, 일곱째 날에는 안식하라"고 명령하셨다. "안식일을 범하면 죽이겠다"라고까지 하시며 안식일을 지키라고 명령하셨다. 그들에게 안식일이 쉽게 정착될 수 없었기 때문이다. 그들은 이집트에서 수백 년 동안 노예 생활을 했다. 일 중독에 걸린 사람은 안식일에도 일할 것이고, 쉬는 것에 익숙한 사람은 일하는 날에도 안식할 것이다. 그래서 하나님께서 안식일을 범하면 죽이겠다고 말씀하신 것이다.

> 여호와께서 이같이 명령하시기를 너희 각 사람은 먹을 만큼만 이것을 거둘지니 곧 너희 사람 수효대로 한 사람에 한 오멜씩 거두되 각 사람이 그의 장막에 있는 자들을 위하여 거둘지니라 하셨느니라 이스라엘 자손이 그같이 하였더니 그 거둔 것이 많기도 하고 적기도 하나 오멜로 되어 본즉 많이 거둔 자도 남음이 없고 적게 거둔 자도 부족함이 없이 각 사람은 먹을 만큼만 거두었더라 모세가 그들에게 이르기를 아무든지 아침까지 그것을 남겨두지 말라 하였으나 그들이 모세에게 순종하지 아니하고 더러는 아침까지 두었더니 벌레가 생기고 냄새가 난지라 모세가 그들에게 노하니라 무리가 아침마다 각 사람은 먹을 만큼만 거두었고 햇볕이 뜨겁게 쬐면 그것이 스러졌더라 여섯째 날에는 각 사람이 갑절의 식물 곧 하나에 두 오멜씩 거둔지라 회중의 모든 지도자가 와서 모세에게 알리매 모세가 그들에게 이르되 여호와께서 이같이 말씀하셨느니라 내일은 휴일이니 여호와께 거룩한 안식일이라 너희가 구울 것은 굽고 삶을 것은 삶고 그 나머지는 다 너희를 위하여 아침까지 간수하라 그들이 모세의 명령대로 아침까지 간수하였으나 냄새도 나지 아니하고 벌레도 생기지 아니한지라 (출 16:16-24).

히브리어 '만나'는 "이것이 무엇이냐"(출 16:15)라는 의미다. 이스라엘 백성이 너무 신기하여 내뱉은 감탄이 이름이 되었다. 만나는 하루 이상 보관할 수가 없어서 매일 거두어야 했다. 이스라엘 백성은 광야에서 이렇듯 하루하루 사는 법을 배워 나갔다. 매일 아침 하나님께서는 그들에게 새로운 만나를 내려주셨다. 여섯째 날에는 정확하게 두 오멜씩 거두게 하셨는데 일곱째 날에는 만나가 내리지 않기 때문이다. 모세는 일곱째 날이 여호와의 안식일이라고 설명하였다. 이스라엘 백성은 각자의 장막에서 안식했다.

강독 가이드
만나

만나는 일년생 풀인 깟씨 같고 모양은 진주 같았다. 색은 희고 맛은 꿀 섞은 과자 같다고 출애굽기 16장 31절은 기록한다. 이슬이 마른 후에 생겼고 해가 뜨면 녹아버렸다(출 16:21). 조리할 때는 맷돌에 갈고, 절구에 찧기도 하고, 가마에 삶기도 하고 화덕에 구웠다(출 16:23, 민 11:8). 가나안 땅에 들어가 첫 소산을 먹은 다음 날 그친다. 만나는 신령한 하늘의 곡식이었고(시 78:24), 천사들의 음식이었다(시 78:25).

안식일 율법은 하나님께서 그분의 백성을 속박하기 위해 주신 것이 아니라, 그들을 위해 주신 것이다. 안식일은 사람을 위해 있는 것이다(막 2:27). 하나님께서 율법을 주신 것은 하나님의 백성을 위해서다. 사람은 하나님의 피조물이고, 하나님의 피조물은 '창조 질서'로 돌아가야만 안식에 이를 수 있다. 안식일을 지키는 것은 이스라엘 백성의 의

무이기 이전에 하나님의 백성이 누려야 할 권리였다.

안식일이 먼저인가, 안식일 율법이 먼저인가? 안식일 율법은 출애굽 이후에 생겼지만, 안식일은 창조 7일 만에 생겼다. 하나님은 율법으로 창조의 원리를 가르쳐 주셨다. 율법은 속박이 아니다. 불순종이 속박이다. 안식일 준수가 하나님의 피조물임을 시인하는 것이라면, 주일 성수는 예수 그리스도로 말미암아 '새로운 피조물'이 되었음을 시인하는 신앙고백이다.

안식일 율법은 이스라엘 백성에게 생활양식법으로 주어진 원리적 말씀이다. 안식일이 '그들에게만', '그때에만', '그곳에서만' 한시적으로 지켜지는 것이 아니라, 생활에 정착되는 것이 하나님의 뜻이다. 수백 년 동안 문화처럼 습관처럼 된 노예근성을 쉽게 벗을 수는 없었다. 하나님은 죽음이라는 심판이 아니라, 하나님의 은혜로 그들의 생활을

강독 가이드

생체주기 속의 창조 원리

안식일 준수는 피조물의 창조 질서를 드러내고 있다. 계명과 율법은 피조물의 이치를 드러내는 하나님의 '원리적 말씀'이다. 하나님께서 창조하신 모든 피조물의 생체주기는 '7'이다. 예컨대 하나님은 아담과 하와에게 복을 주시며 생육하고 번성하여 땅에 충만하고 땅을 정복하라고 명령하셨다. 여성의 생리 주기는 7의 4배수 28일이다. 매달 하는 생리가 끊어지는 때가 있다. 임신이다. 임신 기간은 7의 40배수 280일이다. 안식일 율법은 사람에게 창조의 질서로 돌아가게 하는 하나님의 은혜다.

바꾸셨다.

율법을 좀 더 쉽게 이해해 보자. 율법(律法)은 '법률(法律)'이라는 의미다. 하나님 나라의 헌법이라는 말이다. 율법은 종교적 색채가 강해 종교법이라는 느낌이 든다. 그러나 하나님께서 이스라엘 백성에게 율법을 종교법으로만 주신 것은 아니다. 레위기에는 윤리법, 음식법, 위생법도 있다. 그래서 신앙생활뿐만 아니라, 일상생활과 사회생활까지도 포함한다. 율법은 하나님께서 그분의 백성에게 모든 생활의 원리를 가르쳐 주신 것이다. 창조의 원리, 자연의 원리, 생명의 원리, 생활의 원리 등 모든 피조물의 원리를 교훈해 주셨다. 우리는 문자적이 아니라 그 원리와 정신을 지켜야 한다. 구원받기 위해서가 아니라, 구원받은 사람답게 살기 위해서다.

기독교는 율법을 '그들에게만', '그때에만', '그곳에서만' 해당하는 법으로 오해한다. 하나님께서 출애굽 했던 이스라엘에게, 3400년 전에, 시내산에서 주신 것으로 오해한다. 또한 구약성경 특히 모세오경에서 집중적으로 조명된다고 생각한다. 십계명의 히브리어 '아세 레트 하드바림'은 열 마디 말씀이라는 의미고, 히브리어 '토라'는 율법보다 '가르침'으로 번역되는 것이 더 적절하다. 하나님께서 그분의 백성에게 주신 열 마디 말씀과 가르침이 정말로 유대인에게만 주신 것일까? 구원받은 자가 구원받은 자답게 사는 방법이 정말 유대인에게만 필요한 것일까?

신약성경에도 율법이 많이 나온다. "서로 사랑하라"(요 13:34), "항상 기뻐하라"(살전 5:16), "쉬지 말고 기도하라"(살전 5:17), "범사에 감사하라"(살전 5:18). 이 명령의 말씀들은 하나님의 백성답게 사는 방법이다. 하나님께서 하나님의 백성에게 이 땅에서 생활양식으로 삼으라고 주신 가르침이며 말씀이다. 예수님은 율법을 완전하게 하시려고 오셨다. 구약의 율법은 육체의 '행위'만 규제하는 정도였지만, 신약의 율법은 그 행위를 유발하는 '마음'까지 규제하고 있다. '원죄'는 행위의 불순종이기 전에 마음의 불신이었다. 예수님은 산상보훈에서 율법의 참 뜻을 가르쳐 주시고, 구약의 율법을 외식으로만 지키는 것을 경계하셨으며, 하나님의 법은 마음에서부터 우러나 순종해야 한다는 교훈을 주셨다. 그럼으로써 몸과 마음을 모두 규제하는 완전한 법이 된 것이다.

권능을 행하는 하나님의 지팡이(출 17:1-16)

이스라엘 자손의 온 회중이 여호와의 명령대로 신 광야에서 떠나 그 노정대로 행하여 르비딤에 장막을 쳤으나 백성이 마실 물이 없는지라 백성이 모세와 다투어 이르되 우리에게 물을 주어 마시게 하라 모세가 그들에게 이르되 너희가 어찌하여 나와 다투느냐 너희가 어찌하여 여호와를 시험하느냐 거기서 백성이 목이 말라 물을 찾으매 그들이 모세에게 대하여 원망하여 이르되 당신이 어찌하여 우리를 애굽에서 인도해 내어서 우리와 우리 자녀와 우리 가축이 목말라 죽게 하느냐 모세가 여호와께 부르짖어 이르되 내가 이 백성에게 어떻게 하리이까 그들이 조금 있으면 내게 돌을 던지겠나이다 여호와께서 모세에게 이르시되 백성 앞을 지나서 이스라엘 장로들을 데리고 나일 강을 치던 네 지팡이를 손에 잡고 가라 내가 호렙 산에 있는 그 반석 위 거기서 네 앞에 서리니 너는 그 반석을 치라 그것에서 물이 나오리니 백성이 마시리라 모세가 이스라엘 장로들의 목전에서 그대로 행하니라 그가 그 곳 이름을 맛사 또는 므리바라 불렀으니 이는 이스라엘 자손이 다투었음이요 또는 그들이 여호와를 시험하여 이르기를 여호와께서 우리 중에 계신가 안 계신가 하였음이더라(출 17:1-7).

르비딤에 도착한 이스라엘 백성은 모세와 다투었다. 마실 물이 없어 모세에게 물을 내어놓으라고 다그쳤다. 모세는 그들에게 "너희가 어찌하여 나와 다투느냐? 너희가 어찌하여 여호와를 시험하느냐?"라고 말했다. 자신과 다툰다는 말은 이해가 된다. 그런데 왜 "여호와를 시험하느냐"고 말했을까?

하나님은 물을 주시기 위해 모세에게 지팡이를 들어 반석을 치라고 하셨다. 그냥 지팡이가 아니라 "나일강을 치던 지팡이"라고 하셨다. 지팡이가 가진 '권능'이라는 상징성을 드러내기 위해서라면, 나일강보다는 홍해가 더 낫지 않았을까?

모세는 자신과 다투는 이스라엘 백성에게 여호와를 시험하고 있다고 했다. 하나님께서 모세에게 홍해가 아니라 "나일강을 치던 지팡이"라고 하신 이유도 그 때문이다. 물을 원했던 그들에게는 뇌리에 깊이 자리 잡고 있는 것이 있었다. 이스라엘 백성에게 물은 나일강이 전부였다. 물은 나일강의 우상 하피가 주는 것이었다. 이스라엘 백성은 교만하게도 "하피도 줄 수 있는 물을 여호와 하나님은 줄 수 없느냐?"라며 하나님을 시험한 것이다. 결론적으로 하나님께서 물이 나게 하셨다. 예수님은 "명하여 돌들로 떡덩이가 되게 하라"는 사탄에 시험(마 4:3)에 넘어가지 않았는데, 여호와 하나님은 그 시험에 넘어가신 것일까?

하나님은 모세 앞 반석 위에 서 계셨고, 그에게 지팡이로 내려치라고 하셨다. 반석을 내려쳤다. 지팡이가 반석을 치기 전에 먼저 지팡이에 맞은 것은 하나님이셨다. 예수님께서 십자가에서 몸을 쪼개어, 물과 피를 다 쏟으실 것에 대한 예표다. 모든 죄인의 목마름을 해결하실 '성령의 생수'(요 7:37-38)가 되실 것에 대한 예표다. 하나님은 이스라엘 백성의 시험에 넘어가신 것도, 능력으로 자신을 증명하신 것도 아니다. 오직 사랑으로 예수 그리스도를 계시하신 것이다.

> 그 때에 아말렉이 와서 이스라엘과 르비딤에서 싸우니라 모세가 여호수아에게 이르되 우리를 위하여 사람들을 택하여 나가서 아말렉과 싸우라 내일 내가 하나님의 지팡이를 손에 잡고 산 꼭대기에 서리라 여호수아가 모세의 말대로 행하여 아말렉과 싸우고 모세와 아론과 훌은 산 꼭대기에 올라가서 모세가 손을 들면 이스라엘이 이기고 손을 내리면 아말렉이 이기더니 모세의 팔이 피곤하매 그들이 돌을 가져다가 모세의 아래에 놓아 그가 그 위에 앉게 하고 아론과 훌이 한 사람은 이쪽에서, 한 사람은 저쪽에서 모세의 손을 붙들어 올렸더니 그 손이 해가 지도록 내려오지 아니한지라 여호수아가 칼날로 아말렉과 그 백성을 쳐서 무찌르니라 … 모세가 제단을 쌓고 그 이름을 여호와 닛시라 하고(출 17:8-15).

이집트 탈출 길에 피곤하여 뒤처진 이스라엘 백성을 아말렉이 공격했다(신 25:18). 모세가 산 위에서 두 손을 들면 이스라엘 백성이, 손을 내리면 아말렉이 우세했다. 그러나 두 손을 혼자 들고 있기에는 힘이 들었다. 아론과 훌이 도와야만 했다. 이스라엘 백성이 산 아래에서 두 손을 볼 때마다 믿음이 충만해져 전세를 유리하게 이끌었다. 모세의 두 손에는 '반석을 내리친 지팡이'(출 17:6)가 있었다.

하나님의 지팡이다. 이스라엘 백성이라는 양떼를 목양하시는 하나님의 지팡이. 양떼를 보호하고 이리 떼를 물리치는 하나님의 지팡이.

이집트에서 그 지팡이가 높이 들렸을 때마다 하나님의 권능이 나타났다. 그 지팡이를 내밀었을 때 홍해가 갈라졌다. 르비딤에서는 반석을 지팡이로 내리쳤을 때 물이 솟아났다. 모세가 하나님의 지팡이를 산 위에서 높이 들었을 때 이스라엘 백성에게 있는 두려움이 사라졌다. 그들은 여호와 하나님의 권능을 의지한 것이다.

모세는 제단을 쌓고 '여호와 닛시'의 하나님을 경배했다. 닛시는 '나의 깃발'이라는 뜻이다. 성경에는 히브리어 닛시가 세 번 언급된다. 승리를 상징하는 '깃발'(출 17:15)이 닛시다. 놋뱀을 달아 높이 쳐들었던 '장대'(민 21:9)가 닛시다. 반석을 내리치던 '지팡이'(출 17:5)가 닛시다. 산 위에서 들려진 지팡이는 승리를 보증하며 나부끼는 하나님의 깃발이었다. 닛시는 마침내 높이 들려진 예수님의 십자가로 완성되었다. 하나님의 백성이 십자가를 바라볼 때 반드시 승리할 것이다.

지도자를 세우는 이스라엘(출 18:1-27)

이튿날 모세가 백성을 재판하느라고 앉아 있고 백성은 아침부터 저녁까지 모세 곁에 서 있는지라 모세의 장인이 모세가 백성에게 행하는 모든 일을 보고 이르되 네가 이 백성에게 행하는 이 일이 어찌 됨이냐 어찌하여 네가 홀로 앉아 있고 백성은 아침부터 저녁까지 네 곁에 서 있느냐 모세가 그의 장인에게 대답하되 백성이 하나님께 물으려고 내게로 옴이라 그들이 일이 있으면 내게로 오나니 내가 그 양쪽을 재판하여 하나님의 율례와 법도를 알게 하나이다 모세의 장인이 그에게 이르되 네가 하는 것이 옳지 못하도다 너와 또 너와 함께 한 이 백성이 필경 기력이 쇠하리니 이 일이 네게 너무 중함이라 네가 혼자 할 수 없으리라 이제 내 말을 들으라 내가 네게 방침을 가르치리니 하나님이 너와 함께 계실지로다 너는 하나님 앞에서 그 백성을 위하여 그 사건들을 하나님께 가져오며 그들에게 율례와 법도를 가르쳐서 마땅히 갈 길과 할 일을 그들에게 보이고 너는 또 온 백성 가운데서 능력 있는 사람들 곧 하나님을 두려워하며 진실하며 불의한 이익을 미워하는 자를 살펴서 백성 위에 세워 천부장과 백부장과 오십부장과 십부장을 삼아 그들이 때를 따라 백성을 재판하게 하라 큰 일은 모두 네게 가져갈 것이요 작은 일은 모두 그들이 스스로 재판할 것이니 그리하면 그들이 너와 함께 담당할 것인즉 일이 네게 쉬우리라 네가 만일 이 일을 하고 하나님께서도 네게 허락하시면 네가 이 일을 감당하고 이 모든 백성도 자기 곳으로 평안히 가리라 이에 모세가 자기 장인의 말을 듣고 그 모든 말대로 하여 모세가 이스라엘 무리 중에서 능력 있는 사람들을 택하여 그들을 백성의 우두머리 곧 천부장과 백부장과 오십부장과 십부장을 삼으매 그들이 때를 따라 백성을 재판하되 어려운 일은 모세에게 가져오고 모든 작은 일은 스스로 재판하더라(출 18:13-26).

장인 이드로가 모세를 찾아왔다. 이드로는 이스라엘 백성을 출애굽시켰던 하나님을 찬양하고, 모든 신보다 크신 여호와 하나님을 경배했다. 모세는 이스라엘 백성의 모든 일을 혼자 판단하고 있었다. 이스라엘은 200만이 넘는 큰 민족이었고, 그들 사이에서 발생하는 일들의 옳고 그름을 모세 혼자 재판하고 있었다. 장인 이드로는 일이 너무 과중하고 혼자 할 수 없다고 말했다.

모세는 이드로의 조언대로 이스라엘 백성 중에서 하나님을 두려워하고 진실하며 불의한 이익을 미워하는 자들을 선별했다. 그들을 열

명을 거느리는 십부장, 오십부장, 백부장, 그리고 천 명을 거느리는 천부장으로 임명하여 백성의 지도자로 삼았다. 그들에게 윤리와 법도를 가르쳐서 사건의 옳고 그름을 판단하는 재판장이 되게 했다. 그러자 "일이 네게 쉬우리라"(출 18:22)는 이드로의 말처럼, 혼자 할 수 없는 일들이 쉬워졌다. 이 모든 것은 하나님의 허락 하에 시행되었다. 모든 하나님의 백성에게는 하나님께서 주시는 은사가 있다. 이스라엘 백성은 은사로 동역하며 연합하여, 하나님을 섬기는 '광야 교회'였다. 하나님의 백성에게는 여호와 이레의 은혜, 여호와 라파의 은혜, 여호와 닛시의 은혜가 있으니 믿고 사명을 감당하라는 것이다.

시내산에 선 이스라엘(출 19:1-8)

이스라엘 자손이 애굽 땅을 떠난 지 삼 개월이 되던 날 그들이 시내 광야에 이르니라 그들이 르비딤을 떠나 시내 광야에 이르러 그 광야에 장막을 치되 이스라엘이 거기 산 앞에 장막을 치니라 모세가 하나님 앞에 올라가니 여호와께서 산에서 그를 불러 말씀하시되 너는 이같이 야곱의 집에 말하고 이스라엘 자손들에게 말하라 내가 애굽 사람에게 어떻게 행하였음과 내가 어떻게 독수리 날개로 너희를 업어 내게로 인도하였음을 너희가 보았느니라 세계가 다 내게 속하였나니 너희가 내 말을 잘 듣고 내 언약을 지키면 너희는 모든 민족 중에서 내 소유가 되겠고 너희가 내게 대하여 제사장 나라가 되며 거룩한 백성이 되리라 너는 이 말을 이스라엘 자손에게 전할지니라(출 19:1-6).

이스라엘은 구름 기둥의 인도로 시내산에 도착했다. 하나님은 호렙

산에서 떨기나무에 불로 임재하셔서 모세에게 이 산에서 하나님을 섬길 것이라고 말씀하시며, 이것이 하나님께서 그를 보낸 증거가 될 것이라고 하셨다. 하나님 말씀대로 이스라엘은 모세가 하나님을 대면했던, 바로 그곳에 서 있었다.

이스라엘 백성은 시내산에서 금송아지를 우상으로 숭배했고, 주동자들은 하나님의 심판을 받았다. 그리고 하나님께 회개한다는 의미로 우상을 만드는 데 사용했던 장신구들을 떼어냈다. 성경은 그곳을 가리켜 '호렙산'(출 33:6)이라고 했다. 시내산과 호렙산은 같은 산을 다르게 부르는 이름이다. 북이스라엘 왕국에서는 호렙산으로, 남유다 왕국에서는 시내산이라고 불렀다.

하나님은 세계가 모두 하나님께 속했다고 하셨다. 이스라엘뿐 아니라, 이집트, 바벨론, 로마, 미국, 중국, 한국도 하나님의 것이다. 온 세계의 '창조자', '통치자', '심판자'는 오직 하나님뿐이시다. 모든 민족 중에서도 이스라엘은 하나님의 소유가 된다고 하셨다. 소유라는 의미의 히브리어 '쎄굴라'를 솔로몬 왕은 '보배'로, 말라기 선지자는 '아끼는 아들'(말 3:17)로 대신했다. 하나님은 400년 동안 노예로 살았던 이스라엘 백성을, 하나님의 아들같이 아끼는 보배로 여기셨다.

이스라엘을 향한 하나님의 뜻은 지위로는 '당신의 소유'로, 역할은 '제사장 나라'로, 본질은 '거룩한 백성'으로 세우는 것이었다. 제사장 나라는 아브라함에게 하셨던 복이 될 것이라는 말과 그 의미가 같다. 제사장은 죄인이 하나님께 나아가도록 돕는 중보자다. 이처럼 제사장 나라는 온 세계가 하나님께로 돌아올 수 있도록 도와주고 모범이 되는 나라다. 이것이 시내산 언약의 정신이며 십계명과 율법의 핵심이다. 이스라엘 백성은 세계 복음화를 위한 하나님의 보배였다.

하나님은 이스라엘 백성을 '쎄굴라'로 여기셨다. 하지만 그들은 하나님 말씀을 듣지도 않았고, 언약을 지키지도 않았다. 심지어 하나님의 선택받은 특별한 민족이라는 잘못된 선민사상에 젖어 있었다. 복음의 대상인 이방인을 개, 돼지 취급했고, 지옥의 불쏘시개 취급을 했다. 예수님은 그들을 '독사의 자식들'이라고 하셨고, 주후 70년 로마에 의해 멸망한 이스라엘은 1878년 동안 온 세계에 흩어져 살아야 했다. 그래서 '택하신 족속이요 왕 같은 제사장들이요 거룩한 나라요 그의 소유'된 하나님의 교회가 그 사명을 이어받게 된 것이다.

이스라엘에 강림하시는 하나님(출 19:9-25)

> 여호와께서 모세에게 이르시되 내가 빽빽한 구름 가운데서 네게 임함은 내가 너와 말하는 것을 백성들이 듣게 하며 또한 너를 영영히 믿게 하려 함이니라 모세가 백성의 말을 여호와께 아뢰었으므로 여호와께서 모세에게 이르시되 너는 백성에게로 가서 오늘과 내일 그들을 성결하게 하며 그들에게 옷을 빨게 하고 준비하게 하여 셋째 날을 기다리게 하라 이는 셋째 날에 나 여호와가 온 백성의 목전에서 시내산에 강림할 것임이니 너는 백성을 위하여 주위에 경계를 정하고 이르기를 너희는 삼가 산에 오르거나 그 경계를 침범하지 말지니 산을 침범하는 자는 반드시 죽임을 당할 것이라 그런 자에게는 손을 대지 말고 돌로 쳐죽이거나 화살로 쏘아 죽여야 하리니 짐승이나 사람을 막론하고 살아남지 못하리라 하고 나팔을 길게 불거든 산 앞에 이를 것이니라 하라(출 19:9-13).

하나님은 산 주위에 경계를 정하시고 산에 오르거나, 그 경계를 침범하지 말라고 하셨다. 침범하면 죽임을 당할 것이라고 하셨다. 하나님은 이스라엘을 만나기 위해 강림하셨다. 마른하늘에 날벼락이 쳤고, 나팔 소리가 들렸으며 연기가 자욱했다(출 19:16-18). '하나님의 영광'을 직접 본 그들은 그 영광에 압도되어 두려움에 떨었다. 하나님의 거룩한 영광이 노출되면 그들은 죽을 수밖에 없었다. 그래서 하나님은 빽빽한 구름으로 파란 영광을 가리시고 임재하셨다.

십계명과 율법을 선포하시는 하나님(출 20:1~23:33)

> 하나님이 이 모든 말씀으로 말씀하여 이르시되 나는 너를 애굽 땅, 종 되었던 집에서 인도하여 낸 네 하나님 여호와니라 너는 나 외에는 다른 신들을 네게 두지 말라 너를 위하여 새긴 우상을 만들지 말고 또 위로 하늘에 있는 것이나 아래로 땅에 있는 것이나 땅 아래 물 속에 있는 것의 어떤 형상도 만들지 말며 그것들에게 절하지 말며 그것들을 섬기지 말라(출 20:1-5).

하나님은 십계명과 율법을 선포하시기 전에, 출애굽을 말씀하셨다. 십계명과 율법은 하나님의 은혜로 구원받은 자에게만 주어지는 것이기 때문이다. 따라서 십계명과 율법은 구원받는 방법이 아니다. 구원받은 자들이 하나님의 백성답게 '거룩한 삶'을 사는 방법이다.

계약서에는 계약이 유지되기 위한 조건들을 명시한다. 시내산 언약에도 언약이 유지되기 위한 내용이 있다. 시내산 언약의 구체적인 조건과 내용이 십계명을 포함한 '613조의 율법'이다. 율법은 하나님의 '공의'와 '자비'의 계시였고, 하나님의 백성이 믿음으로 살 수 있는 구체적인 방법이다.

십계명 중 제1부터 제4까지는 하나님과의 관계에서 하나님의 백성이 지켜야 할 대원칙이고, 제5부터 제10까지는 이웃과의 관계에서 하나님의 백성이 지켜야 할 대원칙이다. 십계명의 구체적인 생활규범이 613조의 율법이다. 248개의 율법은 '하라'는 명령이고, 365개의 율법은 '하지 말라'는 금령이다. 십계명을 준수함으로써 사람의 윤리가 완성되는 것이다.

> 뭇 백성이 우레와 번개와 나팔 소리와 산의 연기를 본지라 그들이 볼 때에 떨며 멀리 서서 모세에게 이르되 당신이 우리에게 말씀하소서 우리가 들으리이다 하나님이 우리에게 말씀하시지 말게 하소서 우리가 죽을까 하나이다 모세가 백성에게 이르되 두려워하지 말라 하나님이 임하심은 너희를 시험하고 너희로 경외하여 범죄하지 않게 하려 하심이니라 백성은 멀리 서 있고 모세는 하나님이 계신 흑암으로 가까이 가니라(출 20:18-21).

시내산에서 이스라엘 백성은 하나님의 영광을 보았고, 친히 선포하신 십계명을 직접 들었다. 영광에 눈이 멀고, 음성에 고막이 찢어질 것 같았을 것이다. 그래서 모세에게 하나님의 뜻을 듣고 자신들에게 전달해 달라고 요청했다. 그들은 멀리 섰고 모세는 하나님이 계신 흑암으로 가까이 갔다. 하나님을 둘러친 빽빽한 구름이 너무 짙어서 마치 흑암처럼 보였다. 그렇지 않으면 하나님의 영광이 새어 나와 이스라엘 백성에게 위협이 될 수도 있었다.

> 여호와께서 모세에게 이르시되 너는 이스라엘 자손에게 이같이 이르

라 내가 하늘로부터 너희에게 말하는 것을 너희 스스로 보았으니 너희는 나를 비겨서 은으로나 금으로나 너희를 위하여 신상을 만들지 말고 내게 토단을 쌓고 그 위에 네 양과 소로 네 번제와 화목제를 드리라 내가 내 이름을 기념하게 하는 모든 곳에서 네게 임하여 복을 주리라 네가 백성 앞에 세울 법규는 이러하니라 네가 히브리 종을 사면 그는 여섯 해 동안 섬길 것이요 일곱째 해에는 몸값을 물지 않고 나가 자유인이 될 것이며 … (출 20:22~21:11).

십계명은 하나님께서 직접 주신 핵심적 교훈이 담긴 율법이고, 나머지 율법은 모세를 통해 주셨다. 십계명 다음으로 제일 먼저 언급되는 율법은 '제단에 관한 율법'과 '종에 관한 율법'이다. 제단에 관한 율법은 하나님과 바른 관계를, 종에 관한 율법은 이웃과 바른 관계를 규정한다.

이스라엘 백성이 제사를 통해 하나님께 나아갈 때, 그분의 이름을 기념하는 모든 곳에서 복을 주시겠다고 약속하셨다. 학대받는 노예였지만, 하나님께서 백성으로 삼아주신 은혜를 기념하라는 것이다. 그래야만 율법을 지키는 정의로운 삶을 살 수가 있고, 이웃을 종이 아닌 형제로 여기는 자비로운 생활을 할 수 있기 때문이다.

이스라엘의 노예제도는 주변 나라들과는 달랐다. 다른 나라들에서 노예는 주인의 소유물로 재산의 일부였다. 이집트에서 이스라엘 백성도 400년 동안 파라오의 노예였다. 그러나 이스라엘에서는 모든 이스라엘 백성은 하나님의 백성이기 때문에 노예의 인권 또한 하나님께서 보장해 주셨다.

이스라엘의 노예제도는 하나님의 공의를 만족하게 하는 제도였고, 빚진 자가 떳떳하게 빚을 청산할 수 있는 수단이었다. 어떤 사람이 피치 못할 사정으로 인해 빌린 돈을 갚지 못할 경우, 그 집의 일꾼이 되어 노동으로 빚을 갚을 수 있도록 했다. 주인은 그를 노예 부리듯 엄하게 대할 수 없었다(레 25:43). 무엇보다도 빚 때문에 하나님의 백성이 이방인의 노예가 되는 것을 방지했다. 빚진 자의 인권이 침해당하지 않고 빚을 갚을 수 있도록, 하나님께서 이스라엘에게 노예제도를 허락하신 것이다. 여섯 해 동안은 노예로 섬기고 일곱 해에는 몸값을 물지 말고 자유인이 되게 하라고 명령하셨다. 왜냐하면 그는 노예가 아니라 형제이기 때문이다.

> 사람이 서로 싸우다가 임신한 여인을 쳐서 낙태하게 하였으나 다른 해가 없으면 그 남편의 청구대로 반드시 벌금을 내되 재판장의 판결을 따라 낼 것이니라 그러나 다른 해가 있으면 갚되 생명은 생명으로, 눈은 눈으로, 이는 이로, 손은 손으로, 발은 발로, 덴 것은 덴 것으로, 상하게 한 것은 상함으로, 때린 것은 때림으로 갚을지니라(출 21:22-25).

"눈에는 눈, 이에는 이"라는 말씀은 세상에 널리 알려진 말씀이다. 유명한 만큼 오해도 많은 것 같다. 이 율법은 '하나님의 공의'의 원칙으로 하나님께는 죄와 벌의 크기가 같으며, 의와 상의 크기가 같다는 것이다. 공의의 원칙은 복수를 정당화하지 않는다. 범죄에 대한 사후처리를 위한 것이 아니라, 사전예방을 위한 것이다. 죄를 지으면 반드시 그에 상응하는 형벌을 받으므로 짓지 않도록 절제하라는 의미에서 제정되었다.

공의의 원칙은 범죄 하지 말라는 하나님의 경고였다. 그런데도 범죄는 발생했다. 공의의 원칙대로 가해자에게 그에 상응하는 벌이 필요했다. 그러나 공의의 원칙이 피해자에게 복수의 정당성을 부여하는 것은 아니었다. 피해자도 타락한 본성을 가졌기 때문이다. 당시 이스라엘 백성은 어려운 시기를 지나고 있었고, 이런 특별한 상황에서 작동하는 쉽고 명쾌한 법이 필요했을 것이다. 하나님의 '율법'에 근거한 재판을 받을 때만 공정하다. 공의의 원칙은 피해자에게 복수의 정당성을 부여하는 것이 아니라, 재판장에게 '판결에 공정성'을 부여하는 것이다.

> 예수께서 그들에게 항상 기도하고 낙심하지 말아야 할 것을 비유로 말씀하여 이르시되 어떤 도시에 하나님을 두려워하지 않고 사람을 무시하는 한 재판장이 있는데 그 도시에 한 과부가 있어 자주 그에게 가서 내 원수에 대한 나의 원한을 풀어 주소서 하되 그가 얼마 동안 듣지 아니하다가 후에 속으로 생각하되 내가 하나님을 두려워하지 않고 사람을 무시하나 이 과부가 나를 번거롭게 하니 내가 그 원한을 풀어 주리라 그렇지 않으면 늘 와서 나를 괴롭게 하리라 하였느니라 주께서 또 이르시되 불의한 재판장이 말한 것을 들으라 하물며 하나님께서 그 밤낮 부르짖는 택하신 자들의 원한을 풀어 주지 아니하시겠느냐 그들에게 오래 참으시겠느냐 내가 너희에게 이르노니 속히 그 원한을 풀어 주시리라 그러나 인자가 올 때에 세상에서 믿음을 보겠느냐 하시니라(눅 18:1-8).

하나님을 두려워하지 않고 사람을 무시하는 한 재판장이 있었다. 그는 하나님을 두려워하지 않고 사람을 무시한다는 것을 스스로 인정할 정도로 불공정했다. 과부는 재판장에게 자신의 원한을 풀어달라고 끊임없이 간청했다. 재판장은 과부의 끊임없는 청에 번거로움을 이기지 못해, 결국 들어주어야 했다. 하나님의 백성은 '공의의 하나님'을 믿고 신뢰해야 한다. 과부는 세상에서 힘없는 사람의 대명사이고, 네 번이나 언급되는 원한은 아주 억울한 상황임을 의미한다. 예수님께서 하신 말씀의 요지는 끊임없는 기도가 아니라, 바로 '믿음'이다.

불공정한 재판장이지만 힘없는 과부의 간청을 들어주었다. 하물며 공의의 하나님께서 들어주시지 않겠느냐는 것이다. 하나님은 공의의 원칙으로 세상을 다스리시며, 하나님의 백성은 힘없는 과부가 아니라, 그분의 택하신 자들이다. 따라서 하나님의 백성은 아무리 억울해도 공의로우신 하나님을 믿고, 항상 기도하고 낙심하지 않는 믿음으로 살아야 한다. 기억하자. 하나님의 백성은 절대로 손해 보지 않는다. 지금도 하나님은 여전히 살아 계신다.

> 네가 만일 너와 함께 한 내 백성 중에서 가난한 자에게 돈을 꾸어 주면 너는 그에게 채권자 같이 하지 말며 이자를 받지 말 것이며 네가 만일 이웃의 옷을 전당 잡거든 해가 지기 전에 그에게 돌려보내라 그것이 유일한 옷이라 그것이 그의 알몸을 가릴 옷인즉 그가 무엇을 입고 자겠느냐 그가 내게 부르짖으면 내가 들으리니 나는 자비로운 자임이니라(출 22:25-27).

돈을 빌려주면 이자를 당연히 받아야 한다. 그러나 형제에게는 이자를 받지 말고, 자비를 베풀라고 말씀하신다. 하나님의 백성은 형제에게 돈을 빌려주는 것을 경제적 이익을 추구하는 수단으로 삼아서는 안 된다는 것이다. 옷은 두툼한 겉옷으로 외출복과 밤에는 추위를 피하기 위한 이불로 사용했다. 옷은 생존과 연결되었다. 가난한 자의 겉옷을 전당 잡아서도 안 된다고 하셨다. 채무자의 생존권이 채권자의 소유권보다 더 중요하기 때문이다. 이스라엘 백성이 자비롭게 살아야 할 이유는, 그들이 섬기는 하나님이 자비롭기 때문이다.

> 또 눈은 눈으로, 이는 이로 갚으라 하였다는 것을 너희가 들었으나 나는 너희에게 이르노니 악한 자를 대적하지 말라 누구든지 네 오른편 뺨을 치거든 왼편도 돌려 대며 또 너를 고발하여 속옷을 가지고자 하는 자에게 겉옷까지도 가지게 하며 또 누구든지 너로 억지로 오 리를 가게 하거든 그 사람과 십 리를 동행하고 네게 구하는 자에게 주며 네게 꾸고자 하는 자에게 거절하지 말라 또 네 이웃을 자랑하고 네 원수를 미워하라 하였다는 것을 너희가 들었으나 나는 너희에게 이르노니 너희 원수를 사랑하며 너희를 박해하는 자를 위하여 기도하라(마 5:38-44).

공의의 원칙은 악한 자를 대적하는 것이다. 그러나 예수님은 오른편 뺨을 치거든 왼편도 돌려대고 원수를 사랑하며 박해하는 자를 위해 기도하라고 하셨다. 율법은 폐하여진 것이 아니라, 그 수준이 더 높아졌다. 교회에서 사용하는 말 중에 믿음으로 산다는 말처럼 모호한 말도 없다. 믿음으로 산다는 말은 도대체 무슨 의미일까?

하나님의 백성이 가져야 할 믿음은 하나님의 '공의로우심'과 '자비로우심'에 대한 믿음이다. 그래야만 하나님의 계명과 율법에 순종하며 정의롭고 자비롭게 살 수 있다. 하나님께서 명령하신 정의와 자비는 충돌하지 않는다. 정의로운 삶은 돈을 갚을 채무자에게 강조되고, 자비로운 삶은 돈을 받을 채권자에게 강조된다. 믿음으로 사는 생활방식은 구약의 '율법'이고, 율법의 완성은 신약의 '사랑'이다. 하나님과 이웃을 진정으로 사랑하기 위해서는 율법을 초월해 자유로워야 한다.

죄의 삯은 사망이다. 눈에는 눈, 이에는 이, 생명에는 생명이라는 하나님의 공의를 만족시키기 위해, 예수님께서 죄인의 생명을 대신해 사망에 이르렀다. 하나님의 자비를 위해 예수님으로 말미암아 우리의 죄를 용서받았다. 십자가는 하나님의 공의와 자비를 동시에 만족하게 하는 율법의 완성이다.

시내산 언약의 체결(출 24:1-8)

또 모세에게 이르시되 너는 아론과 나답과 아비후와 이스라엘 장로 칠십 명과 함께 여호와께로 올라와 멀리서 경배하고 너 모세만 여호와께 가까이 나아오고 그들은 가까이 나아오지 말며 백성은 너와 함께 올라오지 말지니라 모세가 와서 여호와의 모든 말씀과 그의 모든 율례를 백성에게 전하매 그들이 한 소리로 응답하여 이르되 여호와께서 말씀하신 모든 것을 우리가 준행하리이다 모세가 여호와의 모든 말씀을 기록하고 이른 아침에 일어나 산 아래에 제단을 쌓고 이스라엘 열두 지파대로 열두 기둥을 세우고 이스라엘 자손의 청년들을 보내어 여호와께 소로 번제와 화목제를 드리게 하고 모세가 피를 가지고 반은 여러 양푼에 담고 반은 제단에 뿌리고 언약서를 가져다가 백성에게 낭독하여 듣게 하니 그들이 이르되 여호와의 모든 말씀을 우리가 준행하리이다 모세가 그 피를 가지고 백성에게 뿌리며 이르되 이는 여호와께서 이 모든 말씀에 대하여 너희와 세우신 언약의 피니라(출 24:1-8).

하나님과 이스라엘 백성 사이의 '시내산 언약'이 체결되었다. 모세는 십계명과 율법이 기록된 언약서를 이스라엘 백성에게 낭독했고, 백성은 여호와의 모든 말씀을 준행하겠다고 다짐했다. 모세는 짐승의 '피' 중 반은 제단에 뿌렸다. 시내산 언약에 대한 하나님의 맹세였다. "이스라엘만 나의 보화이다!" 언약을 어기면 죽음으로 보응을 받으실 것이다. 나머지 반은 백성에게 뿌렸다. 역시 언약에 대한 맹세로, 어기면 죽음으로 보응받을 것이다. "여호와만 우리의 하나님이십니다!"

이스라엘은 하나님과 시내산 언약을 체결함으로 드디어 하나님의 백성, 당신의 소유 쎄굴라, 제사장 나라, 거룩한 백성이 되었다. 아브라함에게 약속하신 큰 민족에 이어 여호와 하나님과 관계를 맺은 복이 되었다. 궁극적으로 이스라엘을 통해 모든 인류에게 '복의 근원'이 되실 메시아가 오시고, 전 세계가 구원의 길을 얻게 될 것이다.

시내산 언약은 '짐승의 피'로 체결되었다. 짐승의 피는 유월절 장자 재앙에서 이미 나왔지만, 또다시 짐승의 피로 언약이 체결되었다. 하나님은 이스라엘 백성에게 하나님의 본질이 무엇인지 가르쳐 주셨다. 유월절 피는 구원하시는 권능의 여호와 하나님을, 시내산 언약의 피는 언약의 여호와 하나님을 계시한다. 하나님은 권능을 아무렇게나 행사하지 않는다. 오직 언약 안에서 말씀으로만 역사하신다. 하나님의 본질은 말씀이다. 여호와의 진정한 신성은 오직 언약이다.

하나님 백성의 믿음 근거는 하나님의 권능이 아니라, 하나님 말씀에 있다. 유월절이 이스라엘의 광복절이라면, 시내산 언약은 이스라엘의 제헌절이다. 광복절을 통해 얻은 자유는 마음대로 사는 자유가 아니다. 제헌절에 제정된 헌법 안에서 마음 놓고 누리는 자유다. 하나님의 백성은 오직 하나님 말씀을 믿고 말씀대로 사는 백성이다.

시내산 언약의 의미는 하나님의 백성이 믿음으로 살겠다는 것이다. 모세가 이스라엘 백성에게 하나님 말씀이 기록된 언약서를 낭독했을 때, "모든 말씀을 우리가 준행하리이다"(출 24:7)라고 고백했다. 하나님의 백성은 모든 말씀을 다 준행하겠다고 결단해야 한다. 모든 말씀을 준행하기 위해 믿음으로 살아가는 것이 신앙생활이다. 모든 것이 아니면 아무것도 아니라는 생각으로 신앙생활을 해야 한다. 그러나 모든 말씀을 다 준행하지 못한다. 그래서 모세가 피의 반을 제단에 뿌렸고, 예수님께서 십자가에서 죄인을 대신해 피 흘려 주셨다.

시내산 언약 체결 후의 교제(출 24:9-11)

> 모세와 아론과 나답과 아비후와 이스라엘 장로 칠십 인이 올라가서 이스라엘의 하나님을 보니 그의 발 아래에는 청옥을 편 듯하고 하늘 같이 청명하더라 하나님이 이스라엘 자손들의 존귀한 자들에게 손을 대지 아니하셨고 그들은 하나님을 뵙고 먹고 마셨더라(출 24:9-11).

모세와 이스라엘 장로들이 하나님이 계신 시내산으로 올라갔다. 하나님께서 그들과 언약을 체결하시기 위해 빽빽한 구름에 싸여 강림하셨을 때와는 분위기가 다르다. 당시에는 경계를 긋고 접근을 엄격히 금지하고 어기면 죽게 될 것이라고 말씀하셨다(출 19:12-13). 그러나 이제 그 경계는 사라졌고, 하나님을 뵙고 먹고 마시기까지 했다. 먹고 마신다는 것은 평안하다는 것이다. 왜냐하면 '언약의 피'로 하나님과 언약을 체결했기 때문이다.

이스라엘 백성이 하나님을 뵈었을 때, 하나님의 발아래는 청옥을 편 듯하고 하늘같이 청명했다. 하나님의 백성도 좌절할 수밖에 없는 순간이 있다. 그럴 때는 하늘을 바라보자. 하늘이 하늘색인 것은 하나님께서 지켜보시며 인도하고 있다는 의미다. 마침내 합력하여 선을 이루게 하실 것이라는 약속이다.

시내산 언약기는 크게 다섯 부분으로 나누어진다. 준비, 강림, 선포, 체결, 그리고 교제다. 마치 남녀가 혼인하는 것과 흡사하다. 첫째, '준비'(출 19:1-8)에는 중매쟁이 모세가 하나님과 이스라엘의 맞선을 주선한다. 둘째, '강림'(출 19:9-25)에는 혼인 당사자들끼리 직접 만난다. 셋째, '선포'(출 20:1~23:33)에는 결혼을 하면 어떻게 살아야 하는지 생활수칙을 말한다. 넷째, '체결'(출 24:1-8)에는 결혼식을 거행한다. 다섯째, '교제'(출 24:9-11)에는 결혼식을 마치고 잔치를 한다.

결혼식도 치렀고 잔치도 마쳤다. 법적으로 부부가 되었다. 이제 하나 됨을 위해 그들은 신혼집으로 갈 것이다. 하나님과 이스라엘이 하나로 연합할 것이다. 신혼집은 거룩한 제물의 피가 흐르는 성막이다.

이스라엘 백성이 시내산에 도착한 날은 이집트 땅을 떠난 지 삼 개월이 되던 날이었다. 정확한 번역은 '삼월로 새롭게 되던 날'로 3월 1일이다. 여호와께서 "불 가운데서 강림하셨던 셋째 날"(출 19:18)은 3월 3일로, 출애굽 한 지 50일째가 되는 날이다. 시내산 언약 체결은 바로 오순절 성령강림의 의미를 분명하게 드러내고 있다.

시내산 오순절에는 여호와 하나님께서 위로부터 아래로 강림하셔서 율법을 주셨다. 그러므로 이스라엘을 하나님의 백성으로 삼으셨다. 이처럼 마가 다락방 오순절에는 성령 하나님께서 하늘로부터 강림하셔서 완전한 법을 주셨다. 그러므로 제자들을 하나님의 백성으로 삼으셨다.

완전한 법은 예수 안에 있는 생명을 주시는 성령이라는 법이다. 이 법은 '죄와 사망의 법에서 죄인을 해방'해 결코 정죄함이 없다(롬 8:1-2). 성령의 법은 금지할 법이 없는 이 세상 최고의 법이다(갈 5:22-23).

금지할 어떤 법도 없기 때문에 그 누구도 정죄할 수가 없다(롬 8:34). 그래서 한 번 받은 구원은 영원한 구원이 된다. 나아가 성령의 감동에 순종하면 성령의 열매도 맺게 하신다.

하나님의 율법은 예나 지금이나 하나님께서 명령하시는 택하신 백성의 '생활원리'다. 시내산 율법은 육의 생활원리이고, 성령의 법은 영의 생활원리다. 시내산 율법의 완성은 성령이라는 법이다. 참된 자유는 마음대로 사는 것이 아니라, 마음 놓고 누리는 자유다. 우리는 '하나님의 언약'이라는 반석 위에 굳게 서서, 성령의 감동에 순종하여 열매 맺는 하나님의 백성이 되어야 할 것이다.

제4강

성막과 금송아지, 원칙과 반칙

출애굽기 25~40장

하나님은 시내산 언약을 체결하고 '성막'을 지으라고 명령하셨다. 성막은 예배공동체였던 그들의 구심점이고, 모든 광야 생활의 중심이 되었다. 하나님께 드리는 제사에도, 그들의 모든 장막에도, 행진 대열에도 그 중심에는 성막이 있었다. 성막은 이스라엘 백성이 하나님의 임재를 누리는 하나님의 은혜였다.

하나님께서 친히 기록해 주신 십계명 두 돌판(출 24:12–18)

여호와께서 모세에게 이르시되 너는 산에 올라 내게로 와서 거기 있으라 네가 그들을 가르치도록 내가 율법과 계명을 친히 기록한 돌판을 네게 주리라 모세가 그의 부하 여호수아와 함께 일어나 모세가 하나님의 산으로 올라가며 장로들에게 이르되 너희는 여기서 우리가 너희에게로 돌아오기까지 기다리라 아론과 훌이 너희와 함께 하리니 무릇 일이 있는 자는 그들에게로 나아갈지니라 하고 모세가 산에 오르매 구름이 산을 가리며 여호와의 영광이 시내 산 위에 머무르고 구름이 엿새 동안 산을 가리더니 일곱째 날에 여호와께서 구름 가운데서 모세를 부르시니라 산 위의 여호와의 영광이 이스라엘 자손의 눈에 맹렬한 불 같이 보였고 모세는 구름 속으로 들어가서 산 위에 올랐으며 모세가 사십 일 사십 야를 산에 있으니라(출 24:12-18).

모세는 하나님의 명령대로 홀로 시내산에 올랐다. 40일 동안 머물며 떡도 먹지 않고 물도 마시지 않았다(신 9:9). 하나님께서 모세에게 율법과 계명을 친히 기록한 '두 돌판'을 주셨다. 이스라엘 백성에게 하나님의 음성으로 친히 선포해 주셨던 십계명을 두 돌판 문서로 남기신 것이다. 십계명과 율법은 한 번 듣는 것으로 끝나는 것이 아니라, 모세가 가르치고 이스라엘 백성은 끊임없이 배워야 하기 때문이다. 처음부터 끝까지, 순서대로 반복하며 배워야 했다. 십계명과 율법은 초월적 말씀이 아니라, 원리적 말씀이기 때문이다. 생활양식으로 정착될 때까지 배워야 했다.

성경은 모든 하나님의 백성이 배워야 하고, 알아야 하는 하나님 말씀이다. 하나님은 성경을 통해 자신의 백성에게 말씀하신다. 출애굽기는 성경 66권 중에서 가장 탁월한 책으로 삼위 하나님과 성도의 영적 상태를 순차적으로 잘 드러내고 있다. 시내산에서 불로 임재하신 여호와 하나님은 성부 하나님을, 출애굽의 유월절 어린 양은 성자 예수 그리스도를, 계명과 율법은 완전한 법이신 성령 하나님을 나타낸다.

성도의 영적 상태도 순차적으로 드러내 보여 준다. 파라오에게 학대받는 노예 이스라엘 백성은 성도가 구원받기 전의 영적 사망의 상태를, 이집트를 탈출한 이스라엘 백성은 죄인이 하나님의 은혜로 말미암아 구원받은 칭의된 상태를, 계명과 율법을 받은 그들이 성령의 인도로 성도로 성화 되는 것을 순차적으로 드러내 보여 주고 있다.

이제 출애굽기의 절정이다. 이스라엘은 금송아지를 통해 하나님과의 분리를 경험하고, 성막을 통해 하나님과의 연합을 경험한다. 성막은 삼위 하나님과 그분의 소유인 이스라엘의 '임마누엘'을 세우는 하나님의 은혜다. 하지만 금송아지는 임마누엘을 무너뜨리는 죄인의 탐욕이다.

성막의 설계도(출 25:1-31:18)

> 여호와께서 모세에게 말씀하여 이르시되 이스라엘 자손에게 명령하여 내게 예물을 가져오라 하고 기쁜 마음으로 내는 자가 내게 바치는 모든 것을 너희는 받을지니라 너희가 그들에게서 받을 예물은 이러하니 금과 은과 놋과 청색 자색 홍색 실과 가는 베 실과 염소 털과 붉은 물 들인 숫양의 가죽과 해달의 가죽과 조각목과 등유와 관유에 드는 향료와 분향할 향을 만들 향품과 호마노며 에봇과 흉패에 물릴 보석이니라 내가 그들 중에 거할 성소를 그들이 나를 위하여 짓되(출 25:1-8).

하나님은 이스라엘에게 성막을 지으라고 명령하셨다. 이 명령은 시내산 언약을 체결한 후에 가장 먼저 내려졌다. 출애굽을 통해 하나님의 백성이 되었고, 시내산 언약을 통해 하나님의 백성답게 사는 생활양식법을 받았다. 그래서 그들이 가장 먼저 해야 할 일은 성막을 세우는 일이었다. 왜냐하면 성막은 하나님께서 '그들 중에 거할 성소'(출 25:8)이기 때문이다.

하나님께서 '그들 중에 거할 성소'에 거한다는 것은 "말씀이 육신이 되어 우리 가운데 거하시매"(요 1:14)에서 '거하시매'와 같은 의미다. 집을 짓고 거주한다는 것이다. 성막은 하나님께서 백성들 가운데 거하시며 가시적으로 하나님의 임재를 보여 주시는 처소다. 원래 하나님의 처소는 하늘이다. 땅에 사는 죄인은 하나님의 임재를 볼 수 없다. 성막은 하나님께서 이스라엘 가운데에 내려오셔서 함께 동거하신다는 상징적인 장소다. 하나님은 시내산 위에 계셨고, 이스라엘은 시내산 아래에 거했다. 그러나 시내산 언약이 체결되어서 하나님께서 그들 가운데로 내려오신 것이다. 결혼식과도 같은 시내산 언약을 체결했기 때문에, 신혼집과도 같은 성막에서 신랑 하나님과 신부 이스라엘이 연합하여 임마누엘을 이루는 것이다.

성막에 대한 말씀은 출애굽기에서 열세 장, 레위기에서 열여덟 장, 민수기에서 열세 장, 신명기에서 두 장, 그리고 히브리서에서 네 장이 나온다. 모두 쉰 장에서 언급되어 성경의 5퍼센트를 차지할 정도다. 6일 만에 천지를 창조하신 하나님께서 40일 동안 성막 설계도를 보여 주셨다.

> 무릇 내가 네게 보이는 모양대로 장막을 짓고 기구들도 그 모양을 따라 지을지니라 그들은 조각목으로 궤를 짜되 길이는 두 규빗 반, 너비는 한 규빗 반, 높이는 한 규빗 반이 되게 하고 너는 순금으로 그것을

싸되 그 안팎을 싸고 위쪽 가장자리로 돌아가며 금 테를 두르고 금 고리 넷을 부어 만들어 그 네 발에 달되 이쪽에 두 고리 저쪽에 두 고리를 달며 조각목으로 채를 만들어 금으로 싸고 그 채를 궤 양쪽 고리에 꿰어서 궤를 메게 하며 채를 궤의 고리에 꿴 대로 두고 빼내지 말지며 내가 네게 줄 증거판을 궤 속에 둘지며(출 25:9-16).

조각목은 광야에 흔히 볼 수 있는 가시나무로, 싯딤나무 또는 아카시아나무를 말한다. 아라비아 사막과 그 주변 시내 반도 일대에 많이 자생하는 나무다. 조각목은 내구성이 강하고 잘 썩지 않아 법궤, 번제단, 떡상 등 성막 건축 재료로 많이 사용되었다.

조각목은 수분을 조금이라도 더 흡수하기 위해 지하 50~60미터 속

조각목

으로 악착같이 뿌리를 뻗는다.

거친 바람 때문에 곧게 자라지 못하고, 몸체가 작고 울퉁불퉁하다. 또한 물이 귀한 사막에서 살아남기 위해 온통 가시로 무장하고 열매는 열리지 않는다. 광야 같은 세상을 살아가는 이스라엘 백성과 비슷한 나무라고 할 수 있겠다. 그러나 이런 조각목도 안팎을 순금으로 싸면 거룩한 '언약궤'가 되었다. 죄인이 믿음을 가지면 그 속에 십계명 두 돌판을 품게 된다. 하나님의 은혜를 받으면 하나님의 거룩한 백성이 되는 것이다.

성막에 대한 말씀은 어렵고 복잡하다. 그럴 수밖에 없다. 모세는 시내산에서 성막을 환상으로 보았지만, 우리는 모세가 보고 글로 옮긴 것을 읽기 때문이다.

십계명 두 돌판을 가리켜 '증거판'(출 25:16)이라고 불렀다. 이스라엘이 하나님의 백성임을 증거하고, 하나님은 이스라엘의 하나님이심을 증거했기 때문이다. 한 돌판에는 제1계명부터 제4계명까지 하나님에 대한 계명이, 다른 돌판에는 제5계명부터 제10계명까지 사람에 대한 계명이 기록되었다고 한다. 십계명 두 돌판은 시내산 언약을 확증하는 '계약문서'였다. 계약문서는 고대 국가에서 국가 간에 주종계약을 맺을 때부터 지금까지 계약 당사자는 같은 문서를 2부 작성한다. 그래서 십계명 돌판도 두 개인 것이다.

> 순금으로 속죄소를 만들되 길이는 두 규빗 반, 너비는 한 규빗 반이 되게 하고 금으로 그룹 둘을 속죄소 두 끝에 쳐서 만들되 한 그룹은 이 끝에, 또 한 그룹은 저 끝에 곧 속죄소 두 끝에 속죄소와 한 덩이로 연결할지며 그룹들은 그 날개를 높이 펴서 그 날개로 속죄소를 덮으며 그 얼굴을 서로 대하여 속죄소를 향하게 하고 속죄소를 궤 위에 얹

고 내가 네게 줄 증거판을 궤 속에 넣으라 거기서 내가 너와 만나고 속죄소 위 곧 증거궤 위에 있는 두 그룹 사이에서 내가 이스라엘 자손을 위하여 네게 명령할 모든 일을 네게 이르리라(출 25:17-22).

하나님께 제사를 드리는 성막은 지성소와 성소와 성막뜰, 세 영역으로 나누어졌다. 성막에는 일곱 가지 성막기구가 있었다. 맨 안쪽 영역은 '지성소(至聖所)' 장막이다. 지성소는 지극히 거룩한 장소다. 그곳에는 두 가지 성막 기구가 있는데 '언약궤'와 '속죄소'다. 언약궤는 하나님과 이스라엘의 언약 증서인 십계명 두 돌판이 들어 있는 위가 뚫린 상자다. 그리고 속죄소는 언약궤를 덮는 금판 뚜껑이다. 하나님은 속죄소 위에 영광으로 임재하셨다. 여호와 하나님은 언약 위에 임재하신 것이다. 하나님은 오직 언약을 근거로만 역사하시는 언약의 하나님이시다. 지성소는 오직 대제사장만 출입할 수 있었다. 출입하는 날도 일 년 중 단 하루였다. 그날은 모든 이스라엘 백성이 죄 사함 받는 7월 10일 속죄일이다. 언약궤는 하나님의 언약을, 속죄소는 '하나님의 임재'를 상징한다.

가운데 영역은 '성소'(聖所) 장막이다. 성소는 거룩한 장소다. 이곳에는 세 가지 성막 기구가 있는데 '떡상'과 '등잔대'와 '분향단'이다. 떡상은 제사장이 매 안식일마다 열두 개의 떡덩이를 진열하는 상이다. 등잔대는 네 겹의 덮개로 덮여 있는 어두운 성소 내를 밝히는 등대다. 그리고 분향단은 하나님께 향기로운 향으로 제사를 드리는 제단이다. 성소는 오직 제사장만 출입할 수 있었다. 제사장들이 떡을 진열하고 등잔대를 밝혔으며 분향단에서 향을 불살랐다. 떡상은 이스라엘 열두 지파를 먹이시는 '하나님의 양식'을, 등잔대는 이스라엘을 빛으로 이끄시는 '하나님의 진리'를, 분향단은 '하나님의 향기'를 상징한다.

맨 바깥쪽 영역은 '성막뜰'이다. 성막뜰은 울타리가 있는 야외 뜰이다. 그곳에는 두 가지 성막 기구가 있는데 '번제단'과 '물두멍'이다. 번제단은 이스라엘의 죄를 속하기 위해 제사를 드리는 제단이다. 그리고 물두멍은 제사장이 제사를 집행하다가 손발에 묻은 짐승의 오물을 씻는 물항아리다. 번제단은 죄를 사하시는 '하나님의 속죄'를, 물두멍은 허물을 씻어주는 '하나님의 은혜'를 상징한다.

성막 설계도에서 성막의 구조와 기구를 언급하는 순서는, 성막의 맨 안쪽부터 시작하여 맨 바깥쪽으로 마친다. 먼저 성막의 맨 안쪽인 하나님께서 임재하시는 지성소의 언약궤와 속죄소를 언급한다. 그 다음에는 지성소 바깥 성소의 있는 떡상과 등대와 분향단을 언급한다. 그리고 성소의 바깥 성막 뜰에 있는 번제단과 물두멍을 언급했다. 이것은 지극히 높은 하늘 보좌에 좌정하신 하나님께서 죄인들에게 다가오시는 임마누엘의 임재를 의미하는 것이다.

성막의 가장 중요한 특징은 하나님께서 설계도를 주셨다는 것이다. 예컨대 성막의 덮개는 네 겹이어야 했다. 맨 안쪽 첫째는 청색, 자색, 홍색 실과 가는 베실로 짠 덮개를, 둘째는 염소 털로 짠 덮개를, 셋째는 붉게 물들인 숫양의 가죽으로 만든 덮개를, 그리고 맨 바깥쪽 넷째는 해달 가죽으로 만든 덮개를 덮어야 했다. 네 개의 덮개는 재료를 분명히 달리해야 하며, 덮을 때도 반드시 순서대로 덮어야 했다. 성막은 하나님께서 보여 주신 식양에 따라서 지어야 하고, 기구들도 그 모양을 따라 지어야만 했다.

언약궤는 십계명 두 돌판을 넣어두는 상자다. 언약궤는 위가 뚫린 직육면체 상자다. 순금으로 안팎을 쌌고, 위쪽 가장자리는 금테로 둘렀다. 금 고리 넷을 만들어 네 발에 달아, 이쪽에 두 고리, 저쪽에 두 고리를 달았다.

언약궤를 운반할 때는 발에 달린 네 고리에 채를 꿰어 어깨에 메었다. 채는 조각목으로 만들어 금으로 쌌다. 언약궤를 운반하지 않을 때도, 채를 궤의 고리에 꿴 대로 두고 빼내지 않았다. 하나님의 이동 명령이 떨어지면, 언제라도 이동할 수 있게 한 것이다. 성막이나 성막 기구들은 취급 방법도 정해져 있었다.

규빗은 장정의 손가락 끝부터 팔꿈치까지를 이르는 길이 단위다. 두 뼘이 한 규빗이며, 한 규빗은 약 45센티미터 정도다. 언약궤의 길이는 두 규빗 반, 125센티미터 정도이고, 그 너비와 높이는 각각 한 규빗 반, 67.5센티미터 정도다. 성막이나 성막 기구들은 규격도 정해져 있었다.

성막은 이스라엘과 함께하시는 하나님의 임마누엘을 상징했다. 하나님께서 그들에게 성막 설계도를 주셨다는 것은 임마누엘에는 '하나

강독 가이드

성막의 주요 기구

기구명	의미
언약궤	이스라엘 백성과 체결한 하나님의 언약을 상징한다.
속죄소	택한 백성에 대한 하나님의 임재를 상징한다.
휘장	하나님의 거룩과 죄악의 분리를 상징한다.
진설병	구원, 힘, 능력을 공급하는 생명의 떡을 상징한다.
등대와 등잔	어두운 세상을 비추시는 예수 그리스도의 사역을 상징한다.
분향단	하나님 백성의 기도가 하나님께 상달됨을 상징한다.
번제단	희생제사를 통한 하나님과 인간의 관계 회복을 상징한다.
물두멍	영적 정결의 필요성을 상징한다.

님의 원칙'이 있다는 것이다. 그들은 임마누엘의 은혜를 하나님께서 정하신 방법 안에서 누릴 수 있었다. 이스라엘이 하나님과의 임마누엘을 누리기 위해서는 하나님의 지시대로, 하나님 말씀대로 하나님을 섬기고 생활해야 했다.

출애굽기 25장부터 31장까지는 성막의 설계도를, 35장부터 40장까지는 설계도대로 성막을 건축하는 내용을 언급한다. 성막 설계도는 '임마누엘의 약속'을, 성막 건축은 '임마누엘의 성취'를 의미한다. 그런데 이 둘 사이에는 금송아지가 있다. 금송아지가 임마누엘의 약속을 받은 하나님의 백성이 임마누엘의 성취를 누리지 못하도록 방해하는 요인이다. 계명과 율법과 성막의 설계도는 하나님의 백성이 반드시 가져야 할 믿음의 원칙이다. 그러나 금송아지는 하나님의 백성이 반드시 버려야 할 믿음의 반칙이다.

금송아지 우상숭배(출 32:1~33:23)

> 백성이 모세가 산에서 내려옴이 더딤을 보고 모여 백성이 아론에게 이르러 말하되 일어나라 우리를 위하여 우리를 인도할 신을 만들라 이 모세 곧 우리를 애굽 땅에서 인도하여 낸 사람은 어찌 되었는지 알지 못함이니라 아론이 그들에게 이르되 너희의 아내와 자녀의 귀에서 금 고리를 빼어 내게로 가져오라 모든 백성이 그 귀에서 금 고리를 빼어 아론에게로 가져가매 아론이 그들의 손에서 금 고리를 받아 부어서 조각칼로 새겨 송아지 형상을 만드니 그들이 말하되 이스라엘아 이는 너희를 애굽 땅에서 인도하여 낸 너희의 신이로다 하는지라 (출 32:1-4).

모세가 홀로 시내산으로 올라간 지 40일이 되어가고 있었다. 이스라엘 백성은 출애굽을 주도한 지도자 모세가 40일 동안 보이지 않자 동요하기 시작했다. 이스라엘 백성은 혹시 모세가 시내산에서 하나님께 죽임당하지 않았을까 염려했다. 만약 그랬다면 그들을 인도할 지도자가 없는 것이다. 이스라엘은 아론에게 그들을 위해 그들을 인도할 신을 만들어 달라고 요구했다.

아론은 이스라엘의 아내와 자녀의 귀에서 금 고리를 받아, 조각칼로 송아지 형상을 만들었다. 그 송아지 형상을 가리켜 "이스라엘을 이집트 땅에서 인도하여 낸 신"이라고 말했다. 그들은 여호와 하나님을 송아지 형상으로 만든 것이다.

> 아론이 보고 그 앞에 제단을 쌓고 이에 아론이 공포하여 이르되 내일은 여호와의 절일이니라 하니 이튿날에 그들이 일찍이 일어나 번제를 드리며 화목제를 드리고 백성이 앉아서 먹고 마시며 일어나서 뛰놀더라(출 32:5-6).

아론은 이스라엘 백성에게 공포했다. "내일은 여호와의 절일이니라." 분명히 여호와의 절일이라고 했다. 그들은 여호와 하나님을 섬기고 있었다. 이스라엘 백성은 이튿날에 일찍이 일어나 번제와 화목제를 드렸다. 그들이 일찍 일어나 번제와 화목제를 드린 것은 처음이 아니었다.

> 모세가 여호와의 모든 말씀을 기록하고 이른 아침에 일어나 산 아래에 제단을 쌓고 이스라엘 열두 지파대로 열두 기둥을 세우고 이스라엘 자손의 청년들을 보내어 여호와께 소로 번제와 화목제를 드리게

하고(출 24:4-5).

이스라엘이 하나님과 시내산 언약을 체결했을 때, 이른 아침에 일어나 번제와 화목제를 드렸다. 이처럼 그들은 이른 아침에 금송아지에게 번제와 화목제를 드린 것이다. 그 금송아지가 여호와 하나님이었다. "새긴 우상을 만들지 말고 그것들에게 절하지 말며 그것들을 섬기지 말라"는 십계명 중 제2계명을 범한 것이다. 그들은 이른 아침에 일어나 번제와 화목제를 드린 후에 앉아서 먹고 마셨다. 그리고 일어나서 뛰놀았다(출 32:6).

> 엘리야가 바알의 선지자들에게 이르되 너희는 많으니 먼저 송아지 한 마리를 택하여 잡고 너희 신의 이름을 부르라 그러나 불을 붙이지 말라 그들이 받은 송아지를 가져다가 잡고 아침부터 낮까지 바알의 이름을 불러 이르되 바알이여 우리에게 응답하소서 하나 아무 소리도 없고 아무 응답하는 자도 없으므로 그들이 그 쌓은 제단 주위에서 뛰놀더라(왕상 18:25-26).

바알 선지자들은 그들이 섬기는 바알에게 불의 응답을 받기 위해 쌓은 제단 주위에서 뛰어놀았다. '뛰논다'라는 히브리어 '짜헤크'는 단순히 뛰어놀았다는 의미가 아니다. 성적 행위를 묘사하는 단어다. 이방인이 우상숭배를 할 때 신을 감동시키기 위해 자행되었던 음란한 행위였다. 이스라엘 백성은 시내산 아래에서 여호와 하나님의 이름으로 우상을 숭배하는 '성적 광란'을 벌린 것이다.

이스라엘 백성이 시내산 아래에서 하나님이라고 만든 금송아지는 이집트의 황소 우상 아피스를 떠올려 만든 것이다. 그들이 하나님의 은혜로 이집트는 떠났지만, 이집트의 생활양식에서는 여전히 떠나지 못했다. 그들은 분명히 하나님을 섬겼지만, 하나님 말씀대로 섬기지 않았다. 이집트 사람들처럼 섬겼다. 그래서 하나님께서 시내산에서 이스라엘 백성에게 계명과 율법을 주신 것이다. 하나님의 백성은 그분의 백성답게 살아야 하기 때문이다.

하나님의 계명과 율법이 없는 믿음은 하나님을 우상처럼 숭배하고, 하나님을 우상으로 숭배하는 자기 소신에 불과하다. 하나님을 믿는다는 것은 하나님 말씀을 믿고 말씀에 순종하는 것이다. 하나님 말씀을 모르면 하나님을 잘 믿을 수 없다. 하나님의 백성은 반드시 하나님 말씀 위에 믿음의 뿌리를 내려야 한다.

계명과 율법은 하나님의 백성이 그분의 백성답게 사는 법이다. 하나님과 바른 관계를 맺는 법이고, 이웃과 바른 관계를 맺는 법이다. 일상생활에서 생활양식으로 삼으면, 모든 관계가 바르게 맺어지는 하나님의 원리적 말씀이다.

> 여호와께서 모세에게 이르시되 너는 내려가라 네가 애굽 땅에서 인도하여 낸 네 백성이 부패하였도다 그들이 내가 그들에게 명령한 길을 속히 떠나 자기를 위하여 송아지를 부어 만들고 그것을 예배하며 그것에게 제물을 드리며 말하기를 이스라엘아 이는 너희를 애굽 땅에서 인도하여 낸 너희 신이라 하였도다 여호와께서 또 모세에게 이르시되 내가 이 백성을 보니 목이 뻣뻣한 백성이로다 … 여호수아가 백성들의 요란한 소리를 듣고 모세에게 말하되 진중에서 싸우는 소리가 나나이다 모세가 이르되 이는 승전가도 아니요 패하여 부르짖는 소리도 아니라 내가 듣기에는 노래하는 소리로다 하고 진에 가까이 이르러 그 송아지와 그 춤 추는 것들을 보고 크게 노하여 손에서

그 판들을 산 아래로 던져 깨뜨리니라(출 32:7-19).

시내산 아래에서 금송아지를 하나님으로 섬기는 이스라엘 백성에게 모세는 크게 노했다. 하나님께서 친히 써주신 십계명 두 돌판도 던져 깨뜨려 버렸다. 십계명 두 돌판은 시내산 언약의 '계약문서'였다. 그들이 벌린 성적 광란은 명백한 계약 위반이다. 결국 하나님과 이스라엘이 맺은 시내산 언약이 파기되고 말았다.

하나님은 부패한 이스라엘을 가리켜 '너의 백성'(출 32:7)이라고 하셨다. 하나님의 백성이 아니라, 모세의 백성이라는 것이다. 따라서 하나님은 더는 이스라엘의 하나님이 아니고, 이스라엘은 더는 하나님의 백성이 아니었다.

모세가 그들이 만든 송아지를 가져다가 불살라 부수어 가루를 만들어 물에 뿌려 이스라엘 자손에게 마시게 하니라 모세가 아론에게 이르되 이 백성이 당신에게 어떻게 하였기에 당신이 그들을 큰 죄에 빠지게 하였느냐 아론이 이르되 내 주여 노하지 마소서 이 백성의 악함을 당신이 아나이다 그들이 내게 말하기를 우리를 위하여 우리를 인도할 신을 만들라 이 모세 곧 우리를 애굽 땅에서 인도하여 낸 사람은 어찌 되었는지 알 수 없노라 하기에 내가 그들에게 이르기를 금이 있는 자는 빼내라 한즉 그들이 그것을 내게로 가져왔기로 내가 불에 던졌더니 이 송아지가 나왔나이다 모세가 본즉 백성이 방자하니 이는 아론이 그들을 방자하게 하여 원수에게 조롱거리가 되게 하였음이라 이에 모세가 진 문에 서서 이르되 누구든지 여호와의 편에 있는 자는 내게로 나아오라 하매 레위 자손이 다 모여 그에게로 가는지라 모세가 그들에게 이르되 이스라엘의 하나님 여호와께서 이렇게 말씀하시기를 너희는 각각 허리에 칼을 차고 진 이 문에서 저 문까지 왕래하며 각 사람이 그 형제를, 각 사람이 자기의 친구를, 각 사람이 자기의 이웃을 죽이라 하셨느니라 레위 자손이 모세의 말대로 행하매 이 날에 백성 중에 삼천 명 가량이 죽임을 당하니라 모세가 이르되 각 사람이 자기의 아들과 자기의 형제를 쳤으니 오늘 여호와께 헌신하게 되었느니라 그가 오늘 너희에게 복을 내리시리라(출 32:20-29).

하나님의 진노는 두려웠다. 이 일로 인해 우상숭배에 적극적으로 가담한 3천 명가량이 도륙되었다. 하나님은 아론에게도 진노하셔서 그도 멸하려고 하셨다. 그러나 모세의 중보로 겨우 목숨을 구할 수 있었다. 우상숭배는 하나님께 짓는 치명적인 죄다. 다른 종교의 우상을 섬기는 것도 치명적인 죄이지만, 여호와 하나님을 우상으로 섬기는 것도 치명적인 죄다.

성막은 하나님과 이스라엘의 임마누엘을 의미한다. 그러나 성막 설계도와 건축 사이에 있는 금송아지가 약속된 임마누엘의 성취를 가로막았다. 이것은 하나님을 우상으로 섬기는 금송아지 우상숭배로 하나님의 백성이 범하는 믿음의 반칙을 설명하는 아주 중요한 내용이다.

모세는 시내산 언약을 체결하면서 짐승의 '피' 중 반은 제단에 뿌렸다. 하나님에 대한 맹세였다. 나머지 반은 백성에게 뿌렸다. 언약에 대한 맹세로, 어기면 죽음으로 보응받으실 것이다. 시내산 언약은 서로가 서로를 자신의 전부로 여기겠다는 맹세다. 그것은 곧 신랑과 신부가 정절을 지키겠다고 맹세하는 혼인언약식이다.

이는 너를 지으신 이가 네 남편이시라 그의 이름은 만군의 여호와이시며 네 구속자는 이스라엘의 거룩한 이시라 그는 온 땅의 하나님이라 일컬음을 받으실 것이라(사 54:5).

그런데 이스라엘 족속아 마치 아내가 그의 남편을 속이고 떠나감 같이 너희가 확실히 나를 속였느니라 여호와의 말씀이니라(렘 3:20).

이사야 선지자는 이스라엘을 지으신 분이 그들의 '남편'이라 했고, 예레미야 선지자는 이스라엘이 하나님을 속인 것을 '아내'가 '남편'을 속인 것으로 비유했다. 호세아 선지자는 음란한 여인이었던 고멜과 실제로 혼인하여(호 1:3), 하나님과 이스라엘의 관계를 비유적으로 보여 주었다. 시내산 언약은 실제적 혼인언약식이었다. 하나님은 이스라엘의 남편이고 그들은 하나님의 아내였다. 역사의 알파는 아담과 하와의 혼인으로 시작되었고, 역사의 오메가는 그리스도와 신부의 혼인으로 완성될 것이다(계 21:9).

너는 나 외에는 다른 신들을 네게 두지 말라 너를 위하여 새긴 우상을 만들지 말고 또 위로 하늘에 있는 것이나 아래로 땅에 있는 것이나 땅 아래 물 속에 있는 것의 어떤 형상도 만들지 말며 그것들에게 절하지 말며 그것들을 섬기지 말라 나 네 하나님 여호와는 질투하는 하나님인즉 나를 미워하는 자의 죄를 갚되 아버지로부터 아들에게로 삼사 대까지 이르게 하거니와 나를 사랑하고 내 계명을 지키는 자에게는 천 대까지 은혜를 베푸느니라(출 20;3-6).

하나님은 자신을 가리켜 '질투하는 하나님'이라고 하셨고, 같은 말씀을 끊임없이 반복하셨다. 그 관계를 깨뜨리면 "나를 미워하는 자의 죄를 갚되 아버지로부터 아들에게로 삼사 대까지 이르게 한다"(출

20:5)고 하셨고, "나를 사랑하고 내 계명을 지키는 자에게는 천 대까지 은혜를 베푸느니라"(출 20:6)고 하셨다.

하나님의 질투는 맹렬하다. 심지어 하나님의 독생자까지 내어주실 정도다. 그런데 아내가 다른 남자에게 한눈을 팔고 말았다. 결혼식을 올린 지 기껏 40일이 지났을 뿐이었다. 이스라엘 백성이 금송아지를 우상으로 숭배한 것은 남편을 배신한 명백한 '영적 간음'(약 4:4)이다.

금송아지 숭배 사건은 하나님의 백성이 하나님을 섬기되, 우상 섬기듯이 섬기면 절대로 안 된다는 것을 경고한다. 하나님은 여호와 하나님이시다. '나는 나일 뿐'이라고 하신 여호와 하나님은 하늘과 땅과 바다에 있는 그 어떤 것으로도 설명해 낼 수 없는 분이다. 이 세상에서 하나님을 빗대어서 설명할 수 있는 존재는 오직 하나님밖에 없다. 피조물뿐만 아니라, 하나님의 형상을 만드는 것은 하나님을 모독하는 것이다.

하나님의 백성도 우상숭배의 죄를 범할 수 있다. 비록 신앙의 대상이 하나님일지라도, 신앙의 내용이 자기 생각에서 비롯된 것이라면 하나님을 우상으로 숭배하는 것이다. 이스라엘 백성은 "우리를 위하여 우리를 인도할 신을 만들라"(출 32:1)고 했다. '자신'을 위해 하나님을 믿는 것이 우상숭배다. 우상을 만드는 이유는 필요한 것을 내 힘으로 얻을 수 없을 때, 그것을 얻기 위해 만드는 것이다. 주도권이 자신에게 있는 것이다. 하나님은 제2계명에서 분명 "너를 위하여" 새긴 우상을 만들지 말라고 명령하셨다(출 20:4). 하나님을 섬기는 목적이 자신에게 있으면, 그 믿음은 반드시 부패하게 된다. 야곱은 자기를 위해 하나님과의 씨름에서도 이겼다. 신앙의 주도권을 자신이 소유하려고 했기 때문에 130년의 세월을 험악하게 살았다. 자기를 위한 신앙은 결국 마음이 부패하고 진리를 잃어버리고 경건을 이익의 방도로 생각하게 된다(딤전 6:5).

또한 그들은 하나님을 만들었다(출 32:1). 하나님을 만들어 믿는 것이 우상숭배다. 하나님께서 우리를 만드신 것인가? 아니면 우리가 하나님을 만든 것인가? 하나님께서 우리를 창조하셨다. 그러나 이스라엘 백성은 금을 모아 금송아지로 여호와 하나님을 만들었다. 그들은 하나님이라는 금송아지를 만들면서 마음대로 고쳐 만들었다. 눈의 크기가 작으면 키우고, 크면 줄이고, 짧은 다리는 길게, 긴 꼬리는 짧게 고쳤다.

신앙생활은 하나님의 백성이 하나님 말씀을 기준으로 자기를 고쳐나가는 것이다. 반대로 우상숭배는 자기를 기준으로 하나님 말씀을 고쳐나가는 것이다. 자신의 상황에 맞도록 하나님 말씀을 고치고 선별적으로 골라 믿는다. 이것이 성도가 자행하는 우상숭배다. 하나님은 모든 그리스도인에게 하나님 말씀을 주셨다. 하나님 말씀을 고치고 골라 믿는 행위는, 하나님을 통제하고 스스로 하나님이 되겠다는 것이다.

하나님의 백성이 그분의 저주를 받는 것을 방지하기 위해 계명과 율법을 주셨다. 계명과 율법이 없는 3천 명은 죽임을 당했다. 그들은 계명과 율법을 지키지 않았고, 계명과 율법이 그들을 지켰다. 계명과 율법이 없는 참된 믿음은 있을 수 없다. 어떤 형상으로도 하나님을 만들어서는 안 될 일이다.

> 너희 중에 심지어 음행이 있다 함을 들으니 그런 음행은 이방인 중에서도 없는 것이라 누가 그 아버지의 아내를 취하였다 하는도다 그리하고도 너희가 오히려 교만하여져서 어찌하여 통한히 여기지 아니하고 그 일 행한 자를 너희 중에서 쫓아내지 아니하였느냐(고전 5:1-2).

고린도 교회에는 아버지의 아내와 동거하는 사람이 있었다. 아버지의 아내였던 그녀는 아버지의 첩이었다. 성도 중에 아버지의 첩과 동거하는 아들이 있음에도 불구하고, 고린도 교회는 그 패륜에 대하여 통한하게 여기지도, 그를 쫓아내지도 않았다. 그 사람은 왜 아버지의 첩과 동거하는 패륜을 저질렀으며, 고린도 교회는 왜 그를 통한하게 여기지 않았을까? 그들은 하나님을 오직 믿음으로만 섬겼기 때문이다.

"그의 아버지의 아내와 동침하는 자는 그의 아버지의 하체를 드러냈으니 저주를 받을 것이라"(신 27:20). 근친상간은 율법에서 금하는 것으로 하나님의 저주를 받는 죄다. "누구든지 그의 아버지의 아내와 동침하는 자는 그의 아버지의 하체를 범하였은즉 둘 다 반드시 죽일지니 그들의 피가 자기들에게로 돌아가리라"(레 20:11). 이 죄는 사형에 해당했다. "예수께 말하되 선생이여 이 여자가 간음하다가 현장에서 잡혔나이다. 모세는 율법에 이러한 여자를 돌로 치라 명하였거니와 선생은 어떻게 말하겠나이까"(요 8:4-5) 유대인은 간음만 해도 돌로 쳐 죽였고, 야곱의 장자 르우벤은 아버지의 첩 빌하와 동침해서 장자권을 상실했다(창 49:4). 그는 아버지의 아내와 간음했기 때문에 사형에 해당하는 죄를 범한 것이다. 고린도 교회와 그는 왜 그랬을까? 그들은 오직 믿음으로만 하나님을 섬기고, 계명과 율법은 없었기 때문이다. 계명과 율법, 하나님 말씀이 없는 믿음은 우상숭배다.

> 이에 계획하고 두 금송아지를 만들고 무리에게 말하기를 너희가 다시는 예루살렘에 올라갈 것이 없도다 이스라엘아 이는 너희를 애굽 땅에서 인도하여 올린 너희의 신들이라 하고(왕상 12:28).

이스라엘은 솔로몬이 죽자 주전 922년에 나라가 둘로 나누어졌다.

왜냐하면 솔로몬이 우상을 너무 많이 숭배했기 때문이다. 유다 왕국은 솔로몬의 아들 르호보암이 다윗 왕좌를 이어갔지만, 이스라엘 왕국은 느밧의 아들 여로보암이 새 왕조를 세웠다. 느밧의 아들 여로보암은 우상숭배로 인해 나라가 둘로 나누어졌음에도 불구하고 또 우상을 숭배했다(왕상 12:28). 그 우상이 시내산에서 숭배했던 금송아지 하나님이었다.

> 그의 조상들의 행위대로 여호와 보시기에 악을 행하여 이스라엘로 범죄하게 한 느밧의 아들 여로보암의 죄에서 떠나지 아니한지라 (왕하 15:9).

금송아지 우상의 망령이 부활했다. 이스라엘은 부활한 망령에서 끝내 벗어나지 못했다. 결국 북이스라엘 왕국은 주전 722년에 앗수르에 의해 멸망했고, 남유다 왕국도 같은 이유로 주전 586년에 바벨론에 의해 멸망했다. 성경은 그 원인을 '느밧의 아들 여로보암의 죄'(왕하 15:9)에서 떠나지 않은 것이라고 거듭 밝히고 있다. 이스라엘은 금송아지 우상숭배 때문에 멸망한 것이다.

하나님의 백성에게는 예수 그리스도를 '구원자'로 믿는 믿음이 필요하다. 구원은 전적인 하나님의 은혜다. 그러나 하나님의 백성답게 살기 위해서는 이것만으로는 부족하다. 반드시 그리스도를 '주'로 섬겨야 한다. 하나님의 백성은 주님의 말씀대로 살아야 하는 하나님의 종이기 때문이다. 하나님의 뜻은 하나님의 백성이 착하게 사는 것이 아니라, 그분의 말씀에 순종하는 것이다.

> 이튿날 모세가 백성에게 이르되 너희가 큰 죄를 범하였도다 내가 이

> 제 여호와께로 올라가노니 혹 너희를 위하여 속죄가 될까 하노라 하고 모세가 여호와께로 다시 나아가 여짜오되 슬프도소이다 이 백성이 자기들을 위하여 금 신을 만들었사오니 큰 죄를 범하였나이다 그러나 이제 그들의 죄를 사하시옵소서 그렇지 아니하시오면 원하건대 주께서 기록하신 책에서 내 이름을 지워 버려 주옵소서(출 32:30-32).

하나님의 편에 섰던 레위 지파는 우상숭배에 적극적으로 가담한 3천 명가량을 도륙했다. 그들이 만든 송아지도 불살라 가루로 만들었다(출 32:20). 그 가루를 물에 뿌려 이스라엘 자손에게 마시게 했다. 이스라엘도 회개의 뜻으로 금송아지를 만들었던 모든 장신구를 몸에서 떼어냈다. 모세는 하나님께로 올라가 이스라엘의 우상숭배에 대한 죄 사함을 간절히 구했다. 심지어 하나님께서 기록하신 생명책에서 "자신의 이름을 지워 달라"(출 32:32)고 간청했다.

하나님은 이스라엘의 죄를 사해 주실 것이다. 그들이 회개했기 때문이 아니다. 이후에도 그들은 이 같은 죄를 거듭 지었다. 하나님은 이런 사실을 너무도 잘 알고 계셨다. 모세가 생명을 건 중보를 했기 때문도 아니다. 그도 죄를 지을 수밖에 없는 죄인이다. 실제로 모세는 가나안 땅에 들어가지 못했다.

이스라엘의 회개도, 모세의 중보도 아니었다. '하나님의 언약' 때문이었다. 하나님께서 아브라함과 이삭과 야곱에게 맹세하신 언약 때문이었다. 호렙산에서 떨기나무에 불로 임재하신 하나님께서 모세에게 해주셨던 언약 때문이었다. 언약의 하나님께서 이스라엘을 출애굽 시켜 가나안 땅에 들어가게 하겠다고 분명히 언약해 주셨기 때문이다.

모세는 예수 그리스도를 예표한다. 이스라엘은 한 중보자로 말미암아 멸망에 이르지 않았다. 이처럼 온 인류가 한 중보자로 말미암아 멸망에 이르지 않을 것이다. 모세가 성령의 감동으로 하나님께서 기록하신 생명책에서 자신의 이름을 지워 달라고 했던 이유도 이 때문이다. 예수 그리스도는 온 인류의 구원을 위해 십자가에 오르셔서, 여호와의 생명책에 기록된 마리아의 아들 예수라는 이름을 지워버리셨다.

다시 기록해 주신 십계명 두 돌판(출 34:1-35)

여호와께서 모세에게 이르시되 너는 돌판 둘을 처음 것과 같이 다듬어 만들라 네가 깨뜨린 처음 판에 있던 말을 내가 그 판에 쓰리니 아침까지 준비하고 아침에 시내 산에 올라와 산 꼭대기에서 내게 보이되 아무도 너와 함께 오르지 말며 온 산에 아무도 나타나지 못하게 하고 양과 소도 산 앞에서 먹지 못하게 하라 모세가 돌판 둘을 처음 것과 같이 깎아 만들고 아침에 일찍이 일어나 그 두 돌판을 손에 들고 여호와의 명령대로 시내 산에 올라가니 여호와께서 구름 가운데에 강림하사 그와 함께 거기 서서 여호와의 이름을 선포하실새 여호와께서 그의 앞으로 지나시며 선포하시되 여호와라 여호와라 자비롭고 은혜롭고 노하기를 더디하고 인자와 진실이 많은 하나님이라 인자를 천대까지 베풀며 악과 과실과 죄를 용서하리라 그러나 벌을 면제하지는 아니하고 아버지의 악행을 자손 삼사 대까지 보응하리라 모세가 급히 땅에 엎드려 경배하며 이르되 주여 내가 주께 은총을 입었거든 원하건대 주는 우리와 동행하옵소서 이는 목이 뻣뻣한 백성이니이다 우리의 악과 죄를 사하시고 우리를 주의 기업으로 삼으소서 여호와께서 이르시되 보라 내가 언약을 세우나니 곧 내가 아직 온 땅 아무 국민에게도 행하지 아니한 이적을 너희 전체 백성 앞에 행할 것이라 네가 머무는 나라 백성이 다 여호와의 행하심을 보리니 내가 너를 위하여 행할 일이 두려운 것임이니라 너는 내가 오늘 네게 명령하는 것을 삼가 지키라 보라 내가 네 앞에서 아모리 사람과 가나안 사람과 헷 사람과 브리스 사람과 히위 사람과 여부스 사람을 쫓아내리니(출 34:1-11).

하나님은 이스라엘 백성의 범죄에도 불구하고 모세가 깨뜨렸던 십계명 두 돌판을 친히 다시 기록해 주시고, 언약도 다시 맺어주셨다(출 34:10-27). 하나님의 계명과 율법대로라면 이스라엘은 우상을 만들어 숭배했기 때문에 심판받아야 마땅하다. 그러나 하나님은 모세에게 다시 시내산 언약의 계약문서인 십계명 두 돌판을 기록해 주심으로 이스라엘을 하나님의 백성으로 받아주셨다. 자비롭고 은혜롭고 노하기를 더디 하시고, 인자와 진실이 많으신 하나님이다(출 34:6). 하나님의 백성은 오직 하나님의 은혜로만 살 수 있다.

그리스도인은 예수 그리스도의 은혜로 말미암아, 하나님의 백성 된 계약문서가 마음에 기록되어 있다. 시내산에서처럼 깨질 염려도, 잃어버릴 염려도 없다. 한 번 구원은 영원한 구원이다. 하나님은 계약문서의 '예수 그리스도의 보혈'로 도장을 찍으시고, 그 보증으로 '성령'을 주셨다. 따라서 성령을 받은 자만이 진정으로 거듭난 하나님의 백성이다.

성막을 건축하는 이스라엘(출 35:1~40:38)

모세가 이스라엘 자손의 온 회중에게 말하여 이르되 여호와께서 명령하신 일이 이러하니라 이르시기를 너희의 소유 중에서 너희는 여호와께 드릴 것을 택하되 마음에 원하는 자는 누구든지 그것을 가져다가 여호와께 드릴지니 곧 금과 은과 놋과 청색 자색 홍색 실과 가는 베 실과 염소 털과 붉은 물 들인 숫양의 가죽과 해달의 가죽과 조각목과 등유와 및 관유에 드는 향품과 분향할 향을 만드는 향품과 호마노며 에봇과 흉패에 물릴 보석이니라 … 이스라엘 자손의 온 회중이 모세 앞에서 물러갔더니 마음이 감동된 모든 자와 자원하는 모든 자가 와서 회막을 짓기 위하여 그 속에서 쓸 모든 것을 위하여, 거룩한 옷을 위하여 예물을 가져다가 여호와께 드렸으니 곧 마음에 원하는 남녀가 와서 팔찌와 귀고리와 가락지와 목걸이와 여러 가지 금품을 가져다가 사람마다 여호와께 금 예물을 드렸으며 무릇 청색 자색 홍색 실과 가는 베 실과 염소 털과 붉은 물 들인 숫양의 가죽과 해달의 가죽이 있는 자도 가져왔으며 은과 놋으로 예물을 삼는 모든 자가 가져다가 여호와께 드렸으며 섬기는 일에 소용되는 조각목이 있는 모든 자는 가져왔으며 마음이 슬기로운 모든 여인은 손수 실을 빼고 그 뺀 청색 자색 홍색 실과 가는 베 실을 가져왔으며 마음에 감동을 받아 슬기로운 모든 여인은 염소 털로 실을 뽑았으며 모든 족장은 호마노와 및 에봇과 흉패에 물릴 보석을 가져왔으며 등불과 관유와 분향할 향에 소용되는 기름과 향품을 가져왔으니 마음에 자원하는 남녀는 누구나 여호와께서 모세의 손을 빌어 명령하신 모든 것을 만들기 위하여 물품을 드렸으니 이것이 이스라엘 자손이 여호와께 자원하여 드린 예물이니라 그들이 이스라엘 자손의 성소의 모든 것을 만들기 위

> 하여 가져온 예물을 모세에게서 받으니라 그러나 백성이 아침마다 자원하는 예물을 연하여 가져왔으므로 성소의 모든 일을 하는 지혜로운 자들이 각기 하는 일을 중지하고 와서 모세에게 말하여 이르되 백성이 너무 많이 가져오므로 여호와께서 명령하신 일에 쓰기에 남음이 있나이다 모세가 명령을 내리매 그들이 진중에 공포하여 이르되 남녀를 막론하고 성소에 드릴 예물을 다시 만들지 말라 하매 백성이 가져오기를 그치니 있는 재료가 모든 일을 하기에 넉넉하여 남음이 있었더라(출 35:4~36:7).

이스라엘 백성은 진정한 회개 후에 비로소 성막 지을 준비가 되었다. 그들은 모세의 지시대로 아침마다 자원한 예물을 연하여 가져왔다. 재료가 모든 일을 진행하기에 넉넉하여 남을 정도였다. 그렇다면 성막을 세울 때 자원했던 이스라엘 백성이 받은 '복'은 무엇일까?

성막의 덮개는 네 겹이었다. 맨 안쪽 첫째는 청색, 자색, 홍색 실과 가는 베실로 짠 덮개를, 둘째는 염소 털로 짠 덮개를, 셋째는 붉은 물들인 숫양의 가죽으로 만든 덮개를, 그리고 맨 바깥쪽 넷째는 방수를 위해 해달 가죽으로 만든 덮개를 덮었다. 성막을 네 겹이나 덮어 하나님의 영광이 조금이라도 성막 밖으로 노출되지 않게 했다. 죄인이 거룩하신 하나님의 영광에 노출되면 죽음을 피할 수가 없기 때문이다.

인류 역사상 신을 만들기에 가장 좋은 재료는 소가죽이다. 이집트 사람은 소를 우상으로 숭배했기 때문에, 소가죽으로 신을 만들 수가 없었다. 그들은 소가죽 대신 해달의 가죽으로 신을 만들었다. 해달은 바다생물이기 때문에 방수 효과도 뛰어났다. 이스라엘 백성은 해달 가죽을 이집트 사람에게 받아 탈출했다(출 12:35-36). 하나님은 성막의 맨 바깥쪽 덮개를 만들기 위해, 이스라엘 백성에게 해달 가죽을 바치라고 하셨다. 참 난감한 명령이다. 하나님께 해달 가죽을 바치면 신을 만들 수 없기 때문이다.

하나님은 성막 맨 안쪽 덮개를 만들기 위해, 청색, 자색, 홍색 실과 가는 베실도 바치라고 하셨다. 이 실은 옷을 짓는 재료다. 하나님께 바치면 더는 옷을 지어 입을 수 없다. 그런데도 하나님은 해달 가죽과 실을 바치라고 명령하셨다. 그곳은 신과 옷이 필요 없는 에덴이 아니라, 광야였음에도 말이다.

천지를 창조하시고 우주를 다스리시며, 역사를 심판하시는 주님께서 왜 이스라엘 백성에게 꼭 필요한 것들을 바치라고 하셨을까?

> 일하는 사람 중에 마음이 지혜로운 모든 사람이 열 폭 휘장으로 성막을 지었으니 곧 가늘게 꼰 베 실과 청색 자색 홍색 실로 그룹들을 무늬 놓아 짜서 지은 것이라 매 폭의 길이는 스물여덟 규빗, 너비는 네 규빗으로 각 폭의 장단을 같게 하여 그 다섯 폭을 서로 연결하며 또 그 다섯 폭을 서로 연결하고 연결할 끝폭 가에 청색 고를 만들며 다른 연결할 끝폭 가에도 고를 만들되 그 연결할 한 폭에 고리 쉰 개를 달고 다른 연결할 한 폭의 가에도 고리 쉰 개를 달아 그 고들이 서로 대하게 하고 금 갈고리 쉰 개를 만들어 그 갈고리로 두 휘장을 연결하여 한 막을 이루었더라 그 성막을 덮는 막 곧 휘장을 염소 털로 만들되 열한 폭을 만들었으니 각 폭의 길이는 서른 규빗, 너비는 네 규빗으로 열한 폭의 장단을 같게 하여 그 휘장 다섯 폭을 서로 연결하며 또 여섯 폭을 서로 연결하고 휘장을 연결할 끝폭 가에 고리 쉰 개를 달며 다른 연결할 끝폭 가에도 고리 쉰 개를 달고(출 36:8-17).

성막 구조와 기구를 언급한 순서는 성막 맨 안쪽부터 바깥쪽 방향이다. 이는 지극히 높은 보좌에 좌정하신 하나님께서 죄인에게 다가오시는 임마누엘의 임재를 의미한다. 그러나 성막을 건축할 때는 만드는 순서가 설계도와는 정반대였다. 맨 바깥 성막 문에서부터 그 안쪽 성소를 건축하고, 지성소를 건축했다. 맨 바깥쪽부터 안쪽으로 언급하고, 죄인이 하늘의 지극히 높은 보좌에 좌정하신 하나님께로 점점 더 나아가는 임마누엘의 믿음을 의미한다.

하나님은 성막을 지을 때, 모든 이스라엘 백성에게 단 한 사람도 빠짐없이 예물을 바치라고 명령하셨다. 사정이 여의치 않은 사람도 있었을 텐데, 모두에게 바치라고 명령하셨다. 하나님 명령의 말씀은 하나님께서 반드시 책임지신다는 약속이다.

모든 이스라엘 백성이 예물을 드려야 하는 이유는 성막이 갖는 임마누엘의 은혜를 소중하게 지켜야 하기 때문이다. 그래야 모든 하나님의 백성이 하나님께서 주신 참된 구원을 온전하게 누릴 수 있기 때문이다. 성막은 하나님께서 얼마든지 만드실 수 있었다. 그러나 하나님은 모든 백성을 통해 이루시기 원하셨다. 하나님께서 그들을 책임져 주시기 위해서다. 이스라엘 백성은 남음이 있도록 하나님께 넉넉하게 바쳤다. 하나님은 이스라엘 백성을 어떻게 책임져 주셨을까?

> 주께서 사십 년 동안 너희를 광야에서 인도하게 하셨거니와 너희 몸의 옷이 낡아지지 아니하였고 너희 발의 신이 해어지지 아니하였으며(신 29:5).

역시 하나님이셨다. 우리가 섬기는 하나님은 '여호와 하나님'이시다. 우리는 이 사실을 온전히 믿어야 한다. 그들이 받은 복은 세상의 것이 아니라, 척박한 광야에서 살아 역사하시는 하나님과 동행하는 것이다. 이스라엘은 하나님의 은혜와 순종으로 성막을 지었다. 이것은 하나님과 그분의 백성이 온전한 연합을 이루는 임마누엘의 약속에 대한 성취다.

강독 가이드

성막과 회막은 같은 장소를 다르게 부른 이름으로 하나님을 위해 구별된 장막이다.

성막(tabernacle) : 하나님께서 거주하시는 장막.

회막(tent) : 하나님께서 주의 백성을 만나는 장막.

둘째 해 첫째 달 곧 그 달 초하루에 성막을 세우니라 모세가 성막을 세우되 그 받침들을 놓고 그 널판들을 세우고 그 띠를 띠우고 그 기둥들을 세우고 또 성막 위에 막을 펴고 그 위에 덮개를 덮으니 여호와께서 모세에게 명령하신 대로 되니라 … 그는 또 성막과 제단 주위 뜰에 포장을 치고 뜰 문에 휘장을 다니라 모세가 이같이 역사를 마치니 구름이 회막에 덮이고 여호와의 영광이 성막에 충만하매(출 40:17-34).

이스라엘 백성은 성막을 완공하여 출애굽 제2년 1월 1일에 하나님께 봉헌했다. 구름이 회막에 덮이고 여호와의 영광이 성막에 충만했다. 시내산 위에 계시던 하나님께서 드디어 이스라엘 백성 가운데로 들어오셔서 그들과 함께 거하셨다.

이스라엘은 하나님께 '십계명과 613조의 율법'을 받았다. 그러나 그 율법을 다 지킬 수는 없었다. 하나님의 백성이 되기는 했지만, 여전히 이집트의 생활양식을 버리지 못했기 때문이다. 성막은 바로 그 한계에 대한 하나님의 은혜였다. 성막에서 '피의 제사'를 드림으로 '죄사함'을 받을 수 있었다. 죄 때문에 멀어진 하나님과의 관계를 온전한 임마누엘로 회복시키는 통로가 성막이었다.

하나님은 이 은혜를 누릴 수 있도록 이스라엘에게 성막 설계도를 주셨고, '이르신 그대로' 지었을 때 하나님의 영광이 임했다. "하나님이 이르시되 … 그대로 되니라." 천지가 하나님 말씀 '그대로' 창조되었던 때처럼 다시 임마누엘을 이룰 수 있어서 보시기에 심히 좋으셨다. 하나님의 백성이 하나님을 섬기고 은혜받는 것은 사람의 생각과 방법대로 되는 것이 아니다. 오직 하나님의 뜻과 방법대로 되는 것이다. 시내산 언약의 주도권자는 이스라엘 백성이 아니라, 여호와 하나님이시다. 이스라엘이 다른 민족과 구분되는 본질은 하나님께서 함께

하신다는 것이다.

출애굽기는 고역과 학대에 시달리는 노예 이스라엘로 출발하여, 여호와 하나님과 함께하는 거룩하고 '복된 이스라엘'로 끝을 맺는다. 구원은 교회에 나가는 것이 아니라, 교회가 되는 것이다. "예수님의 몸된 교회"(골 1:24)가 되어 주님과 하나 되는 것이 구원이다.

이스라엘 백성이 금송아지를 만들었던 금은 성막을 지을 때, 성막 기구들을 만드는 재료로 사용되어야 했다. 성경에서 말하는 믿음은 하나님 말씀에 순종하는 것이다. 우리는 하나님 말씀을 믿고, 순종하여 하나님과 온전한 임마누엘을 이루는 언약의 백성이 되어야 한다.

| 감사의 글 |

《성경강독》이라는 이름으로 완전하신 하나님 말씀의 은혜를 나눌 수 있도록 허락해 주신 하나님께 모든 영광을 돌려드립니다. 한 권의 책이 나오기까지 수많은 이들의 도움이 있었습니다. 든든한 기도의 후원자인 예찬교회 성도들과 부모님, 원고를 꼼꼼히 읽고 유익한 조언을 해준 윤은정 자매, 양지운 형제, 노다솜 자매 그리고 일일이 열거하지 못해도 격려하며 지혜를 더해 주신 모든 분께 감사드립니다.

무엇보다도 곁에서 완전한 빛이신 하나님의 대리자로 함께해 준 아내 김정아와 두 아들 주완이와 주성이에게 특별한 감사와 사랑을 전합니다.

세상에 울림, 영혼을 풍요롭게 하는

올리브 북스
Olive Books

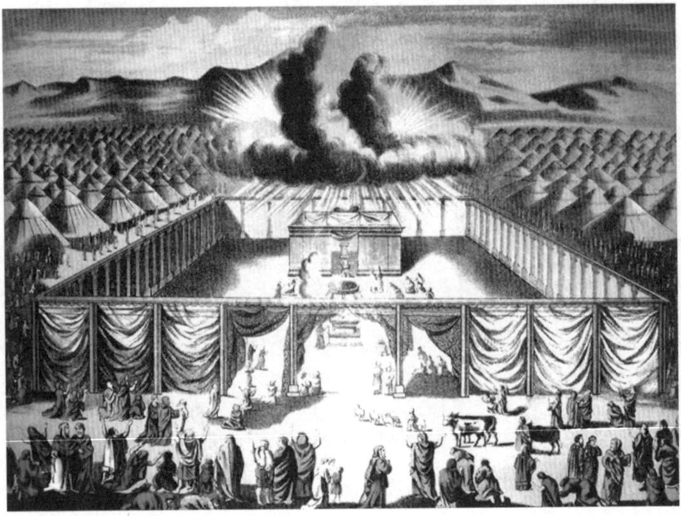

